虚拟企业财务制度安排研究
Xuni Qiye Caiwu Zhidu Anpai Yanjiu

张旭蕾　著

西南财经大学出版社
Southwestern University of Finance & Economics Press

中国·成都

图书在版编目(CIP)数据

虚拟企业财务制度安排研究/张旭蕾著. —成都:西南财经大学出版社,
2018.3
ISBN 978 - 7 - 5504 - 3427 - 1

Ⅰ.①虚…　Ⅱ.①张…　Ⅲ.①虚拟公司—企业管理—财务制度—研
究　Ⅳ.①F276.44

中国版本图书馆 CIP 数据核字(2018)第 055720 号

虚拟企业财务制度安排研究

张旭蕾　著

责任编辑:廖　韧
封面设计:张姗姗
责任印制:朱曼丽

出版发行	西南财经大学出版社(四川省成都市光华村街55号)
网　　址	http://www.bookcj.com
电子邮件	bookcj@foxmail.com
邮政编码	610074
电　　话	028 - 87353785　87352368
照　　排	四川胜翔数码印务设计有限公司
印　　刷	郫县犀浦印刷厂
成品尺寸	170mm × 240mm
印　　张	13
字　　数	230 千字
版　　次	2018 年 7 月第 1 版
印　　次	2018 年 7 月第 1 次印刷
书　　号	ISBN 978 - 7 - 5504 - 3427 - 1
定　　价	82.00 元

前言

信息技术和计算机网络技术的飞速发展正在推动一场深刻的商业革命，它对于企业运营模式来说几乎是革命性和颠覆性的。特别是随着世界经济一体化步伐的加快，市场竞争日益加剧，越来越多的企业意识到单凭自身内部资源的整合，已经难以把握快速变化的市场机遇，于是它们开始将注意力转向企业外部。而虚拟企业作为一种以提升核心能力为目标、优化整合企业外部资源的手段，开始成为企业适应经济全球化、网络化的现实选择。

虚拟企业以其具有快速开发产品、满足个性化需求等优点，逐渐进入我们的视野，并成为管理学界重要的研究对象。经过十多年的发展，理论界和实务界对虚拟企业的相关问题进行了较多探讨，但仍然有许多问题没有取得共识。如何针对财务管理特点制定虚拟企业的财务制度，目前已有的文献尚未对此进行系统的研究。本书就是力图在深入认识财务制度安排的基础上，对虚拟企业的财务问题做出系统的分析，并提出较完整和较具体的虚拟企业财务制度安排框架，以期能对虚拟企业的理论研究和实践尝试有所助益。

本书的研究思路：首先，分析虚拟企业的内涵、性质、特性、组织模式等理论问题，为本书奠定研究基础；然后，从制度安排的含义入手，提出财务制度安排的理论结构，并在此基础之上，结合虚拟企业的特点，构建出虚拟企业财务制度安排的理论框架，为具体财务制度的设计提供理论支持；最后，对虚拟企业显性财务制度、隐性财务制度、财务治理等具体问题进行详细的探讨。

本书共分 7 章，各章主要内容如下：

第 1 章，绪论。本章介绍了虚拟企业财务制度安排研究的背景、成果、意义、思路和方法。

第2章，虚拟企业理论诠释。本章首先从虚拟企业的溯源入手，通过比较分析得出了虚拟企业的具体内涵；同时，分别从经济学、管理学、社会学的视角探讨了虚拟企业的性质。其次，本章分析了虚拟企业的特性，这些特性也是其区分于传统企业的显著特性。最后，本章分析了虚拟企业的组织特征，根据核心成员数量的不同，认为虚拟企业可以分为联邦模式、平行模式和星型模式三种组织类型，这也为虚拟企业财务组织结构的分析奠定了理论基础。

第3章，虚拟企业财务制度安排的理论扩展和内容框架。首先，本章在辨析制度和制度安排的基础上，探究虚拟企业财务制度安排概念的内涵。其次，本章从制度经济学和现代财务理论的角度来分析财务制度安排的理论基础，这是研究财务制度安排问题的前提。再次，本章提出财务制度安排的理论结构主要由目标、本质、主体、对象、假设等抽象理论问题构成，并在财务制度安排理论结构一般性描述的基础上，结合虚拟企业的特点，对虚拟企业财务制度安排的理论结构进行了重构。最后，本章在显性财务制度、隐性财务制度、财务治理三者形成横向制度安排的基础上，针对虚拟企业的动态性，提出了面向全生命周期的纵向虚拟企业显性财务制度，从而构建出虚拟企业"立体式"的制度安排框架。

第4章，虚拟企业显性财务制度安排。显性财务制度在虚拟企业财务制度框架中居于重要地位，它具有较强的财务约束力。本章首先分析了显性财务制度应该遵循的原则，再依据虚拟企业的生命周期，勾勒出虚拟企业酝酿期、组建期、运作期、解体期财务制度的基本蓝图。虚拟企业酝酿期的财务制度主要包括市场机遇价值评估制度、预计期望收益衡量制度；组建期的财务制度主要有筹资制度、投资制度；运作期的财务制度是显性财务制度的核心，主要包括风险管理制度、利益分配制度、成本控制制度、绩效评价制度；解体期的财务制度安排应从项目中止识别制度、清算制度两方面进行考虑。

第5章，虚拟企业隐性财务制度安排。隐性财务制度是一种无形规范，以"软约束"力量构成财务有效运行的内在驱动力，需要自觉执行。隐性财务制度的基础是财务伦理，它是企业在财务运行过程中，整合和调节各种财务关系时，所表现出的伦理理念和伦理特征，具体表现为财务伦理化和伦理财务化两个方面；按照不同的财务活动可以将财务伦理划分为融资伦理、投资伦理和分配伦理。虚拟企业财务伦理更强调各成员企业之间的财务伦理的协调，本章提出可以通过提升财务伦理思辨能力、建立财务伦理的监督体系等手段培育和完善虚拟企业的财务伦理。虚拟企业的管理属于跨文化管理，而财务文化能够潜移默化形成"习惯"，作为一种非正式约束来协调企业财务管理。所以，基于跨文化管理，虚拟企业财务制度安排主要体现在要创造彼此信任的财务文化环境、建立跨文化的人员管理模式、培育财务文化三个方面。此外，为了维护虚拟企业的关系资本，虚拟企业财务制度要构造良好的沟通环境、注重关系资本的价值衡量、增加关系资本的投资、规避关系资本的风险。

第6章，虚拟企业的财务治理结构与机制。财务治理是在企业内部财权关系的基础上，形成企业财务相互影响、相互约束的制衡体系，保证规范财务活动、处理财务关系的有效实施。本章基于财权配置，得出了财务治理的一般框架，即财务治理结构和财务治理机制。财务治理结构侧重于制度安排，形成了利益关系者之间相互制衡的框架结构，是一种静态的治理方式；而财务治理机制则侧重于对治理的有效激励约束等，是形成协调委托代理关系的一种机制，是一种动态的治理方式。同时，针对虚拟企业的特点，本章分析出虚拟企业财务治理具有层次性、动态性、网络化的特征。在此基础上，本章进一步探讨了星型模式和联邦模式的财务组织结构，以及共同财务决策机制、财务激励机制、财务约束机制等财务治理机制。

第7章，虚拟企业财务制度安排的案例分析。本章透过案例，分析了虚拟企业财务制度安排的现状，并提出我国虚拟企业财务制度安排应注意的问题。

本书力求在以下方面进行创新：

创新一，本书从经济学、管理学、社会学的角度分析了虚拟企业的性质，这种多方位、多视角的分析有助于深刻理解虚拟企业的内涵，为研究虚拟企业财务制度安排奠定基础。

创新二，本书借助新制度经济学的相关理论，系统、全面地梳理了财务制度安排的相关内容，并对企业财务制度安排的理论框架进行了一般性描述。在此基础之上，本书结合虚拟企业的特性，对财务制度安排基本要素的内涵进行了理论拓展，进而提出虚拟企业"立体式"的财务制度安排框架。

创新三，本书依据虚拟企业的明显的生命周期性，将显性财务制度划分为酝酿期财务制度、组建期财务制度、运作期财务制度和解体期财务制度。这种划分有利于虚拟企业根据不同阶段的特点，制定不同的财务规范内容，从而提高制度安排的可操作性。

创新四，本书扩展了资本的内涵，并以资本泛化为基础，利用关系资本分析虚拟企业隐性财务制度安排。本书提出了维护虚拟企业关系资本的具体措施，有利于提升财务"软控制"的约束力，对虚拟企业财务制度安排具有现实指导意义。

创新五，本书在财权配置的基础上，结合虚拟企业财务治理的特点，并以星型模式和联邦模式为例，说明虚拟企业财务组织的结构安排。按照所有权的安排逻辑，在界定虚拟企业内部财权关系的基础上，本书提出各个财务制度安排主体的权利范围，为虚拟企业财务制度的有效实施提供保证。

虚拟企业财务制度安排是一个全新的、多学科交叉的研究课题，研究的难度很大。由于笔者水平有限，并限于文章篇幅，一些问题还需要进一步深入研究。其一，财务伦理是一种无形规范，本书虽对其量化进行了试探性研究，但仍然缺乏可操作性。其二，资本是一个抽象范畴，学术界对于资本的划分没有一个统一的认识，而本书仅侧重于虚拟企业关系资本的讨论，难免有局限。其三，本书结论是基于笔者目前的认识、理解程度做出的，难免存有偏颇之处，尚需实践的检验和修正。

笔者在本书写作过程中参考了很多国内外学者的著作和成果，获得了启发并对其进行了借鉴，在此向这些文献的作者表示衷心感谢。

目录

1 绪论

本章是开篇之论，首先介绍相关的研究背景，然后说明国内外研究现状、研究意义、研究方法、研究思路及本书的创新与不足。

1.1 研究背景

20世纪70年代以来，微电子、计算机、通信、网络、智能、自动化等科学技术的迅猛发展使人类跨入了一个崭新的以网络经济、速度经济和知识经济为主要特征的新经济时代①。新经济时代下，市场竞争对企业技术创新高度与速度的要求越来越高。面对稍纵即逝的市场机遇，即使是实力雄厚的大企业集团，也难以收集到快速创新的所有资源，并承担创新所带来的巨大风险。为了适应时代发展的需要，虚拟企业这种新型企业组织形式应运而生，被越来越多的企业所采纳，并取得了骄人的成绩。例如，Cisco公司将自己的主要精力集中于新产品开发与产品销售两个基本流程，而把其他环节留给了其他企业；运动鞋制造商Nike，仅拥有关键技术研究基地，不直接负责生产；Compaq与Microsoft组成了虚拟企业联合体；Intel利用虚拟企业运作模式和Sharp、IBM公司（国际商业机器公司）共同开发快速闪存芯片；波音公司通过伙伴虚拟网络，共同设计、制造了波音777飞机；IBM、Apple和Motorola联合开发了新一代计算机的微处理器；等等。随着中国经济越来越深地融入世界经济，虚拟企业在中国也显现出蓬勃生机。近年来，中国崛起了小天鹅、美特

---

① 芮明杰. 新经济、新企业、新管理［M］. 上海：上海人民出版社，2002：116.

斯·邦威、恒源祥等一大批虚拟企业，并发挥了强有力的竞争优势，正有力地影响着中国经济的发展。

与传统企业相比，虚拟企业从管理哲学到经营理念、从决策过程到生产经营方式都发生了根本性的变革，具有组织界限模糊化、组织结构动态性、核心功能与执行部门相分离、经营敏捷性、合作契约性等特征。这些特征也对虚拟企业的管理理论提出了严峻的挑战，例如，组织结构的动态性使虚拟企业内部的协调机制、利益分配机制和风险控制机制成为虚拟企业能否成功构建并运营的关键问题，功能和人员的虚拟使传统的沟通、激励、控制理论和方法在虚拟企业管理中显得无能为力。面对虚拟企业的迅猛发展和未来巨大的应用前景，人们迫切需要对虚拟企业管理的理论和方法进行创新性的研究，为其经营管理的实践提供理论指导。纵观国内外关于虚拟企业的研究成果可以发现，虚拟企业自1991年提出以来受到广泛的关注和重视。虽然学术界对虚拟企业的相关理论问题进行了系统的研究，但是有关财务理论的研究不足，导致很多企业在没有理论支持甚至参考的情况下盲目实践，造成了很大损失，严重影响了企业的发展。例如，H品牌（来自英国的国际品牌）于2006年年初推向中国市场，在人员配备和其他软件基础尚未成熟的情况下，盲目地进行扩张，导致资金投入不足，影响企业的正常运转，并于当年夏季撤出市场①。H品牌的虚拟经营在缺乏资金投资制度的情况下，可谓昙花一现。再如，IBM公司将英特尔、微软、独立经销商的资源整合起来生产个人计算机（PC），在短时间内确立了竞争优势；其后，正当IBM公司在PC市场上达到顶峰时，英特尔公司帮助康柏公司偷袭了IBM公司，使康柏公司推出了第一台以英特尔80386为基础的PC，而当时IBM兼容机还以80286为基础。虽然IBM公司面对市场压力进行了调整，采取了各种措施，结果仍然没有能够挽回颓局②。从某种意义上说，虚拟企业中各成员企业的协调和控制能力大大减弱，成员之间难以达成充分信任状态，虚拟企业经营中就会存在现实或潜在的合作风险。如果这种风险无法控制，就会导致虚拟企业不够稳定、失败率较高。可见，风险管理制度的

---

① 该事件的相关信息见世界经理人网，http://brand.icxo.com/htmlnews/2007/01/15/989626_0.htm。

② 邹炼忠，王光庆. 从IBM公司的故事看虚拟经营战略 [J]. 现代管理科学，2003，6：30-31.

缺乏威胁到虚拟企业的延续和发展。诸如此类的例子很多，此处不再一一列举。从中我们可以发现虚拟企业缺乏财务制度是其造成负面效应的根源，这已成为虚拟企业应用和发展的关键性障碍。因此，为了保证虚拟企业的顺利运行，虚拟企业迫切需要关于财务制度的研究成果，这也给当前虚拟企业的理论研究带来了巨大的应用前景。

从财务制度的研究角度来看，财务制度作为一种规范企业财务行为、处理企业财务关系的具体规则，在财务管理中具有重要作用。随着社会经济的发展和企业财务管理内容、方法的复杂化，财务制度问题日益受到学术界和实务界的重视。目前，我国已初步建立了一套完善的企业财务制度体系，是企业合理组织财务活动、正确处理财务关系的行动指南。但是，一些网络组织的涌现对财务制度理论提出了新的挑战。与此相应，如何建立适应网络组织自身理财特点的财务制度已成为财务理论研究的新课题。本书的写作正是在虚拟企业财务制度理论的匮乏和财务制度理论有待进一步完善的背景和环境下完成的。

1.2 国内外研究综述

1.2.1 虚拟企业的相关研究

1. 国外对虚拟企业的研究

自 20 世纪 90 年代以来，在市场需求、技术范式、管理理念发生重大变革的背景与动因下，出现了虚拟企业这一新的经营模式，并迅速得到理论界和实务界的广泛关注。依据对虚拟企业问题的分析角度和基本思想的不同，当前国外对虚拟企业的研究主要可以分为三类。

（1）对虚拟企业组织形式的界定、研究。

对虚拟企业组织形式的界定、研究是当前学术界的主流。主要研究内容包括：1991 年，肯尼思·普瑞斯（Kenneth Press）等人认为虚拟企业是以产品创新为主题的、由市场机遇驱动的、集成适当资源所形成的一个"工程小组"。它是一个临时性的动态联盟，随着机遇的产生而产生，随着机遇的逝去而消亡。它可能因一个大公司的不同部门之间进行合作而形成，也可能因不同国家的不同联合而形成①。1993 年，约翰·伯恩（John A. Byrne）对虚拟公司进行了较详细的描述，认为虚拟公司是一种依靠信息技术基于特定目标的多个企业临时组成的公司联盟，各合作伙伴都贡献出自己最擅长的能力，并共同分享成本和技能，以把握快速变化的市场机遇②。1994 年，普瑞斯（Kenneth Press）等人出版了《敏捷竞争者与虚拟组织》的专著，对虚拟企业进行了较深入的研究，进一步扩展了虚拟组织涵盖的范畴，并指出虚拟组织并非全新事物，而是使用了一个或多个现有的组织机制。这部著作标志着虚拟企业理论的形成，自此，虚拟企业方面的研究进入了一个新的理论研究阶段③。1996 年，霍奇（Hodge B. J）等开始把虚拟企业与核心能力联系起来，认为虚拟企业以一核心组织为中心，执行关键的功能，其余功能则由暂时或签约的人员以及由核心组织与其他组织所组成的联盟来完成④。1999 年，威廉（William B.）等人认为虚拟组织为了适应环境变化，实行组织与功能相分离，主体企业只保留一两个关键功能在价值增加和核心能力上，其余功能全部虚拟化，因此，虚拟组织小于它的外壳。威廉等区分了"空"组织与"虚"组织，并详细探讨了虚拟组织结构驱动战略成功的条件⑤。2000 年，大卫·沃特斯（David Walters）识别和比较了传统组织和新兴的虚拟组织的特点，认为当前知识管理、技术管理和学习型组织等新的管理方法、理念的迅速发展，使得许多组织忽略了成功所需要的基本分析。沃特斯试图在过去的工业结构中找出虚拟组织的基础，认为需要保留一个管理的责任以保证跟踪一个精确的方法以识别和评估虚拟结构⑥。2002 年，欧马·哈里（Omar Khalil）等认为虚拟组织正在发展成为追求竞争优势和响应电子商务需要的新的组织范式，并把虚拟组织的管理称作元管理，元管理基本的活动包括分析和追踪需求、定位需求的满足和调节最佳的准则三个方面。文中指出 IT 的形式和管理虚拟组织的必不可

① PRESS K, GOLDMAN S L, ROGER N. Nagel: 21st Century Manufacturing Enterprises Strategy: An Industry-Led View [M]. Iacocca Institute, Lehigh University, 1991.

② JOHN A B. The Virtual Corporation [J]. Business Week, 1993 (8).

③ 叶永玲. 西方虚拟企业理论综评 [J]. 河南大学学报, 2005 (3): 57-60.

④ 叶永玲. 西方虚拟企业理论综评 [J]. 河南大学学报, 2005 (3): 57-60.

⑤ WILLIAM B, WERTHER J R. Structure Driven Strategy and Virtual Organization Design [J]. Business Horizons, 1999, 3.

⑥ WALTERS D. Virtual Organizations: New Lamps for Old [J]. Management Decision, 2000, 6.

少的基础，并提出了一个描述 IT 在元管理对应的三个职责水平中的能动作用的分析框架①。

（2）对虚拟企业运行的最终结果的描述、界定。

1992 年，威廉·戴维陶（William H. Davidow）等认为虚拟企业是指由一些独立的厂商、顾客、甚至同行的竞争对手，通过信息技术联成的临时性网络组织，以达到共享技术、分担费用以及满足市场需求的目的。它既没有中央办公室，又没有正式的组织图，更不像传统企业那样具有多层组织结构②。1996 年，阿波格特（Applegate L. M.）等认为虚拟公司只保留协调、控制以及资源管理的活动，而将所有或大部分的其他活动外包，并进一步认为虚拟公司将大部分的活动外包的结果是减少了销售渠道的中介和为了协调控制其关系网络所需的管理系统。2002 年，亨利·哲斯布罗夫（Henry W. Chesbrough）等从建立产品标准角度审视了虚拟组织的优点，认为当产品标准尚未建立时，虚拟组织作为一个整合公司，能够努力解决联盟网络内的冲突，能够突破复杂的陷于僵局的产品标准或工业标准之战。虚拟组织由于能够选择采用一个特别的技术，往往能够领先建立一个新标准。一旦新的标准确立，虚拟组织便能够成功地进一步革新，当行业技术开始提高到一个新的水平，又开始新的循环③。

（3）对虚拟企业运行的网络技术的研究、探讨。

1995 年，查勒斯·汉德（Charles Handy）撰文强调 IT 对虚拟空间、虚拟维度的决定作用。在虚拟组织中，组织机制也是虚拟的，上级对下级实行虚拟领导和管理，人们通过 IT 进行联络沟通，并需要建立新的信任机制④。2001 年，罗伯特·卫勒（Robert Weller）认为虚拟组织的概念与以 Internet 为基础的商业模式相共振，当网络公司成熟并且其团队模式成为主要的商业结构时，虚拟团队成员需要利用 Internet 交流观点并与遥远的团队建立关系。卫勒认为，虚拟企业的成功取决于许多因素，其中

---

① KHALIL O, WANG S. Information Technology Enabled Meta-management for Virtual Organizations [J]. International Journal of Production Economics, 2000, 1.

② DAVIDOW W H, MALONE M S. The Virtual Corporation: Structuring and Revitalizing the Corporation for the 21st Century [M]. New York: Harper Business, 1992.

③ CHESBROUGH H W, TEECE D J. Organizing for Innovation: When is Virtual Virtuous [J]. Harvard Business Review, 2002, 8.

④ HANDY C. Trust and the Virtual Organization [J]. Harvard Business Review, 1995, 3.

最主要的是技术、人才和文化问题。同年，赖内·麦克斯（M. Lynne Markus）等把虚拟组织定义为有着明确目标，通过互联网把顾客和供应商加以联结的企业组织，并特别强调外部资源，在外部资源模型中对目标、小组领导和争端的解决进行了探讨①。

2. 国内对虚拟企业的研究

在我国，对虚拟企业的研究始于 20 世纪 90 年代末期。国家 863 计划和自然科学基金相继将敏捷制造及其相关问题的研究列入了资助项目，为敏捷制造和虚拟企业在我国的研究与推广应用起到了积极的推动作用。我国在虚拟企业的主要研究方向如组织管理、合作伙伴选择、收益分配等方面取得了不少成果。

关于虚拟企业的特征。张旭梅等（2003）认为虚拟企业具有虚拟化、敏捷化、网络化、合作化、组织界限模糊性、组织存在的临时性、人员素质的独特性、管理职能开放性、生产经营灵活性、成员企业的互信性等特征②。叶飞（2003）、万伦来等（2001）则分别从自组织理论、生态学的角度阐述了虚拟企业的自组织特征和类生物特征③④。张焕（2012）提出虚拟企业是以协议和信任联系在一起的，其具有功能上的不完整性、地域上的分散性和组织结构的非永久性等特点⑤。

关于虚拟企业的组织。叶丹（1998）、陈菊红等（2002）提出了以职能为中心的静态结构和以过程为中心的动态结构的二元结构模型，并以此作为企业组织结构设计的依据，是较有代表性的一种组织模式⑥⑦。陈剑、冯蔚东（2002）利用 IDEFO 功能模型对虚拟企业的组织设计过程进行了建模研究，认为影响虚拟企业组织设计过程的关键要素主要包括机遇、核心能力、伙伴、企业重构、敏捷性度量、组织运行模式⑧。李金勇

① MARKUS M L, MANVILLE B, AGRES C E. What Makes a Virtual Organization Work [J]. Sloan Management Review, 2001, 1.

② 张旭梅，等. 敏捷虚拟企业：21 世纪领先企业的经营模式 [M]. 北京：科学出版社，2003：59-69.

③ 叶飞. 网络经济时代的敏捷虚拟企业与自组织理论 [J]. 华南理工大学学报，2003（1）：44-47.

④ 万伦来. 虚拟企业类生物特征及其生长机理透视 [J]. 科研管理，2001（4）：52-56.

⑤ 张焕. 试论虚拟企业的特点及其发展趋势 [J]. 人力资源开发，2012（10）：73-74.

⑥ 叶丹. 企业敏捷性及其度量体系 [J]. 中国机械工程，1998（4）：21-23.

⑦ 陈菊红. 灵捷虚拟企业科学管理 [M]. 西安：西安交通科技大学出版社，2002：29-43.

⑧ 陈剑，冯蔚东. 虚拟企业构建与管理 [M]. 北京：清华大学出版社，2002：23-24.

等（2000）认为，在虚拟企业的内部包含经纪人、研发、采购、生产、销售、产品服务五个分系统，并相应地界定了其职能①。叶飞（2002）、孙东川（2002）提出了从机遇识别、合作伙伴选择、企业形成、企业运行，到企业重构或解散的生命周期过程来研究虚拟企业的组建②。

关于虚拟企业合作伙伴的选择。钱碧波等（1999）提出了基于初选、精选、后勤可行性评估的，由 10 个大项、32 个子项、52 个具体项目组成的伙伴选择的评价参考体系、评价办法和伙伴选择的数学模型③。叶飞和孙东川（2001）将虚拟企业的合作伙伴分为潜在合作伙伴核心能力的识别和潜在合作伙伴过去绩效的综合评价两部分进行研究④。林勇等（2000）从分析市场竞争环境、确定合作伙伴的选择目标、制定合作伙伴的评价标准、成立评价小组、合作伙伴参与、评价合作伙伴、实施供应链合作关系七个步骤研究供应链合作伙伴的选择⑤。冯蔚东等（2000）提出一种基于遗传算法的虚拟企业合作伙伴选择的思路⑥。陈菊红等（2001）将虚拟企业的伙伴选择过程分为过滤阶段、筛选阶段、确定相容的合作伙伴的最佳组合阶段三个阶段来进行探讨⑦。李华焰等（2000）把合作伙伴的选择分为四个阶段，即资源配置要求分析、外部评价分析、过程业绩分析及内部详细分析⑧。

关于虚拟企业风险管理问题。冯蔚东、陈剑、赵纯均（2001）认为可利用动态合同和增加信任以规避风险，建立了一种风险传递算法；并提出了一个基于 Web 的风险核对表设计和发布框架，以实现虚拟企业中

① 李金勇，等. 虚拟企业组织模式研究 [J]. 中国软科学，2000（3）：94-96.

② 叶飞，孙东川. 面向全生命周期的虚拟企业组建与运作 [M]. 北京：机械工业出版社，2005：10-11.

③ 钱碧波，等. 敏捷虚拟企业合作伙伴选择的方法研究 [J]. 机电工程，1999（6）：41-44.

④ 孙东川，叶飞. 基于虚拟企业的合作伙伴选择系统研究 [J]. 科学管理研究，2001（19）：59-62.

⑤ 林勇，马士华. 供应链管理环境下供应商的综合评价选择研究 [J]. 物流技术，2000（5）.

⑥ 冯蔚东，等. 基于遗传算法的虚拟企业伙伴选择过程及优化模型 [J]. 清华大学学报，2000（4）：120-124.

⑦ 陈菊红，等. 虚拟企业选择过程主方法研究 [J]. 系统工程理论与实践，2001（7）：48-52.

⑧ 李华焰，等. 基于供应链管理的合作伙伴选择问题初探 [J]. 物流技术，2000（3）：27-31.

的风险监控①。叶飞和孙东川（2004）提出的面向虚拟企业生命周期风险管理的概念框架遵循一般的风险管理理论，并将虚拟企业生命周期的风险管理分为风险识别、风险评估、风险监控三个阶段②。闫琨、黎涓（2004）分析了虚拟企业面临的风险问题及其产生的原因，建立了评估其风险的模型，并引入风险因子的概念，提出应用模糊综合评判法对一个虚拟企业的系统风险进行综合评估③。高长元等（2012）基于高新技术虚拟企业的资本界定以及投资收益的计算，提出表现风险程度和具体损益值的风险衡量模型④。

　　关于虚拟企业成本管理问题。石春生、李锦胜等（2001）引用会计学中的作业成本法（ABC），进行了作业分析和作业重构，并建立了适合于虚拟企业自身的作业成本控制方法⑤。郑毅、秦翠荣（2002）认为虚拟企业战略成本管理关注成本驱动因素，运用价值链分析工具进行分析，提出价值链分析、战略定位分析、成本动因分析构成了虚拟企业战略成本管理的基本框架⑥。邱妘（2003）剖析了全面供应链的管理思想，从作业管理的角度建立作业成本控制系统⑦。郑毅、邱晓红（2003）提出虚拟企业的成本是广义成本概念，其中涉及的成本包括网络信息成本、市场机遇的捕捉成本、核心能力的确定与培养成本、合作伙伴的选择与确定成本、协调成本、解散重构的调整成本、风险成本等⑧。刘松、高长元（2006）分析了高技术虚拟企业在合作过程中成本投入的多样性和无边界性，提出对各成员企业的成本按其消耗边界分类管理的思想，建立了高

---

　　① 冯蔚东，陈剑，赵纯均．虚拟企业中的风险管理与控制研究［J］．管理科学学报，2001（6）：1-8．

　　② 叶飞，孙东川．面向生命周期的虚拟企业风险管理研究［J］．科学学与科学技术管理，2004（11）：130-133．

　　③ 闫琨，黎涓．虚拟企业风险管理中模糊综合评判法的应用［J］．工业工程，2004（5）：40-43．

　　④ 高长元，王晓明，李红霞．高技术虚拟企业风险衡量模型［J］．科技进步与对策，2012（3）：101-103．

　　⑤ 石春生，李锦胜，刘洋．虚拟企业运行过程中基于ABC的成本控制方法［J］．高技术通讯，2001（1）：66-68．

　　⑥ 郑毅，秦翠荣．虚拟企业战略成本管理研究［J］．技术经济，2002（10）：42-44．

　　⑦ 邱妘．虚拟企业供应链管理中作业成本控制系统的构建［J］．财贸研究，2003（6）：77-81．

　　⑧ 郑毅，邱晓红．虚拟企业关键成本剖析［J］．技术经济，2003（3）：39-41．

技术虚拟企业成本管理机制的基本框架①。

关于虚拟企业收益分配问题。叶飞等（2000）认为虚拟企业建立之后，如何在其成员间合理分配利益，将是合作成功的关键。他们针对虚拟企业利益分配问题，提出了夏普利值法（Shapley 法）、Nash 谈判模型、简化的 MCRS（Minimum cost - Remaining savings）、群体重心模型四种分配方法②。冯蔚东、陈剑（2002）针对一个产品研发级的虚拟企业，综合考虑其伙伴投资及所承担的风险，利用模糊综合评判法，给出一种收益分配比例计算方法③。陈菊红等（2002）应用博弈论建立了虚拟企业收益分配的博弈模型，并进行了相关分析，所得出的结论可直接用于虚拟企业的收益分配策略的制定④。叶飞（2003）从协商的角度提出了三种利益分配方法：基于不对称 Nash 协商模型的虚拟企业利益分配方法；从合作伙伴满意度水平的角度提出了基于满意度水平的虚拟企业利益分配协商模型；在传统的群体重心模型的基础上，建立了虚拟企业利益分配的群体加权重心模型⑤。张后斌（2003）运用可拓学中转换桥的理论与方法，对虚拟企业在运营过程中出现的收益分配冲突，进行了协调研究，为管理者提供一种形式化的操作方法⑥。卢纪华、潘德惠（2003）采用博弈论的相关理论建立了基于技术开发项目的虚拟企业利益分配模型，把利益分配同工作努力水平、工作贡献系数、创新性成本、风险性成本等因子相挂钩，这样工作贡献愈大、创新性成本愈高、承担风险愈多，分享的利益愈多，使利益分配、风险共担更合理更符合实际，合作双方更容易达成共识⑦。廖成林等（2005）构建了虚拟企业的一次收益分配模型，并在此基础上进行了一系列的相关分析，得出了各成员一次收益分配系数及其部分影响因素以及在纳什均衡下各成员的努力水平，进而提出了以

① 刘松，高长元. 高技术虚拟企业运营模式及其成本管理研究 [J]. 工业技术经济，2006 (4)：2-5.

② 叶飞，等. 虚拟企业成员之间利益分配方法研究 [J]. 统计与决策，2000 (7)：11-12.

③ 冯蔚东，陈剑. 虚拟企业中伙伴收益分配比例的确定 [J]. 系统工程理论与实践，2002 (4)：45-49.

④ 陈菊红，等. 虚拟企业收益分配问题博弈研究 [J]. 运筹与管理，2002 (2)：11-16.

⑤ 叶飞. 虚拟企业利益分配新方法研究 [J]. 工业工程与管理，2003 (6)：44-58.

⑥ 张后斌. 虚拟企业收益分配冲突的可拓模型及其协调研究 [J]. 广东工业大学学报，2003 (3)：95-100.

⑦ 卢纪华，潘德惠. 基于技术开发项目的虚拟企业利益分配机制研究 [J]. 中国管理科学，2003 (10)：60-63.

激励为目的的收益再分配策略与以约束为手段的惩罚策略相结合的二次收益分配机制，以使虚拟企业在一定条件下能够达到帕累托最优状态[①]。雷宣云、叶飞、胡晓灵（2005）从博弈论角度论证了共享产出模式适合战略性合作伙伴，利用 Nash 协商模型建立了以保留收益为谈判基点的虚拟企业战略性合作伙伴利益分配模型，并提出了一种二次利益分配模型[②]。

关于虚拟企业相关的会计、财务问题。万雪莉（2000）分析了虚拟企业对会计假设和原则的挑战[③]。徐汉峰（2003）分析了虚拟企业会计核算对象的确认和核算制度的确立[④]。谢良安（2003）对虚拟企业财务管理的角色定位、目标、财务关系、理财手段和方法、财务评价和考核五个方面进行了探讨，认为虚拟企业财务管理是与扁平化的组织结构相适应的一种横向管理，以网络技术为基础，实现财务信息资源系统化，其功能是确定财务战略和财务目标、处理财务关系、进行财务分析等[⑤]。程宏伟（2003）分别从虚拟企业融资、财务治理、财务风险等方面对财务问题进行分析[⑥]。邹航等（2004）指出固定的、程式化的财务结构无法适应虚拟企业的需求，应该对财务组织进行创新，提出应当建立财务委员会[⑦]。朱小平等（2004）认为虚拟企业存在运营风险，应当从专用投资风险、信用管理、成本控制、财务激励与约束机制等方面进行财务控制[⑧]。彭岚（2004）认为基于产品的虚拟企业应实现风险现金流量管理，并建立以风险现金流量管理小组为核心的虚拟企业风险现金流量动态管理机制[⑨]。蔡春、陈孝（2005）提出机构虚拟型企业采用收益法、功能虚拟型企业采用市盈率乘数法进行虚拟企业的价值评估[⑩]。邹艳（2007）总结了

---

① 廖成林，等. 虚拟企业的二次收益分配机制研究 [J]. 科技管理研究，2005（4）：138-140.

② 雷宣云，叶飞，胡晓灵. 虚拟企业战略性合作伙伴利益分配方法研究 [J]. 工业工程，2005（9）：15-17.

③ 万雪莉. 论虚拟企业对传统会计理论的冲击 [J]. 财会月刊，2000（10）：8-9.

④ 徐汉峰. 虚拟企业简易会计制度设计 [J]. 财会月刊，2003（12）：25-26.

⑤ 谢良安. 刍探虚拟企业的财务管理 [J]. 财会月刊，2003（7）：27-28.

⑥ 程宏伟. 虚拟企业财务问题探讨 [J]. 财会月刊，2003（6）：27-28.

⑦ 邹航，等. 刍议虚拟企业的财务管理 [J]. 商业时代，2004，27：54.

⑧ 朱小平，等. 试论虚拟企业的运营风险及财务控制 [J]. 财会通讯，2004（9）：9-11.

⑨ 彭岚. 资本财务管理：面向企业新价值目标 [M]. 北京：科学出版社，2004.

⑩ 蔡春，陈孝. 虚拟企业价值评估研究 [J]. 经济学家，2005（3）：14-21.

虚拟企业财务管理的特点，并对虚拟企业的财务管理体系进行探讨①。张丽（2013）分析了虚拟企业的出现对财务管理理念、财务管理对象、筹资经营活动的影响②。

1.2.2 财务制度安排的历史检视

近年来，国内外财务制度安排的相关研究文献可谓"汗牛充栋"，并从不同侧面取得了大量的研究成果。在西方，财务管理作为一项独立的管理活动，至今已有百余年的历史，在这一百多年里，财务管理的内容不断得到拓展，并在企业管理中扮演着越来越重要的角色。西方财务制度安排大致经历了以下几个主要阶段：①在原始股份经济时期，财务制度安排强调对资产的记录和保管；②随着股份公司的迅速发展，要求企业及时筹措大量资金，并在财务关系上处理好公司与投资者、债权人之间财务的权、责、利关系，为此，这一阶段财务制度安排的基本目标是筹集所需资金，正确权衡、维护投资者和债权人二者之间的利益；③20世纪30年代的经济大萧条和金融市场崩溃时期，投资者严重受损，此时企业财务制度安排要求公司财务报表能够真实地反映其财务状况和经营成果，维护广大投资人、债权人以及政府的利益；④随着国际市场迅速扩大、金融市场的日益繁荣，企业财务制度安排的基本目标是在保持最佳资本结构的条件下，使权益人的投资报酬最大化；⑤20世纪80年代以来，企业财务管理开始朝着综合性管理的方向发展，与此相应，财务制度形成了以财务决策为核心、以公司价值最大化为目标的财务体系③。可见，作为对财务管理活动加以规范、约束的财务制度，与企业财务管理活动发展轨迹在逻辑上具有"历史的一致性"。

在我国，就政府颁布的有关规定来看，财务制度整体可以分为零散财务制度阶段（1949—1992年）和系统财务制度阶段（1993年以来）。零散财务制度阶段是制度的主体内容仍在资金、成本、利润范围之内，并散见于各项规定中，没有完整、系统地涵盖上述内容的财务制度。系统财务制度阶段是财政部发布了《企业财务通则》和《工业企业财务制

---

① 邹艳. 虚拟企业的财务管理研究 [D]. 成都：西南财经大学，2007.
② 张丽. 虚拟企业财务管理框架体系与流程研究 [J]. 财会通讯，2013 (2)：66-67.
③ 冯建. 企业财务制度论 [M]. 北京：清华大学出版社，2005：20-22.

度》等行业的财务制度，全面、系统地规范了有关资金（筹资、投资）、成本、利润的财务行为，并第一次冠以"财务制度"字样。财政部2006年对《企业财务通则》进行了修订，对企业财务管理体制、资金筹集、资产营运、成本控制、收益分配、重组清算、信息管理、财务监督等方面进行了详细的规定。

此外，我国学者一向强调制度在企业财务管理中的重要性，并对财务制度理论展开了讨论。研究早期主要是围绕财务管理体制进行探讨，后来的研究则深受新制度经济学的影响。1980年，柳标在《改革企业财务管理体制问题》中提出，研究企业财务管理体制，首先要弄清企业财务管理体制是一种什么样的管理制度，并提出企业财务管理体制是利用价值形式对企业的生产经营活动进行管理的一种管理制度[①]。1989年，郭复初教授在《论初级阶段财务管理体制的性质与特征》一文中提出，财务关系的基本内容包括财权关系、财责关系和利益分配关系。财务管理体制是处理财务关系的基本制度，也就是确定财务管理中各有关方面之间关于财权分割、财责划分与利益分配的基本内容与基本模式的制度[②]。其后，郭教授在《社会主义初级阶段财务管理体制》一书中，分别就工业企业财务管理体制、农业企业财务管理体制、建筑企业财务管理体制、交通运输业财务管理体制、商业企业财务管理体制、联合企业财务管理体制、中外合资经营企业财务管理体制进行了详尽的探讨[③]。1997年，杨淑娥教授在《试论财务体制演进的动因与规律》一文中分析了企业财务管理体制的属性：财务管理体制是调节特定的经济利益关系的，是特定时期生产关系的综合反映，因而它必须和特定时期的生产力发展相联系；财务体制属于财务管理工作的"上层建筑"和"意识形态"，它对其"经济基础"——企业理财活动起着推动、促进和导向作用；财务体制构建是企业管理当局与其授权人（投资主体）的共同行为，是一种主观意识作用的结果[④]。1995年，汤业国提出构建"国家法律体系—投资者财务监控制度—企业内部财务制度"构成的财务管理体制[⑤]。1998年，冯

---

① 柳标. 改革企业财务管理体制问题 [J]. 财政问题讲座, 1980 (6).
② 郭复初. 论初级阶段财务管理体制的性质与特征 [J]. 四川会计, 1989 (11).
③ 郭复初. 社会主义初级阶段财务管理体制 [M]. 成都：西南财经大学出版社, 1991.
④ 杨淑娥. 试论财务体制演进的动因与规律 [J]. 当代经济科学, 1997 (2).
⑤ 汤业国. 从财务主体的归属看我国财务管理体制的改革 [J]. 四川会计, 1995 (10).

建教授在《财务专论》（郭复初教授领著）中提出，按照制定主体的不同将财务制度分为广义财务制度和狭义财务制度。其中，广义的财务制度是由国家权力机构、有关政府部门以及企业内部制定的用来规范企业同各方面经济关系的法律、法规、准则、办法以及企业内部财务规范的总称，包括宏观财务制度（如《企业财务通则》《行业财务制度》等）与微观财务制度（企业内部财务制度）。狭义的财务制度又称为企业财务制度，是由企业管理层制定的用来规范企业内部财务行为、处理企业内部财务关系的具体规范。同时，按照管理环节、管理职能、管理对象的不同，该文对财务制度进行了详细的划分①。1998 年，冯建教授、伍中信教授等在《企业内部财务制度设计与选择》一书中，针对筹资、投资、收入、成本、利润分配等具体环节，提出了具体可操作的、可行的财务制度②。1999 年，冯静提出我国目前的财务制度是一个由财务管理体制、企业财务通则、行业财务制度、企业内部财务制度组成的制度体系③。1999 年，宋献中教授在其博士论文《合约理论与财务行为分析》中强调，制度安排是制度的具体化，制度安排可以是正规的，也可能是非正规的；同时指出财务制度是一套规范和约束财务行为的程序，包括财务治理结构与财务法规、准则、办法等④。2005 年，李心合教授借鉴西方新制度经济学与行为学的方法来研究财务制度，提出了网络型财务体系，并将财务制度分为财务本体性制度和财务关联性制度两大类⑤。财务本体性制度，又可以分为微观财务制度和宏观财务制度两个层次。微观财务制度是公司自行组织制定的仅在内部适用的财务规章制度，而宏观财务制度是由国家或政府制定的适用于所有企业或部分企业的财务性制度。财务关联性制度按其表现形式来划分，可分为正式制度和非正式制度。非正式的制度，诸如道德规范、习俗、信任等，内生于公司财务行为之中，并构成对公司财务行为的规范约束。2005 年，冯建教授在《企业财务制度论》一书中，从经济学原理出发，以企业生命周期为指导，对财

---

① 郭复初. 财务通论 [M]. 上海：立信会计出版社，1997.

② 冯建，伍中信，徐加爱. 企业内部财务制度设计与选择 [M]. 北京：中国商业出版社，1998.

③ 冯静，曾凤. 对财务制度的再认识 [J]. 财会通讯，1999（4）：22.

④ 宋献中. 合约理论与财务行为分析 [D]. 成都：西南财经大学，1999.

⑤ 李心合. 论制度财务学构建 [J]. 会计研究，2005（7）：46.

务制度的制定、评价、调整做出了系统的探讨①。

1.2.3　简要评价

从财务制度安排的历史过程来看，虽然西方财务制度的内容几经变迁，但是财务制度是融入财务活动之中，并主要围绕财务管理的重点内容进行安排设计的；财务制度是企业所有者或由所有者委托企业管理者制定、实施的，不具有法规性、强制性。在我国，财务制度是由国务院批准、财政部颁布实施，同时，将其视为财务理论的重要组成部分。政府有关部门和相关学者对财务制度进行了一系列的研究，基本对财务制度的含义和内容取得了肯定性共识和显著进展。在实践中，财务制度已经成为企业规范财务活动、处理财务关系的行为准绳。而目前进入以信息技术为代表的网络经济时代，生产的社会组织形式发生了一系列新的变化：一是企业之间纵向非一体化和横向非一体化有序地发展起来，即生产的专业化、社会化更加深化；二是企业与企业之间的交易关系随着日益发展的外包、供应链协调、特许经营等方式的出现，更加复杂化；三是出现了以虚拟企业为代表的新的社会生产组织形式，实现了以快速响应客户需要为目的的跨地区企业之间灵捷生产式的合作。这些纷繁复杂现象中的一个共同特点是：市场的自组织代替了企业的组织；跨企业紧密协调的准一体化代替了企业实体意义上的一体化；纵横交错的企业网络代替了日益增大的单个企业。而现有财务制度的研究成果仅是针对传统企业模式的财务运作加以规范、引导，并未针对新型网络组织形式财务管理的特点。倘若网络组织一味套用现有财务制度的有关规定，必然会降低财务制度应有的效力，甚至影响企业的整体运作，这就增加了研究新型网络组织形式财务制度的紧迫性。

在各种的网络组织形式中，虚拟企业是最能体现企业网络性质的一种类型，并将组织结构的根本性变革发挥到了极致②。虚拟企业由于具备传统企业无法比拟的优点，已经在管理实践中崭露头角并得到国内外理论界和实务界的广泛关注。从国内外学者的研究成果来看，以往有关虚拟企业的研究呈现出以下几个特点：①研究内容较广，涉及虚拟企业的

---

① 冯建. 企业财务制度论 [M]. 北京：清华大学出版社，2005.
② 刘东. 企业网络论 [M]. 北京：中国人民大学出版社，2003：32.

各个方面，并取得了一定的成果。具体来说，国外主要研究了虚拟企业的构成要素、运行、管理等方面。我国的研究则是在两个层面上进行的：第一层面侧重从企业组织、结构、运营的角度研究虚拟企业的实现；第二层面则侧重从技术的角度研究虚拟企业制造、企业集成和协同的实现方法和关键技术。这体现了研究虚拟企业的两个研究方向和两种思路。②研究方法侧重于数理模型构建加定性探讨，从而使得研究结论具有一定说服力。

由于虚拟企业是一种新的企业范式，其理论研究是一项复杂的系统工程。目前，国内外关于虚拟企业特别是其运行、管理等方面的理论研究才刚刚起步，还存在以下不足和有待完善之处。

（1）概念界定不统一。虚拟企业作为管理学的一个新概念，由于研究者的研究方法和分析角度不同，没有一个明确的概念内涵。有的学者强调虚拟企业的形式特征，有的学者侧重虚拟企业的技术特点。这些定义都反映了虚拟企业的部分特征，不能全面地反映出虚拟企业的实质，我们很难从这些定义中得到虚拟企业是什么的准确回答。正是由于存在这种认识上的偏颇，我们很难把握虚拟企业的本质内涵，进而影响虚拟企业的进一步研究。

（2）研究的进程、广度、深度不平衡。虚拟企业理论的研究已经广泛地展开，但研究的进程、广度、深度及投入的力量存在很大的差异，研究空间较大。尽管国内外对虚拟企业的研究已经进行了十多年的时间，但大量的研究仍集中在虚拟企业的优势、虚拟企业的组织结构、虚拟企业的网络技术等方面；而对虚拟企业管理理论与方法、虚拟企业协调委员会（ASC）的研究较为薄弱。

（3）研究欠缺系统性，学科面较为狭窄。目前，对虚拟企业的研究仍以概念性、描述性、框架性的定性研究居多，对虚拟企业实际运作中的问题的解决方法缺乏系统研究。此外，虚拟企业理论研究无论在国外还是国内都是由国家主导、社会力量积极参与的。研究者以机械制造工程、计算科学与通信工程等专业技术的研究人员为主，管理学、经济学、法学、社会学等其他相关专业人员相对参与得较少，研究缺乏系统性和多学科交叉性。

（4）虚拟企业财务制度安排的研究不足。从财务制度的功能和作用来看，它是规范企业财务活动、协调各种财务关系的具体规则的集合，以提高企业财务资源的配置效率，保证各项工作的顺利进行。由目前掌握的文献可知，从财务制度的视角对虚拟企业进行的研究尚不深入，仅有若干相关问题零散地融入虚拟企业会计、财务等方面的初步研究之中，缺乏系统的研究。尽管出现不少虚拟企业合作伙伴的选择、风险管理、成本管理、收益分配等财务相关问题的研究成果，但其内容都局限于对某一问题的分析，且注重理论研究，缺乏可操作性和指导性；同时，忽略了各财务问题之间的联系。

综上所述，虚拟企业不仅是一个复杂的系统，而且也是一个崭新的网络组织形式，正处于不断发展和完善之中。研究虚拟企业的根本目的应当是为了更好地完善虚拟企业的运行机制，促进虚拟企业组建与运行的有效性。针对现有研究成果的不足，需要在进一步明确虚拟企业内涵的基础上，拓宽研究范围，从财务制度安排的角度系统地规范相关财务活动、理顺财务关系，以便提高虚拟企业的运行效果。鉴于此，本书认为从财务制度安排的角度对虚拟企业的运行机理进行考察，不失为一种有益的尝试。

1.3 研究意义

虚拟企业正成为网络经济条件下企业发展的趋势和主要的组织运行模式。这种新型的企业组织形式将彻底改变传统的一体化企业组织运行理念、模式、方法，并给企业注入新的生命力与活力，将有助于提高企业适应市场、把握市场机遇的能力以及获得长久的竞争力。因此，有关虚拟企业的研究已成为管理理论界的研究重点之一。本书则以制度建设层面的应用性研究为主，拟在对虚拟企业运行特点进行洞察分析的基础上，系统探讨虚拟企业财务制度安排的构建方略，并进行具体的制度设计，力求为虚拟企业的健康发展提供智力支持。本书具有十分重要的理论与实践意义。

第一，有利于拓展财务制度理论。从财务制度的历史沿革来看，西方财务制度内容的不断拓展和我国财务制度的改革动议说明构建财务制度具有客观的必要性和科学性，而虚拟企业的出现给财务制度理论带来了挑战。本书在财务制度一般性描述的基础上，结合虚拟企业自身的特点，构造出虚拟企业财务制度安排的内容框架并进行全面的理论诠释和探究，这将对现有财务制度理论进行深化、扩充和丰富，因此，具有较强的理论拓展意义。

第二，有利于推动虚拟企业理论的深入研究。目前，虚拟企业理论的研究总体上处于前期研究阶段，主要对虚拟企业模式做了多方探索，提出了多种企业模式。本书从财权配置的视角重新审视虚拟企业的组织模式、分析虚拟企业的运行过程等，对于深化协调委员会等理论的研究将起到积极的促进作用。所以，本书在继承现有理论研究成果的基础上，丰富了研究内容，这将进一步拓宽虚拟企业研究的思路，增强研究深度。

第三，有利于财务学研究走出纯技术主义的误区。迄今为止，财务学已经发展出一个富有活力的内在有机的方法体系，其中财务学的研究范式是承袭主流经济学的"理性选择范式"[1]。由此，现有财务学形成了对财务经济性效率和经济性规则的过分关注，重视财务的操作性技术方法，如财务决策的技术方法、财务预算的技术方法、财务控制的技术方法和财务分析的技术方法等。企业财务效率大大提高的同时，技术主义财务学割裂了企业财务行为与社会因素的内在联系，并使人类的一些基本价值准则遭到蹂躏。而制度是充分发挥理财者创造潜能和积极性的"启动器"，本书对财务制度的探讨有利于摆脱技术主义财务学的传统，将制度、文化、人等社会因素纳入财务学的分析框架，以此来开辟新的财务学研究路径，走出财务学的纯技术主义的误区。

第四，有利于指导虚拟企业运作。我国企业正处于转型阶段，一方面需要理论指导，另一方面需要模式参考。目前，我国企业主要存在两种转型方式：一种是国有企业向现代企业的转型，这种转型主要是企业产权制度的转型；另一种是在新经济背景下，从传统企业模式向新型企业模式的转型，这种转型是企业规制的转型，即由纵向一体化组织向扁平化组织的转型。前一种转型经过20多年的努力，已经进入尾期；后一种转型则被我国企业界高度重视，虚拟企业则是这种转型的最佳途径之一。但虚拟企业的组织不稳定性和管理的复杂性使得该组织模式还存有明显的不足。在这种情况下，本书的研究有利于指导企业认清企业虚拟化的发展趋势，增强企业虚拟化建设的使命感和紧迫感，指引虚拟企业

---

① 李心合. 财务理论范式革命与财务学的制度主义思考 [J]. 会计研究，2002 (7)：3.

运作的正确实施。

1.4 研究思路与框架

本书主要沿着财务制度和虚拟企业有机结合和由一般到特殊的思路，探讨虚拟企业财务制度构建的理论、方略，并进行具体的制度设计。整体来看，本书由五部分组成，各部分关系如图 1-1 所示。

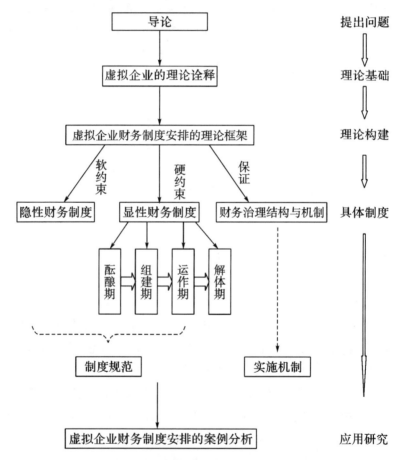

图 1-1　虚拟企业财务制度安排研究的内容框架

第一部分（第 1 章）为绪论，说明本书的研究背景、研究意义、研究思路与研究方法。

第二部分（第2章）为虚拟企业的理论诠释，分析虚拟企业的相关理论问题，为本书的研究提供理论铺垫。

第三部分（第3章）研究虚拟企业财务制度安排的理论结构，为第4、5、6章提供基本理论分析框架。本章从目标、本质、主体、对象、假设等问题的界定出发，结合虚拟企业的特性，构建出虚拟企业"立体式"的财务制度安排框架。

第四部分（第4章至第6章）对虚拟企业具体的财务制度进行详细的探讨，这是本书的主体内容。本部分逐一讨论了"显性财务制度安排—隐性财务制度安排—财务治理结构与机制"各部分的内容和策略。

第五部分（第7章）对虚拟企业财务制度安排进行案例分析。

1.5　研究方法

根据研究的内容，本书主要采用了以下几种研究方法：

第一，规范研究法。规范研究主要回答"应该是什么"的问题，由于本书的部分内容属于纯理论的研究，首先必须构建具有说服力的理论框架，从中得出有意义的结论，并指导全书的分析。本书第3章构建出虚拟企业财务制度安排的理论结构和内容框架，回答了"虚拟企业财务制度安排应该是什么"的问题；其后的第4、5、6章又具体地说明虚拟企业显性财务制度、隐性财务制度、财务治理"应该是什么"的价值判断，因此，规范研究法将成为本书的主要研究方法之一。

第二，数理分析法。数理模型是建立在比较细致的逻辑分析基础上的定量刻画方法，具有一定的说服力；同时，采用数理模型也充分体现了定量研究为理论分析服务的研究理念。本书运用数学模型对虚拟企业的边界进行比较分析，说明虚拟企业的边界具有动态性；通过市场机遇价值评估、预计期望收益的衡量、利益分配、信息基础设施投资等数理模型分析，说明显性财务制度应该如何选择、安排；采用有关数理模型推断了关系资本的价值衡量。

第三，案例研究法。一个典型案例是对某一类经济问题的生动描述，是对特定经济过程及其复杂情景的准确刻画和真实再现。基于此，本书用大量的案例作为虚拟企业财务制度安排的佐证，如第5章中跨文化管理下的财务制度部分，就配有诸多国内外虚拟企业相关典型案例作为支持，这样起到增强理论说服力的作用。第 7 章对美特斯·邦威和 IBM 公司 PC 业务进行分析，得出虚拟企业财务制度安排的现状，为我国虚拟企业进行财务制度安排提供了启示。案例分析与理论分析的相辅相成，对于研究结论的取得和研究成果的科学性大有裨益。

第四，归纳分析法。本书所研究的虚拟企业财务制度安排问题是一个跨学科的命题，既涉及经济学的知识，又涉及管理学、社会学等学科的相关理论，所以，这就需要借鉴这些学科的研究成果为本书的研究服务。本书第 2 章从经济学、管理学、社会学的视角分析了虚拟企业的边界属性、组织属性等问题，为构建虚拟企业财务制度安排提供了研究基础；第 3 章中从制度经济学和现代财务理论两个方面分析了财务制度安排的理论基础，为财务制度安排的结构框架奠定了研究前提。

1.6　创新及不足之处

本书的创新点主要体现在：

创新一，本书从经济学、管理学、社会学的角度分析了虚拟企业的性质。这种多方位、多视角的分析有助于深刻理解虚拟企业的内涵，为研究虚拟企业财务制度安排奠定基础。

创新二，本书借助新制度经济学的相关理论，系统、全面地梳理了财务制度安排的相关内容，并对企业财务制度安排的理论框架进行了一般性描述。在此基础之上，本书结合虚拟企业的特性，对财务制度安排基本要素的内涵进行理论拓展，进而提出虚拟企业"立体式"的财务制度安排框架。

创新三，本书依据虚拟企业具有的明显的生命周期性特征，将显性财务制度划分为酝酿期财务制度、组建期财务制度、运作期财务制度和解体期财务制度。这种划分有利于虚拟企业根据不同阶段的特点，制定不同的财务规范内容，从而提高制度安排的可操作性。

创新四，本书扩展资本的内涵，并以资本泛化为基础，利用关系资本分析虚拟企业隐性财务制度安排。本书提出了维护虚拟企业关系资本的具体措施，有利于提升财务"软控制"的约束力，对虚拟企业财务制度安排具有现实指导意义。

创新五，本书在财权配置的基础上，结合虚拟企业财务治理的特点，并以星型模式和联邦模式为例，说明虚拟企业财务组织的结构安排。本书按照所有权的安排逻辑，在界定虚拟企业内部财权关系的基础上，提出各个财务制度安排主体的权利范围，为虚拟企业财务制度的有效实施提供保证。

虚拟企业财务制度安排是一个全新的、多学科交叉的研究课题，研究的难度很大。由于作者水平有限，并限于文章篇幅，一些问题还需要进一步深入研究。其一，财务伦理是一种无形规范，本书虽对其量化进行了试探性研究，但仍然缺乏可操作性。其二，资本是一个抽象范畴，学术界对于资本的划分没有一个统一的认识，而本书仅侧重于虚拟企业关系资本的讨论，难免有些局限。其三，本书结论是基于笔者目前的认识、理解程度做出的，难免存有偏颇之处。由于时间、条件的限制，本书结论没有到现实的虚拟企业中去实施，因此，尚需实践的检验和修正。

2　虚拟企业理论诠释

组建虚拟企业是一项复杂的系统工程，有必要深入研究和分析虚拟企业的内涵和性质，明确虚拟企业的特性及组织模式。本章通过对虚拟企业范畴系统和规范的描述，为进一步的探讨奠定理论基础。

2.1　虚拟企业的溯源

虚拟企业作为一种全新的现代企业组织模式，已经为越来越多的企业所接受。许多大公司已经先后加入虚拟企业的行列，如耐克、戴尔、爱立信等。虚拟企业这种知识经济时代出现的新型组织运作模式，必将成为 21 世纪组织管理的主流和制造业的主导生产方式[①]。所以，虚拟企业这一概念提出至今不过十几年时间，理论界和实务界都对它产生了极大的关注。

2.1.1　虚拟企业的产生背景

虚拟企业的概念不是理论工作者为了研究而提出的一个相对抽象的名词，也不是实务界为了吸引人们眼球而做出的炒作行为。相反，虚拟企业作为一种新型的企业组织模式，是适应当代社会、经济发展和技术进步的产物。它的产生具有深刻的现实背景。

1. 竞争环境变化促使虚拟企业的产生

在新经济的推动下，企业的外部竞争环境发生了一些重要的变化，

---

① 彭岚. 资本财务管理［M］. 北京：科学出版社，2004：200.

主要表现在三个方面。

第一，竞争态势的加剧。经济全球化是世界经济不可逆转的发展趋势。目前，全球已进入一个"无边界"的阶段，世界各国之间在经济上越来越多地相互依存，国际经济贸易交往与合作更加频繁和紧密，竞争愈来愈激烈。从竞争的广度来看，经济全球化弱化了国家之间、地区之间进行经济联系的障碍，使得企业能够实施全球战略，即在全球范围内组织研究开发、寻找合作伙伴、调整生产布局、规划市场布局。这种布局空间的扩大，给企业实施虚拟企业的运作提供了良好的发展条件；同时，也加剧了竞争，形成"国际竞争国内化、国内竞争国际化"的局面。就竞争的深度而言，速度已成为第一竞争要素。市场机遇稍纵即逝，企业是否拥有驾驭变化的能力已成为能否赢得竞争的关键。谁能迅速地把握时机，适应客户或市场的需要，谁就能抢占制胜先机，在竞争中获利。可以说，在竞争日益加剧的情况下，速度就意味着优势。

第二，知识成为关键的竞争资源。随着社会经济的发展，知识影响着整个企业的生存环境，同时成为企业生存、竞争的基础。统计表明，20 世纪 60 年代以前，在影响生产力发展的因素中，有形资产的投入占60%以上，到了 20 世纪 70 年代和 80 年代，其比重下降到 40%以下，而知识的作用占到了 60%以上[①]。知识已逐步成为企业的决定性生产要素，从而导致企业管理的重点也发生改变。在工业经济时代，企业管理的重点是生产，以提高劳动生产率为目标；在新经济时代，企业管理的重心转向了知识的生产和开发，其目标就是提高知识生产率，知识生产率的高低决定着企业未来的竞争水平。然而，面对科技的日新月异，企业仅依靠自身的力量来创造知识资源显得有些"心有余而力不足"。一方面，知识资源的培育、开发需要长期的时间积累，而企业面临的市场机遇仅为一个时间点，这两者时间上的差异极容易使企业丧失投资机会；另一方面，开发知识资源所需的巨额费用往往是单个企业难以独自承担的。面对这些情况，越来越多的企业意识到应该用企业外部的资源来弥补企业自身知识资源的不足，巩固和提高自身的市场竞争优势。

第三，客户价值成为竞争中心。20 世纪 80 年代以来，科技进步和社

---

① 吴光宗. 现代科学技术革命与当代社会 [M]. 北京：北京航空航天大学出版社，1991：99.

会发展使市场中的买卖关系发生了根本性的改变，生产者主导经济逐步让位给消费者主导经济，形成了买方市场。消费者不再满足于接受卖方选定的产品，而是根据自己的偏好，消费合乎意愿的产品。在这一背景下，企业不再只重视数量、价格、质量的方面，满足客户个性化的需求将是企业竞争的着力点。由此，形成"客户驱动市场，市场牵动企业"的生产模式，这势必使得企业的主要视角聚焦在外部，特别是外部的客户。客户需求的多样化、个性化直接决定着企业产品，企业产品的规模和质量又决定着企业的经济效益。

2. 技术环境的改变推动虚拟企业的产生

企业竞争环境的变化使虚拟企业有了产生的必要性，而网络技术、信息通信技术的发展极大地推动了虚拟企业的产生，并为虚拟企业的推广提供了现实可行性。20 世纪 90 年代以来，在计算机技术的基础上产生了一系列的技术创新，如网络操作系统、Web 基础等，从而进入了一个以集成性、系统性、智能化、网络化、开放式为特征的信息网络时代。信息通信技术的使用极大地提高了组织的信息处理和通信能力、促使企业信息资源共享和业务过程重组等，并成为组织变革的技术支持和工作平台。这些实现了企业技术、管理、组织内部的集成优化以及三者之间的集成优化，增强了企业的柔性、敏捷性和适应性；同时，为企业间的合作创造了便捷条件。企业可以在全球任何地方开展生产经营活动，并与世界各国的企业进行联系与合作，成为以全球市场为依托，以全球资源为基础的动态组织。

面对上述竞争环境与技术环境的变化，越来越多的学者开始重新审视传统的组织形态，并开始寻求新的模式来适应这种环境的变化。由此，导致企业内部组织与管理理念上出现了一些重大的变化，这些变化正为虚拟企业的出现创造了契机。

2.1.2 虚拟企业的提出及深化

20 世纪 50 年代以前，美国的制造业在世界上一直处于领先地位。但此后，日本在这一领域紧追不舍。特别是 20 世纪 80 年代以来，美国由于重视第三产业的发展，将制造业视为"夕阳"产业，而日本则在提出柔性生产等新的制造业理念后，在制造业领域超过了美国。譬如，1980 年日本取代美国成为世界头号汽车生产国，汽车产量超过 1 000 万辆，而美国的汽车产量仅有 800 万辆，且当年美国国内进口汽车已经占领美国市场的 28.6%。为此，美国的经济霸主地位受到前所未有的冲击。美国意识到自己在制造业上与日本的差距，为了夺回制造业的优势以保持其国际竞争力，政府和企业界开始共同致力于工业生产力的研究，特别是制造业衰退的原因和对策。1991 年，美国国会提出要完成一个较长期的制造技术规划的基础结构，于是委托里海大学（Lehigh University）的艾科卡研究所（Iacocca）对此进行深入研究。半年后，该所的肯尼思·普瑞斯（Kenneth Press）、史蒂文·戈德曼（Steven L. Goldman）、罗杰·内格尔（Roger N. Nagel）提交了一份名为《21 世纪制造企业研究：一个工业主导的观点》的报告。在这份报告中，他们提出了一种新的生产模式——以动态联盟为基础的敏捷生产模式，并创造性地提出"虚拟企业"（Virtual Enterprise）的概念①。

尽管肯尼思等人的研究成果主要立足于"敏捷制造"，并以制造业为背景，但是该报告展现出巨大的影响力，使虚拟企业作为一种组织形态开始受到理论工作者的重视。随后，其他学者开始从更为广泛的角度出发，尝试对虚拟企业的内涵和外延进行界定。

1992 年，威廉·戴维陶（William H. Davidow）和迈克尔·马隆（Michael S. Malone）发表了专著《虚拟公司：21 世纪公司的构建与复兴》，指出新的商业时代将生产一种"废时短，并能够同时在许多地点满足不同客户需求"的虚拟产品②。虚拟产品的产生必然要求企业对自身组织和管理模式进行"修正"，在这一过程中虚拟企业油然而生。自此，虚拟企业的内涵得到了丰富，并作为一种组织形态得到阐述。

1993 年，约翰·伯恩（John A. Byrne）在《商业周刊》发表了名为《虚拟企业》的文章，首次明确指出：虚拟企业是为了追求环境的适应性、把握快速变化的市场机遇，而由多个企业快速形成的、暂时性的公司联盟③。该文总结了虚拟企业的特点，并吸取了大量企业界人士的意见，为进一步研究虚拟企业奠定了理论基础。

① PRESS K, GOLDMAN S L, NAGEL R N. 21st Century Manufacturing Enterprises Strategy：An Industry-Led View［R］. Bethlehem：Iacocca Institute of Lehigh University，1991.

② DAVIDOW W H, MALONE M S. The Virtual Corporation：Structuring and Revitalizing the Corporation for the 21st Century［M］. New York：Harper Business，1992.

③ BYRNE J A. The Virtual Corporation［J］. Business Week，1993（8）.

1995 年，戈德曼、内格尔、普瑞斯又出版了名为《敏捷竞争者与虚拟组织》的专著，对虚拟企业进行了较深入的研究，进一步扩展了虚拟组织涵盖的范畴，并指出虚拟组织并非全新事物，而是使用了一个或多个现有的组织机制①。这部著作标志着虚拟企业理论的形成，自此，虚拟企业方面的研究进入了一个新的理论研究阶段。

此后，虚拟企业相关研究方向转向实践领域。1996 年，肯尼思·普瑞斯（Kenneth Press）主编了《虚拟组织手册：质量管理工具、知识财产、风险共担与利益共享》②，针对虚拟企业的实务问题进行了一些探讨。其后的研究主要是围绕虚拟企业"合作化"展开的，如 Bernus 提出了一个基于 Agent 的虚拟组织设计方法和集成结构③；Mezgar 针对中小规模企业（SME）的虚拟企业协作形式给出了一个网络化协调运作框架④；Katzy 提出了一个虚拟企业的应用模型，并对瑞士的制造企业进行了实证研究⑤。

除此之外，政府组织及一些大型企业还具体运作了虚拟企业的组织模式。如美国国家工业信息体系结构协议（National Industrial Information Infrastructure Protocol，简称 NIIIP）项目，该项目由美国国防高级研究计划局（DARPA）资助，由 IBM 公司为主进行研究，旨在通过解决虚拟企业中的不兼容问题，促进企业间的合作。欧盟进行了半导体虚拟企业规划和控制系统（A Planning and Control System for Semiconductor Virtual Enterprise，简称 X-CITTIC）项目，该项目的功能贯穿于整个虚拟企业的计划和控制过程，重点是在微电子领域的虚拟企业上。在这个应用领域中，来自世界各地销售订单的相关制造过程都是由分布全球的制造网络发出

① GOLDMAN S L, NAGEL R N, PRESS K. Agile Competitors and Virtual Organizations: Strategic for Enriching the Customer [M]. Van Nostrand Reinhold: A Division of International Thomson Publishing Inc, 1995.

② PRESS K. Handbook for Virtual Organization: Tools for Management of Quality, Intellectual Property and Risk, Revenue Sharing [M]. Bethlehem Pa: Knowledge Solutions Inc., 1996.

③ BERNUS P, NEMES L. Organizational Design: Dynamically Creating and Sustaining Integrated Virtual Enterprises, Proceedings of the 14th World Congress of International Federation of Automatic Control [M]. Pergamon Press, 1999.

④ MEZGAR, KOVACS G L. Co-ordination of SEM Production through a Co-operative Network [J]. Journal of Intelligent Manufacturing, 1998 (9).

⑤ KATZY B R. Design and Implementation of Virtual Organization [R]. Hawaii: Proc. 31st Annual Hawaii International Conference on System Science, 1998.

命令来完成的。同样，虚拟企业作为一种组织模式，也在企业实际应用中崭露头角。Intel公司和IBM公司联合进行虚拟开发，公司之间在芯片专利权方面相互授权，从而取得了在计算机芯片生产制造方面的全球领先优势；Nike公司采用了虚拟企业制造的模式，企业自身仅拥有专业技术，而不负责生产；Amazon采用了虚拟经营策略，成为全球最大的图书销售网络公司；Cisco公司将主要精力集中于新产品开发和产品销售两个基本环节，其他环节则利用外部资源完成；等等。

我国在借鉴国外成果的基础上，于1993年开始对虚拟企业进行研究。在研究进程中，高校、科研机构等给予了大力的扶持。国家863高技术发展计划项目（863-511-930-014）、国家自然科学基金项目（70071015）、中国博士后科学基金（中博基〔1999〕94号）、国家杰出青年科学基金（79825102）等，对虚拟企业构建与管理的相关问题进行了研究，其研究综合了国内外的相关成果，主要集中于虚拟企业构建、伙伴选择及其优化、组织运行、风险管理、协调机制等方面。这些研究为虚拟企业在我国的研究与应用起到了积极的推动作用。与此相对，小天鹅的动态联盟、海尔集团和美斯特·邦威整合全球资源、圣象公司的虚拟经营模式、中科大汛飞信息科技公司的虚拟联盟等都成功地采用了虚拟企业的组织模式，为进一步推广虚拟企业奠定了现实基础。

2.1.3 虚拟企业的内涵

由于虚拟企业产生和运行的时间不长，学界对虚拟企业的定义还未有统一的界定。从1991年肯尼思·普瑞斯等三位学者首次提出虚拟企业算起，迄今为止，各类学者已提出了几十种定义。笔者归纳了国内外几种具有代表性的观点（见表2-1）。

表2-1 虚拟企业的定义

提出者	相关定义
肯尼思·普瑞斯 史蒂文·戈德曼 罗杰·内格尔 （1991）	他们对虚拟企业含义的界定较为简单，仅是将其作为一种企业系统化革新手段加以阐述，指出一旦产品或项目寿命周期结束，虚拟企业成员自动解散或重新开始新一轮动态组合过程

表2-1(续)

提出者	相关定义
威廉·戴维陶 迈克尔·马隆 （1992）	虚拟企业是指由一些独立的厂商、顾客、甚至同行的竞争对手，通过信息技术联成的临时性网络组织，以达到共享技术、分担费用以及满足市场需求的目的。它既没有中央办公室，也没有正式的组织图，更不像传统的企业那样具有多层次的组织机构
约翰·伯恩 （1993）	虚拟公司是一种依靠信息技术基于特定目标的多个企业临时组成的公司联盟，各合作伙伴都贡献出自己最擅长的能力，并共同分享成本和技能，以把握快速变化的市场机遇
霍奇 安索尼 吉尔斯 （1996）	虚拟企业是以一核心组织为中心，由该中心执行关键的功能，其余功能则由暂时或签约的人员以及由核心组织与其他组织所组成的联盟来完成
沃尔顿·杰 （1996）	虚拟企业是由一系列"核心能力"的结点组成，这些结点组成一个供应链以抓住某一特定的市场机会
杰辉恩 （1997）	虚拟企业是无固定工作地点、使用电子通信方式进行成员间联系的企业。在这样的企业中，除了硬件维护以外，所有业务都可以在公司以外进行
阿·莫尼娜 （1999）	虚拟企业是由独立的公司通过信息网络临时组建的网络，它们共享能力、基础设施及商业过程，目的是为了捕获某一特定的市场机遇
陈泽聪 （1999）	虚拟企业是两个以上独立的实体，为迅速向市场提供产品和服务，在一定时间内通过互联网结成的动态联盟
肖道举 （2000）	虚拟企业就是运用以计算机技术为核心的多种技术手段，把实体、资源、创意动态联系在一起的组织机制
赵春明 （2000）	只要组织结构无形化、通过信息网络加以联结的企业组织，就是虚拟企业。网上商店、银行及网上旅游公司等都是虚拟企业的典型代表
陈剑 冯蔚东 （2002）	虚拟企业是以信息通信技术为主要技术手段，主要针对企业核心能力资源的一种外部整合，其目的在于迎合快速变化的市场机遇

　　表2-1所列出的定义，其分析的角度、体现的思想并不相同。总体来说，这些定义可以分为三个层次。第一，从信息网络技术的角度来解释虚拟企业，认为只要通过信息技术联结的企业就是虚拟企业。这样界定虚拟企业明显十分狭隘，仅考虑了虚拟企业构建的手段，并不能完全反映虚拟企业的"全貌"。第二，从集成的角度界定虚拟企业，认为多个企业构成的临时性组织即为虚拟企业。这种界定方法只是虚拟企业外在的表现形式，不能体现出虚拟企业运作的内涵。第三，大多数的定义是

从组织运行方式的角度来定义虚拟企业，但强调的重点却不相同。霍奇等人强调虚拟企业的核心能力；普瑞斯等人强调虚拟企业的动态性与合作性；戴维陶、马隆则指出了虚拟企业与传统企业在组织结构方面的不同。

从虚拟企业产生和发展的过程来看，虚拟企业主要是针对环境变化之下实体组织的困境而出现的，并作为一种革新的企业组织形式存在。虚拟企业的含义应该能够全方位地反映虚拟企业的运作模式及组织运作特点。笔者认为，考察虚拟企业的内涵必先了解"虚拟"的内涵。"虚拟"一词是计算机领域中的一个常用术语，表示的是通过借用系统外部共同的信息网络或信息通道，来提高信息存储量以及存储效率的一种方法。后来，"虚拟"的含义得到不断的丰富和拓展。从哲学角度来看，"虚拟"是与特定时空的"实体"相对应的范畴，它克服了企业实体在配置资源方面所受到的时间与空间、内部与外部、集中与分散、优势和劣势等方面的约束①。在虚拟企业中，"虚拟"有两方面的内涵。一是虚拟运作，即在虚拟企业这个临时组织中各企业间不存在隶属关系或管理关系，它们执行着类似于实体企业中各部门执行的业务，因此企业本身被虚拟了。而空心化企业，仍然作为实体企业而存在，致使原来承担的部分业务被分离出来了。二是虚拟状态。从企业核心能力和资源优势的互补性来考虑，某一企业仅集中于核心和必需的资源和能力，通过动态合作化运作方式，从其他企业获取自身缺乏的可利用资源和能力的状态。借用"其他资源和能力"的角度来看，虚拟企业如同一个实体企业一样，具有一个企业所有完整的资源能力，这也正体现"虚拟"的含义。上述两种内涵，第一种内涵所定义的虚拟企业是狭义的虚拟企业，在这种情况下，虚拟企业是实体企业虚拟运作的临时性组织形式。第二种内涵所定义的虚拟企业是广义的虚拟企业，即分离出部分业务的空心化企业和与之合作的企业一并构成的整体被视为虚拟企业。譬如，说耐克是虚拟企业时，实际上指以耐克为首的、通过合作关系形成的企业集合。

根据上文对"虚拟"内涵的探索，借鉴各家观点，笔者对虚拟企业做出以下定义：虚拟企业是在新经济条件下，面对持续变化、难以预测

---

① 周和荣. 敏捷虚拟企业：实现及运行机理研究 [M]. 武汉：华中科技大学出版社，2007：44.

的市场环境，为了获得和利用迅速变化的市场机会，两个或两个以上的企业能够能动地应用其核心能力，整合内外部各种可利用的资源和能力，可重构、可重用、可扩充（Reconfigurable，Reusable，Scalable，即 RRS）的动态网络组织。

这一定义主要包含以下内涵：

（1）虚拟企业产生和运行于以知识经济、网络经济为主要内容的新经济条件下。在此背景下，知识成为最重要的价值要素；网络技术为企业间在全球范围内集成提供了技术可能。

（2）持续变化、难以预测的市场环境是虚拟企业运行的环境动因。工业时代，外部环境相对比较稳定，企业可通过科学预测对市场变化做出反应；而在新经济时代，市场变化具有极大的不确定性，只有虚拟企业这种组织模式才能迅速、快捷、高效地对市场做出反应。

（3）能动地应用核心能力，并可以快速配置内外部一切可利用的资源和能力，是虚拟企业明显区别于实体企业的主要标志。这种能力资源的整合是建立在企业间合理的能力分工、相互借助核心能力的基础之上的。

（4）可重构性、可重用性、可扩充性反映了虚拟企业的周期动态性。虚拟企业就是基于市场机遇而形成的，当基于市场机遇的工作完成后，虚拟企业随之解体；当新机遇再次产生时，可以重新建立新的虚拟企业。

（5）虚拟企业是一种网络组织，说明计算机网络是其运作的技术基础。只有在网络条件下，企业间才能够利用网络降低交易成本并进行广泛合作。为此，虚拟企业具有广阔的发展空间。

2.2 虚拟企业的性质

1937 年，罗纳德·科斯（R. H. Coase）发表了经典论文《企业的性质》。在该文中，科斯主要从交易成本的角度讨论企业出现的原因、企业边界等问题。虚拟企业作为一种新的企业组织模式，只有清楚了解它的性质，才能为进一步研究虚拟企业提供充分的理论指导。虚拟企业的形成深受多学科的影响，为此，本书将从经济学、社会学、管理学的视角分析虚拟企业的组织属性、边界属性等问题。

2.2.1 经济学视角下的理论分析

1. 虚拟企业的组织属性

新制度经济学认为，市场和企业是组织进行交易的两种形式，或者说企业和市场是两种制度安排的极端状态。市场依靠价格机制来实现组织的交易，企业纯粹依靠行政手段来维系组织的运行。尽管两者采用的手段悬殊，但相互可以替代，替代是否产生完全取决于交易费用和组织费用的比较。那么，在两种极端状态相互转换的过程中，必然存在着一系列的过渡状态，有些学者称为组织间协调。组织间协调是处于市场和企业之间的一种中间组织，属于连续变化的由量变到质变的过渡渐进的变化方式，即可以市场性多一些而企业性少一些；反之亦可。

虚拟企业采用的正是组织间协调方式。虚拟企业与传统企业相比，虽然在组织结构、生产流程上具有明显的不同，但是其具有很强的依赖性，借助于其他企业的互补、互惠性的资源与能力，能够实现传统企业生产产品和提供服务的功能。显然，虚拟企业具有企业一体化性质。同时，虚拟企业各成员企业又存在独立性，它们结成的联盟会随着市场机遇的变化而迅速建立或解体，这又具有市场交易的特征。因此，虚拟企业是一种"半企业、半市场"的组织形式，可以认为它是一种企业功能的外部市场化或市场交易的内部企业化。

2. 虚拟企业的边界属性

企业边界有多种含义，如法律边界、治理边界、社会责任边界等。而科斯所提及的企业边界，主要指效率边界，即"企业'内在化'最后一笔交易的费用等于市场组织这笔交易的费用那一点，这时企业和市场的规模就在边际上达到了均衡"①。科斯认为，企业边界问题换个角度来看，就是探讨企业与市场的关系。他指出企业与市场就是两种可以相互替代的资源配置手段，区别在于两者实现的方式不同。

科斯运用交易费用对企业规模边界进行分析，为进一步探索企业边界指明了新的方向。此后，张五常、张维迎、威廉姆森（Williamson）等学者也相继进行了研究。张五常认为，企业与市场的差异仅是程度问题，是契约安排的两种不同的形式，企业并不是为了取代市场而设立的，而

---

① 科斯. 论生产的制度结构 [M]. 上海：上海三联书店，1994：4.

是一种合约取代另一种合约。张维迎提出，在微观层次上市场和企业是相互替代关系，而在宏观层次上二者则是互补关系。威廉姆森认为影响交易费用的因素来自交易主体的有限理性、机会主义倾向、交易频率、不确定性、资产专用性水平、市场环境等，其中资产专用性水平是影响交易费用的主要因素。为此，威廉姆森利用资产专用性水平和交易费用的相关关系，建立了企业效率边界模型（见图2-1）。

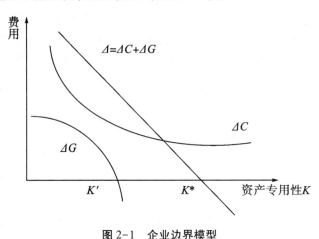

图 2-1　企业边界模型

资料来源：WILLIAMSON O E. The Economic Institutions of Capitalism ［M］. New York：Free Press，1985：67.

$B（K）$ 为内部组织的治理成本，$M（K）$ 为市场治理的成本，K 表示资产专用性的程度。定义 $\Delta G = B（K）-M（K）$，ΔG 形成了组织管理费用曲线。从图2-1中可以看出，当 $K = K'$ 时，$\Delta G = 0$，说明市场组织管理费用等于企业组织管理费用；当 $K < K'$ 时，$\Delta G > 0$，市场优于一体化企业；当 $K > K'$ 时，$\Delta G < 0$，则一体化企业在控制成本方面优于市场机制。

ΔC 是生产费用曲线。企业需要的中间产品可以通过自己生产或市场购买两种方法进行选择。前一种情况中的企业生产的中间产品只用于企业内部需求，而后一种情况，生产该中间产品的厂商可向多个企业提供产品以实现规模经济。因此，同一中间产品在两种情况下的成本是有差异的。ΔC 就是第一种情况的成本减去第二种情况下的成本，它是关于 K 的减函数。K 越小越倾向于通用化，通过市场获得的规模效益就越高；K 越大，资产的专用性就越强，企业自己组织生产的可能就越大。

由于市场和企业均存在着组织管理费用和生产费用，选择哪种方法就取决于这两种体制下的两种费用之和的比较。图 2-1 中 $\Delta = \Delta C + \Delta G$，当 $K = K^*$，$\Delta = 0$，通过市场购买和一体化企业自行生产没有差别；当 $K > K^*$，通过市场机制来组织该交易较为合理；当 $K < K^*$，应选择一体化企业来安排此项交易。在资产专用性程度接近 K^* 时，就会出现组织间协调方式。

而虚拟企业正是介于企业与市场之间的过渡状态，其边界趋向于"模糊化"。借助于威廉姆森的研究成果，学者们进行了相关扩展，建立了虚拟企业的边界模型（见图 2-2）。Δ 和 Δ^* 分别表示一体化企业与市场的交易费用差异、虚拟企业与市场的交易费用差异，即 $\Delta = \Delta C + \Delta G$，$\Delta^* = \Delta C^* + \Delta G^*$。$\Delta C$ 和 ΔC^* 分别表示一体化企业与市场的生产费用差异、虚拟企业与市场的生产费用差异；ΔG 和 ΔG^* 分别表示一体化企业与市场的组织管理费用差异、虚拟企业与市场的组织管理费用差异。

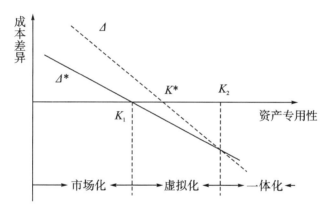

图 2-2　虚拟企业边界模型

资料来源：包国宪. 虚拟企业管理导论［M］. 北京：中国人民大学出版社，2006：129. 本书借鉴了该文献，略有删改。

图 2-2 表明，在 $[K_1, K_2]$ 区间上，虚拟企业比市场和一体化企业更能节约交易成本，因此，K_1 和 K_2 分别是虚拟企业的下界和上界。当 $K < K_1$ 时，虚拟企业的交易费用虽然低于一体化企业，但是高于市场的交易费用，因而交易活动由市场来组织；当 $K > K_2$ 时，虚拟企业的交易费用低于市场，但高于一体化企业，交易活动应由一体化企业来组织；只有在 $K_1 < K < K_2$ 时，虚拟企业的交易费用既低于市场，也低于一体化企业，由虚拟企业组织交易是最佳的制度选择。

一般企业的边界既是效率边界，也是所有权边界；而虚拟企业的边界则是纯粹的效率边界，并且边界具有动态变化的特点。这种变化从宏观上取决于在既定的生产条件下市场化、虚拟化、一体化三者制度优势的竞争，从微观上取决于由资产专用性水平的变化而导致的组织管理费用、生产费用的改变。

2.2.2 社会学视角下的理论分析

1. 虚拟企业的关系属性

威廉姆森（Williamson）通过资产专用性及交易频率的分析，匹配出市场化、一体化、虚拟化三类交易活动所对应的治理结构。由此引出的一个关注点是，确定的治理结构和它所嵌入的社会关系结构有着密切的联系。社会关系是先天因素和后天诸多因素综合积淀而成的，具有多元化的特点。就虚拟企业这一网络型组织来看，其各种社会关系交织在一起，更为复杂。为此，将治理结构和关系结构综合起来，可以形成以下组合（见表2-2）：

表2-2　　　　　　　虚拟企业治理结构与关系结构组合表

治理结构 关系结构	权威治理	双边治理
影响力对称	组合一	组合三
影响力不对称	组合二	组合四

治理结构可以简单地划分为两种基本形式：一种是权威治理，即一方对其他各方具有控制权；另一种是双边治理，即控制权由双方或多方共同控制，当出现问题时，各方协商解决。从嵌入社会的关系结构来看也有两种形式：一种是影响力对称结构，即各方关系平等；另一种是影响力不对称结构，即一方比其他各方具有更大的影响力。由此，相互配比可以形成四种组合。其中，组合二和组合三是同构的，它们能够通过关系结构来弥补治理结构的不完全，不会产生结构性摩擦。因为当各方为了一个细节问题产生分歧时，组合二可以由权威单方决定，而其他各方处于比较弱的地位，自然接受这种安排，不会出现摩擦；组合三中，双方进行双边治理，互相协商，这与相互平等的关系相吻合，也不会产生摩擦。由于社会关系是多元的以及有限的控制能力，致使治理结构与关系结构之间的关系变得更为繁杂，可能出现非同构的情况。如在组合一和组合四中，均会出现结构性摩擦。

从虚拟企业运行实践来看，虚拟企业为各组成成员提供了一个合作行动框架，各合作成员的身份是暂时的。随着合作项目和合作成员的变化，同一企业的核心竞争优势在虚拟企业中的地位也会发生变化。这就要求各成员企业能够基于情景变化所产生的新的关系属性不断转换影响力方向，不断调整制约关系类型。只有达到治理结构和关系结构相协调，虚拟企业才可顺利运行。

2. 虚拟企业的结构属性

1973 年，格兰诺维特（Granovetter）发表了《弱关系的力量》（*The Strength of Weak Ties*）一文，强调人与人之间、组织与组织之间的交流接触所形成的纽带联系具有强度上的区别，根据强度不同可以将联系划分为强联系（Strong Ties）和弱联系（Weak Ties）两种类型。强联系是组织之间直接的交流、沟通；弱联系也是"两点"之间的通道，为局部的沟通创造了桥梁。

虚拟企业是由多个企业相互联结共同构成的一个企业网络。各个企业嵌入企业网络之中，被企业网所包裹。在企业网之中，各个企业作用不同，相互联结的程度也有强弱之分。在虚拟企业简要网络结构①中（见图 2-3），A 为虚拟企业的核心，B、C、D、E 为虚拟企业提供辅助资源和能力。图 2-3 中的实线反映的是强联系，虚线则代表 B、C、D、E 相互之间的弱联系。很明显，强联系能够为虚拟企业快速捕捉市场机会提供充分、及时的信息。而弱联系对虚拟企业也是至关重要的，因为每个企业身处企业网络这个大背景之下，并不是孤立地给自己设定目标，而是与其他企业进行交流，要不断调整以适应整体的需要，并按使其自身运作和整个网络都能实现最优化的方式来运转。故而，虚拟企业正是由强联系和弱联系相互交织共同构成的网状结构。

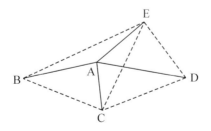

图 2-3　虚拟企业简要网络结构图

---

① 虚拟企业的组织结构将在下文中进行阐述，此处笔者仅用最为典型的具有盟主的虚拟企业网络结构来进行说明。

2.2.3　管理学视角下的理论分析

1. 虚拟企业的个体属性

切斯特·奥文·巴纳德（Chester Irving Barnard）于 1938 年出版了管理学的经典著作《经理的职责》。在此书中，巴纳德阐述了组织的基本概念，认为组织是由协作意愿、共同目的和信息三个基本要素构成的。而虚拟企业作为一种组织形态存在，就因为它符合巴纳德关于组织构成要素的论断。

首先，从协作意愿来看。虚拟企业是由多个成员企业组成的集合，它们必然具有共同的协作意愿，只不过协作意愿的强度不同，有的是为了获取对方的技术，有的是为了利用对方的资金，也有的是为了共同对付竞争对手。目的不同，意愿也随之不同；目的的实现程度直接决定着协作意愿的强弱。其次，从共同目的来看。当协作能达到虚拟企业各成员的目的时，才能激发协作行为，使各成员的行动统一于虚拟企业的共同目标之中。最后，从信息的角度来看。信息技术的变革为虚拟企业的发展奠定了基础。正是由于通信技术的发展，虚拟企业各成员贡献信息并通过信息交流来共享信息，最终把组织的共同目的和协作意愿连接起来。因此，虚拟企业虽然打破了传统企业组织的层次和界限，但仍具备组织三要素的特征。

2. 虚拟企业的自组织属性

一般来说，组织是系统内的有序结构或这种有序结构的形成过程[①]。德国理论物理学家赫尔曼·哈肯（Harmann Haken）认为，从组织的进化形式来看，可以把组织分为他组织和自组织。他组织是一个系统靠外部指令而形成的组织；自组织是不依赖外部指令，系统按照相互默契的某种规则，各尽其责，协调地、自动地形成的有序结构。自组织理论主要是研究在一定条件下，系统是如何自动地由无序走向有序，由低级有序走向高级有序的。一般来说，它主要由协同理论、耗散结构理论、超循环理论三个部分组成。虚拟企业是典型的自组织，具有明显的自组织的特性。

（1）虚拟企业协调发展中体现协同理论。按照哈肯的观点，协同是

---

① 该说法来自百度百科 http://baike.baidu.com/view/385080.htm。

系统中的子系统的联合作用，即子系统在演化过程中存在着连接、合作、协调。虚拟企业是针对企业自身资源的有限性，借助其他企业的优势资源进行弥补而形成的有机系统。虚拟企业作为一种通过紧密合作去响应变化的新型企业组织模式，它要求各成员企业以一种更加主动、更加默契的方式进行合作，最终结成一个联盟去面向市场或客户。如果各成员企业没有合作，不受虚拟企业总体的约束，那么虚拟企业就不能协调运作，必然走向瓦解。

（2）虚拟企业稳定发展中体现耗散结构理论。由于虚拟企业内部存在随机性因素，同时还会面临诸多偶发性因素，所以它的不确定性高于其他类型的企业组织。因而，研究虚拟企业稳定性的目的就在于控制非稳定性因素，保证虚拟企业正常运行。耗散结构理论主张的就是对不确定系统的控制和调节，这正与虚拟企业的稳定性研究不谋而合。耗散结构的形成需要两个条件：一是系统必须是远离平衡状态的开放系统，二是系统的不同元素之间存在非线性关系。只有满足这两个条件，才能控制并调整系统内的不稳定因素，实现系统本身的进化。客观上看，虚拟企业本身具备耗散结构形成的条件。因为在经济系统中，虚拟企业是相对独立的，是远离相对稳定的上层建筑的最活跃的因素；同时，它也是一个开放的系统，系统内各成员彼此存在着信息的交换，通过不断更新维持自身状态，形成进化机制。此外，虚拟企业的整体结构功能并不等于各成员企业功能的简单相加，而是相互作用，形成整体大于部分之和的机理。

（3）虚拟企业进化中体现超循环理论。超循环就是通过进行循环过程，使系统能够稳定、自我优化地进化。对于虚拟企业来说，无论是内部的生产经营活动，还是为适应社会环境而进行的组织、结构变化，都是一种超循环进化的行为。虚拟企业是基于市场机会而生，通过贡献各自的核心能力共同组建而成的，系统有序地进行生产运营。当市场机会不存在时，虚拟企业会自动解体；一旦市场再次出现，各企业又会根据实施情况寻找新的合作伙伴重新组建虚拟企业。这种循环进化的过程正是超循环思想的完美展现。

综上，虚拟企业是典型的自组织，是一种组织间协调方式。它突破了传统企业的边界，其边界取决于 $[K_1, K_2]$ 的组织边界，并受到生产费用和组织管理费用的总额——整体交易费用的影响。虚拟企业是由多成员构成的网状结构，采用多边关系型缔约活动，其内部关系结构的设置需要与其治理结构相协调。

2.3 虚拟企业的特性

特性是事物所具有的特殊的品质。虚拟企业的特性是其得以与传统企业区分开所具备的显著特点，包括基本特性和一般特性。虚拟企业的基本特性是虚拟企业所特有的，是辨识虚拟企业的主要标志；一般特性也是虚拟企业所具有的特点，这些特点在其他网络组织中也可能存在。

2.3.1 虚拟企业的基本特性

1. 敏捷性

敏捷（Agile）的基本含义是指反应、动作等迅速而灵敏。将敏捷置于管理学的范畴中，它的内涵变得更加丰富。它涵盖了与当今快速变化的竞争环境密切相关的一系列概念，如快速、灵敏、积极、适应性强等。敏捷性概念正是建立在敏捷概念基础之上的，它反映企业在快速、持续多变而不可预测的环境中，能够通过重组内外部可以利用的资源和能力，从而能够快速完成调整，提供客户满意的产品和服务，有效地实现市场机遇的能力属性[①]。这正是虚拟企业内涵的体现，因此，敏捷性是虚拟企业最基本的特性。

虚拟企业在全要素、全过程中都具有敏捷性。就要素而言，虚拟企业组织、人员、技术等要素都是敏捷的。各要素必须根据新的市场需求，迅速地做出相应调整，从而带来所有要素的重新配置以响应市场变化的敏捷性。就过程而言，虚拟企业从识别市场、决策到执行的整个过程都是敏捷的。虚拟企业的某些过程可能因外部化而虚拟化，但随着虚拟企业的发展，整个过程逐步具备自适应性的特征。

2. 动态性

由于外部环境的复杂性、多变性、不可预测性，导致了虚拟企业必

---

① 周和荣. 敏捷虚拟企业：实现及运行机理研究 [M]. 武汉：华中科技大学出版社，2007：40.

须根据外部环境变化进行动态调整，因此，虚拟企业也被称为"动态联盟"。一般而言，虚拟企业运行过程主要包括 7 个步骤。①寻找市场机遇。这是组建虚拟企业的原动力，也是企业敏捷性的首要活动。企业从不断变化的市场环境中发现市场机遇，并对机遇的风险性和获利性进行评估，以便决定是否把握机遇。这一过程的关键是核心企业有完备的市场信息系统、科学的机遇识别方法。②界定核心资源。这是对市场机遇中有需求的新产品（或服务）的具体特征进行描述，并对如何实现该产品（或服务）所需的各种核心资源进行描述，以最大限度满足客户个性化的需要。③核心企业的自身评价。这是通过对企业现有资源的分析和评价，寻找企业现有资源和能力与新产品或服务要求的核心能力之间的差距，规划具体资源能力需求以及当前缺乏哪些方面的资源与能力，为下一步选择合作伙伴、合作方式提供依据。④选择合作伙伴并确定合作方式。核心企业将所需的资源和能力通过因特网对外公布，向全球寻找伙伴企业，并对自愿加入联盟的企业进行评估，选定最佳伙伴企业。一个虚拟企业的成败很大程度上取决于对伙伴企业的正确评价和选择。因此，核心企业应在考虑伙伴企业核心能力、资源状况、管理水平、人员素质等的基础上，建立自身的评价和选择系统。同时，伙伴的确定也是一个双向选择的过程，合作伙伴都应在这一过程中发挥能动的作用。⑤构建虚拟企业。伙伴企业选定之后，要确定组织结构、过程重组和优化、建立利益风险机制、建设企业文化和管理制度、制定各项标准、维护信息网络平台，以及通过设立利益机制为各伙伴企业提供一个更好发挥自己核心能力的环境。整个组织的构建以强化伙伴之间的合作行为、为客户提供最大化的服务价值为着眼点。⑥虚拟企业的管理。与传统企业相比，虚拟企业在管理过程中更加强调管理技术智能化、管理方式网络化、管理信息集成化、管理过程人性化。⑦虚拟企业的解散。当虚拟企业面对的市场机遇消失后会自动解散，这一过程的主要内容是进行清算，并通过协议规定售后服务和质量责任，确保全过程为用户负责，实现用户全过程满意。可见，虚拟企业作为一种组织形态，因市场机会的出现而组建，又因市场机会消失而自行解体，其间又先后经历组建、运作等不同阶段；同时，各阶段具有明确的任务，较易划分清楚，故而其具有非常明显的生命周期特征。针对虚拟企业的运行，马托斯（Camarinha Matos，1999）将虚拟企业的生命历程划分为"酝酿期—组建期—运作期—解体期"四个阶段①。所以，从运行过程来看，虚拟企业极富动态性。

此外，虚拟企业是以获得市场机会为动力，在其运行过程中，核心企业根据总体需求来调整成员企业的数量，不断有新的成员加入，也不断有不合格的成员企业被淘汰出局，因此，虚拟企业是个动态开放的系统。

3. 互信性

企业之间相互诚信是虚拟企业得以成功运行的保证。传统的信任机制是长期合作的结果，需要的时间较长；而虚拟企业的组建具有临时性，这决定其信任机制的建立速度更快。虚拟企业与伙伴间的信任机制作为一种制度安排，其制度成本相对于市场和企业都较低。这种制度主要不是人为设计的结果，而是内生的。虚拟企业与伙伴间由于能力的依赖性、互补性导致了相互间反复而密切的交易，构成了多次重复博弈，其结果是双方基于互信合作时的纳什均衡能够实现利益最大化、损失最小化。

2.3.2 虚拟企业的一般特性

1. 网络化

虚拟企业通过网络化信息系统使得不在同一地区的合作伙伴协同地进行工作成为可能。当挖掘到市场机遇时，虚拟企业凭借网络化信息系统将任务快速分解成若干项目，并要求各成员企业做出相应反应，以保证任务的顺利实施。在虚拟企业内部，内联网（Intranet）使其内部的子系统相互联结，形成内部网状结构；在外部，外联网使其上下游伙伴、供应商、顾客等利益相关者相互联结，形成外部网状结构，从而形成了基于网络化信息系统的企业网络集群。正是借助于网络，虚拟企业实现了全天候、世界范围内的沟通、联系。

2. 合作性

在数字化信息时代，合作比竞争更加重要。虚拟企业利用不同企业的具有互补关系的功能和资源合成完整的功能。在运作过程中，各企业

---

① 对于虚拟企业生命周期的划分，学术界有不同的看法。马托斯、特洛伊、林富仁、迈克尔等提出将虚拟企业划分为识别—组建—运作—终止四个阶段；凯特、格森等人提出将虚拟企业的生命周期分为识别—组建—设计—运作—终止五个阶段。笔者认为这两种不同的提法只是时间点的选择不同而已。在此及下文中，笔者采用四阶段的提法。

之间的合作是虚拟企业获得正常运行的基础。通过与伙伴、供应商、客户的深度合作，虚拟企业可以及时抓住市场机遇。基于网络的合作使虚拟企业的合作范围极大地拓展、合作强度极大地提高，而合作成本则极大地降低。

3. 运作平行性

虚拟企业的基本要素如组织、人员、设备、产品（或服务）、产品过程等都是模块化的，形成了模块化的企业结构，这种结构使得虚拟企业有很好的可重构性、可重用性、可扩充性。虚拟企业利用先进的信息通信技术，把工程项目分解成若干独立的模块，再根据合作伙伴的技术优势来承担相应模块的研制、开发或销售活动。模块运作在任务－时间－空间位置上是三维并行的，从而缩短产品的上市时间。

总而言之，从虚拟企业概念、运作与管理模式来看，虚拟企业与传统企业截然不同，它具有以敏捷性为运作前提、以生命周期为运作流程、以网络为平台、以相互合作为基础、以信任为灵魂的特点。

2.4　虚拟企业的组织模式

虚拟企业的最大特点在于突破了传统企业的有形界限，强调通过对外部资源的系统整合来实现企业的目标。一般而言，虚拟企业可分为组织结构虚拟的企业和功能虚拟的企业两种类型。其中，组织结构虚拟型的虚拟企业没有有形的机构，仅是通过信息网络和契约关系把相关的、分布于不同地方的资源联结起来。许多人从技术角度理解的较为宽泛意义上的虚拟企业就是这种类型，包括网上销售公司、旅游公司等。在功能虚拟型的企业中，其机构所在地是存在的。这类企业虽然在运作时有完整的功能，如生产、营销、研发等，但在企业内部仅保留核心或关键功能，而将其他功能精简。在实际运作时，此类企业的合作方式主要分为3种。①业务外包。核心企业确定自身核心竞争优势，把企业内部的智能和资源集中在那些具有核心竞争优势的活动上，将其他企业活动外包给最好的专业公司。这种方式可以降低成本、提高灵敏性、转嫁风险等。②企业共生。当几家企业有共同需要，对于技术保密或不愿外包的部分，共同出资建立专业化的工厂来生产，并共同分享利益、分摊成本。

如美国《华盛顿星报》《波士顿环球报》等 5 家报社,组成一个百万市场报业有限公司,由它负责这 5 家的报纸,从而实现共享资源,达到"共生"的效果。③策略联盟。如果几家企业拥有不同的关键技术和经济资源而彼此的市场又互不矛盾时,这几家企业可以通过相互交换资源以创造更强的竞争优势。例如,微软公司和英特尔公司分别在计算机软件、硬件领域独占鳌头,两者组成了 Wintel 联盟后,创造了计算机行业的产品技术标准,获得了强大的垄断地位。可见,虚拟企业具有多种表现形式,可以根据具体情况进行选择。无论选择何种表现形式,虚拟企业均有其特有的组织模式。

2.4.1 虚拟企业的组织特征

虚拟企业作为一种新的组织模式,其组织形态具有传统企业无法比拟的优势。其组织特征主要表现在以下方面:

1. 可重构、可重用、可扩充(Reconfigurable, Reusable, Scalable, 即 RRS)的敏捷化组织

传统企业组织是"自为"的,即单纯、最有效地利用企业自身的资源。为了快速满足动态变化的市场需求,"敏捷应变"就成为虚拟企业存在的前提和发展演化的目标。所以,虚拟企业的核心内涵就是通过企业内外部能力要素的快速配置、重组,从而驾驭不确定性市场,捕获并实现市场机会。这就要求虚拟企业组织必须具有 RRS 特性,要求企业组织是一种标准模块化的、可动态组合的企业结构。

2. 组织形态的网络化、扁平化

虚拟企业组织是一种高度集成的网络化组织,是由若干独立的、彼此有一定联系的职能单位、业务单位等集合构成的,这使整个组织呈现为网络状、扁平状。其构成的核心思想是各组织之间在一定规则前提下的高度自主化,减少整个组织的中间环节,加快组织内部信息传递的速度,提高组织运行效能。

3. 组织功能的集中化、虚拟化

虚拟企业组织具有功能的不完整性、协作性和虚拟性等特征,这与传统纵向一体化组织的功能完整性、封闭性、独立性形成明显的对比。第一,不完整性。与传统企业相比,虚拟企业组织只有部分功能,主要是核心功能和一些必要功能,所以不完整。第二,协作性。功能的不完

整性决定了组织的协作性，要求虚拟企业内部通过网络相互沟通，否则，就不能实现市场机遇。第三，虚拟性。虚拟企业只专注于核心功能，将部分组织功能虚拟化。虚拟化的功能虽然"不为自己所有"，但可以"为自己所用"，实现有效竞争。

2.4.2 虚拟企业的组织模式

传统企业的组织结构是生产分工与协作体系，因此，刻画传统企业的组织结构非常容易。而虚拟企业的动态变化，导致其组织界限很模糊，描述虚拟企业的组织结构显得十分困难。本书仅对虚拟企业的组织结构进行一个概略性的描述。

一般而言，参与虚拟企业的伙伴比较多，而且运作期间还可能发生伙伴的变动。为此，学者们从不同角度对虚拟企业的组织结构进行研究，基本认为虚拟企业采取的是一种两层次结构，即整个虚拟企业由核心层和松散层构成，如图2-4所示。其中，核心层的各成员企业主要负责市场机会的识别、合伙企业的选择、利益分配方案的制订等，在虚拟企业中具有重要地位，并且在整个虚拟企业的运行过程中不宜变更。松散层的各伙伴也称为外围伙伴，他们在虚拟企业的不同阶段可以发生变化；但由于他们一般不负责关键项目且替代伙伴较多，所以，不会影响整个虚拟企业的运行。

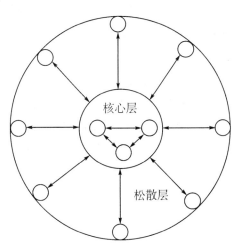

图2-4 虚拟企业的组织结构

资料来源：陈剑，冯蔚东. 虚拟企业构建与管理［M］. 北京：清华大学出版社，2002：68.

这种组织结构不仅实现了虚拟企业的"动态性""灵活性",对市场的变化能做出迅速的反应,容易把握市场机遇;也可以解决"流动性"问题。因为核心层的成员企业由于利益共享、风险分担,其联系较为紧密,相对稳定,流动性较小;而外围伙伴所负责的工作不是核心任务,相对流动性较大。同时,这种简单的两层次结构减少了虚拟企业的复杂性,如虚拟企业的领导机构主要负责对核心伙伴的协调和管理,而外围伙伴一般直接跟某一个核心伙伴发生业务关系,其协调工作可由该核心伙伴负责①。

在上述两层次结构的总体框架下,按照核心层成员的数量,虚拟企业的组织模式可以分为:联邦模式(Federation Mode)、星型模式(Star-like Mode)、平行模式(Parallel Mode)三种。

星型模式,又称为有盟主的虚拟企业组织模式,它一般由一个占主导地位的企业(即盟主)和一些相对固定的伙伴组成。盟主主要负责制定虚拟企业的运行规则,并负责协调各成员企业之间的关系及协调各种冲突。星型模式比较适合垂直供应链的企业,其中由掌握核心技术、资源的企业作为盟主,如耐克公司。这种模式有利于虚拟企业统一筹划所有资源、能力,保证协调生产。

平行模式,又称为民主联盟组织模式,即虚拟企业中不存在盟主,没有核心层和松散层的区别,所有成员企业在平等的基础上相互合作。这种模式比较适用于产品的联合开发,是一种理论化和理想化的组织模式,在实际中很难找到。

联邦模式,即建立一个协调指挥委员会(Alliance Steering Committee,ASC)或类似机构负责整个虚拟企业的构建、内部协调、资源整合、战略决策等。这种模式组织灵活,利于企业的统一计划、管理,适用于某种产品的快速联合开发,是一种比较通用的虚拟企业组织模式(见图2-5)。

---

① 陈剑,冯蔚东. 虚拟企业构建与管理 [M]. 北京:清华大学出版社,2002:69.

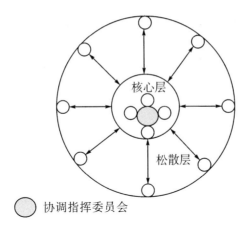

○ 协调指挥委员会

图 2-5　联邦模式的虚拟企业组织结构

可以看出，虚拟企业核心层和外围层的关系及构成变化产生了以上三种组织模式，这三种组织模式和虚拟企业的两层次结构有着紧密联系。联邦模式是最具一般意义的虚拟企业组织形态；星型模式是在联邦模式基础上，将核心层缩小为一个的极端状态；平行模式是在联邦模式基础上不断扩大，将核心层与外围层融合为一的极端状态。这三种基本组织模式都有自己的适用情形，在实际中，具体采用何种模式需要视具体情况而定，也可能在不同层次上采用不同的模式，从而形成一种混合的组织模式。

3 虚拟企业财务制度安排：
理论扩展与内容框架

3.1 虚拟企业财务制度安排的概念厘定

财务制度安排的概念是其理论框架的灵魂和支柱。从制度的本源及其发展过程中准确把握和理解制度安排的内涵与精神实质，是构筑财务制度安排理论体系的基本前提。

3.1.1 制度的界定

制度是重要的。然而，什么是制度？制度是否等同于法律条文、非正式规范、组织、契约或者是人们的观念意识？或者是上述因素的某种组合？这些问题一直困扰着经济学家。现代社会学家的先驱杜克海姆（Durkheim）曾经将社会学定义为"关于制度的科学"，将经济学定义为"关于市场的科学"。由于经济学家一直关注于有关市场的分析研究，杜克海姆的划分并没有让经济学家感到不安。然而，经济学家对人们理解制度的性质、起源和影响可以做出自己独特的贡献。

凡勃伦认为"制度实际上就是个人或社会对有关的某些关系或某些作用的一般思想习惯，而由生活方式所构成的是某一时期或社会发展的某一阶段通行的制度的总和"①。

康芒斯认为"如果我们要找出一种普遍的原则，适用于一切所谓属

---

① 凡勃伦. 有闲阶级论［M］. 北京：商务印书馆，1964：139.

于制度的行为，我们可以把制度解释为集体行动控制个体行动"①。

格鲁奇认为，"各种类型的制度都具有规则性、系统性或规律性的共同点"②。

霍奇森认为，制度是通过传统、习惯或法律约束的作用力来创造出持久的、规范化的行为类型的社会组织。

舒尔茨把制度定义为一种行为规则，这些规则涉及社会、政治及经济行为。他对制度做了经典性的分类："用于降低交易费用的制度；用于影响生产要素的所有者之间配置风险的制度；用于提供职能组织与个人收入流之间的联系的制度；用于确立公共品和服务的生产与分配的框架的制度。"③

柯武刚、史漫飞指出，"制度是人类相互交往的规则。它抑制着可能出现的机会主义和怪癖的个人行为，使人们的行为更可预见并由此促进着劳动分工和财富创造"④。

可以看出，经济学者已经开始从事制度研究的工作，并从不同角度提出了制度的含义。青木昌彦为了区分这些制度内涵，给"制度"一词赋予了三种不同却相互联系的含义，并将经济过程比喻成博弈过程。通过这种类比，不同的经济学家分别视制度为博弈参与人、博弈规则和博弈过程中参与人的均衡策略。

第一种观点：制度等价于博弈参与人。人们在日常交谈中所涉及的制度，通常是指重要的组织机构。一些经济学家遵循着这种惯例，将制度明确等同于博弈的特定参与人，譬如政治团体（政府、参议院、法庭）、经济团体（企业、工会、合作社）、社会团体（教堂、行业协会）、教育团体（大学、职业培训中心）。

第二种观点：制度等价于博弈规则。以诺斯为代表的经济学家，认为"制度是一个社会的游戏规则，更规范地说，它们是为决定人们的相互关系而人为设定的一些制约"⑤。这些制约条件可以是非正式的博弈规

① 康芒斯. 制度经济学 [M]. 北京：商务印书馆，1962：87.
② 转引自：卢现祥. 西方新制度经济学 [M]. 北京：中国发展出版社，2006：34.
③ 舒尔茨. 制度与人的经济价值的不断提高 [M] // 财产权利与制度变迁：产权学派与新制度学派译文集. 上海：上海三联书店，1991：253.
④ 柯武刚，史漫飞. 制度经济学 [M]. 北京：商务印书馆，2000：35.
⑤ 诺斯. 制度、制度变迁与经济绩效 [M]. 上海：上海三联书店，1994：3.

则；也可以是有意识设计或规定的正式博弈规则，包括政治规则、经济规则和合同。其中，经济规则是用来界定产权的，它不可能由博弈的参与人自己设定（改变），而是在博弈过程之前就预先被确定下来的。那么，究其本源，该由谁来制定经济规则呢？诺斯在对博弈规则和博弈参与人做了严格的区分的情况下，给予了一个较为明确的回答：认为博弈参与人是规则的制定者和推动制度变迁的主体。

第三种观点：制度等价于博弈均衡策略。肖特（Schotter，1981）作为这种观点最早的倡导者，把社会制度定义为"一种被社会所有成员认同的社会行为的规律性，它规定了在一些特定和经常出现的情况下的行为，它要么是自我监督，要么由某种外部权威监督"①。肖特的定义引入了博弈规则的实施问题。这种观点与第二种观点一样，认为制度是行为规则。但这些行为规则是内生于经济过程，作为博弈的结果而形成的，而不是由外生因素决定的。

在新制度经济学分析框架里，制度虽然是研究的对象，但是对于"制度"的内涵却有三种理解。笔者基本上认同博弈均衡的制度观。这种观点是在借鉴另两种制度观含义基础上的一个新突破，能够给予我们更多的启示。其一，博弈均衡论认为博弈规则是由参与人的策略互动形成的，是可以自我实施的。无论政治领域的制度、社会领域的制度还是经济领域的制度，都可将制度看作博弈过程的内在稳定的结果②。其二，博弈均衡下得到的制度代表了重复博弈的参与人自我维系的基本预期，是"由有限理性和具有反思能力的个体构成的社会的长期经验的产物"（Kreps，1990）。所有的博弈参与人基于他们对别人行动规则的浓缩认知逐渐形成自己的决策规则。只有在关于他人行动规则的浓缩认知稳定下来的情况下，参与人自己的行动规则才能趋于稳定，并成为参与博弈的

---

① 转引自：青木昌彦. 比较制度分析［M］. 上海：上海远东出版社，2006：8.
② 博弈均衡制度观虽然试图将"制度"理解为"内生的博弈规则"，但并不认为每一项制度都是内生的。青木昌彦认为，构成"外生博弈规则"的因素，即参与人集合、行动决策集合和参与人决策组合与后果的对应规则不可能完全由技术、资源禀赋和参与人的偏好来描述。同时，外生博弈规则在解释"实施问题"时面临无限循环推理的困境。规范和惯例可以自我实施，但是博弈规则可能必须由附加的第三方实施，这就需要考虑谁来监督实施者的问题。赫尔维茨对这个问题的解决方案是，考虑一个包括实施者在内的博弈，将他视为一个博弈参与人，然后在给定其他参与人的均衡策略下，给实施者规定的行为规则能够成为他自身的均衡策略，从而得以自我实施。

指南。当参与人的理念和其行动规则一致时，这种状态即为纳什均衡。如果偏离了这种均衡，对参与人而言就是不合算的。为此，制度实际上就是博弈参与人为了达到信念的行为预期。其三，作为共有信念的自我维系系统，制度依据博弈的性质、对应的均衡概念，以均衡达成的方式，可以采取不同的形式。它可以作为明文规定存在，也可以作为习俗、惯例、理念存在。其四，从均衡的概要表征来概括制度有助于阐明制度既制约又协助的双重性质（Dualistic Constraining/ Enabling Nature）。无论制度是管制性的、规范性的还是认知性的，它的作用都是通过协调人们的信念制约着参与人的行动规则，这就体现出制约是制度化的内生的特征。另外，在一个信息不完备和不对称的环境中，制度作为均衡状态的概要特征来协调参与人的信念，可以帮助理性有限的参与人节约决策所需的信息加工成本①。简言之，参与人不仅受制于制度，而且也受益于制度。

3.1.2 制度安排的内涵及结构

1. 制度安排的内涵

在新制度经济学中，经常会使用"制度安排"这一概念。戴维斯和诺斯认为：制度安排是支配经济单位之间可能的合作与竞争的方式的一种安排。制度安排至少有两大目标：第一，经济目标，即提供一种结构使其成员的合作获得一些在结构外不可能获得的追加收入；第二，安全目标，即提供一种能影响法律或产权变迁的机制，以改变个人（或团体）可以合法竞争的方式。制度安排可能最接近于"制度"一词的最通常使用的含义。我们可以这样简单地来认识制度与制度安排：制度安排是制度的具体化。制度安排可能是正规的，也可能是非正规的；可能是暂时性的，也可能是长久的②。

制度安排是管束特定行为模型和关系的一套行为规则（林毅夫，1989）。如果把制度安排视为动词，它既不等同于组织，也不等同于制度。但如果把制度安排视为名词，则它是指被固化的结构，是一个复杂的要素组织框架。很明显，制度安排与组织有着本质的区别。组织是游

---

① 青木昌彦. 比较制度分析［M］. 上海：上海远东出版社，2006：15.

② 戴维斯，诺斯. 制度变迁的理论：概念与原因［M］// 财产权利与制度变迁. 上海：上海三联书店，1996：266-294.

戏人，是一个行为主体，它可以看作是制度安排的一个结果，体现了制度安排的内容。同样，游戏规则也是制度安排的一个内容，但是它仅是制度安排的一个内容，而不是制度安排本身，因为制度安排不仅是制度游戏规则，而且还有组织设定和结构安排①。所以，各要素的行为标准可以说是制度，但各要素之间的构成方式就不能说是制度，而是一种制度安排。制度安排主要体现在以下两个方面：一是组织外部、各组织之间规章制度的确立，二是组织内部结构和组织要素关系的确立。

2. 制度安排的结构

对制度安排结构的剖析是制度安排的基本理论前提。制度种类繁多，总体来说可以分为硬制度（正式制度）和软制度（非正式制度）两大类。硬制度包括政治制度、经济制度、合同制度；软制度主要是指社会习俗、习惯行为、道德规范、思想信仰和意识形态等。对软制度进一步细分，它又可划分为两类：一是作为外力的社会群体对个人施加的约束，二是个人自我实施的约束。此外，文森特·奥斯特罗姆（Vincent Ostrom）将制度分为宪法层次、集体行动层次、操作层次和选择层次；奥克森则具体说明了三类规则——用以控制集团内部进行集体选择的条件的规则、用以调节公用财产使用的操作规则以及对外安排；柯武刚、史漫飞将制度分为了从经验中演化出来的内在制度和由上而下地强制执行的外在制度；诺斯认为制度包括"正式约束"和"非正式约束"以及这些约束的"实施特征"，即制度主要由正式制度、非正式制度和它们的实施方式构成；等等。经济学家们所提及的"制度"已经超越了"游戏规则"的内涵，实质上就是"制度安排"的范畴②。通过制度安排内涵的分析，我们可以看出制度安排是制度规范及其构成方式的集合，而构成方式保证各种制度规章的顺利实施，这正符合诺斯的思想。为此，笔者借鉴诺斯的观点，认为制度安排由正式制度、非正式制度和实施机制三部分构成。

正式制度，即显性契约，是人们有意识建立的并以正式方式加以确定的各种制度安排，包括政治规则、经济规则和合同等，以及由这一系列规则构成的一种等级结构，即无论是政府颁布的宪法，还是个人的契

---

① 卢现祥. 西方新制度经济学 [M]. 武汉：武汉大学出版社，2004：113.

② 林毅夫在《关于制度变迁的经济学理论：诱致性变迁与强制性变迁》中指出，"经济学家用'制度'这个术语时，一般情况下指的是制度安排"，所以，目前大多数的研究并没有严格地区分制度和制度安排的定义。

约，它们都共同约束着人们的行为。显然这类制度是参与人自己制定或集体选择的结果，具有明显的强制性。它包括：以条文形式明确规定行为主体在分工中的责任的规则，界定个体行动的"有所为、有所不为"；关于惩罚的规则，即约定违反上述规则要付出什么代价；关于"度量衡"的规则，即约定交易各方如何度量投入与产出及其交换的价值量。

非正式制度，即隐性契约，是人们在长期交往中无意识形成的规范，具有持久的生命力。它主要包括价值信念、伦理规范、道德观念、风俗习性、意识形态等因素。非正式制度的形成早于正式制度，后者是对前者的逐步替代。非正式制度也是集体选择的结果。由于非正式制度的内在传统根性和历史积淀，所以它很难受到正式制度变化的影响，具有相对稳定性。

正式制度和非正式制度规定了人们的行为规范，但这仅给定了一个行为标准。如果不执行这些标准，从现实的效果看就等于没有制度。所以，制度安排是否有效，除了正式制度和非正式制度是否完善以外，还要包括制度的实施机制是否健全。实施机制产生的根源在于人的有限理性、机会主义行为动机，以及合作者双方信息不对称，这些都容易导致对制度规范的偏离。所以，具有强制约束力的实施机制是任何契约能够执行的基本前提。

3.1.3 虚拟企业财务制度安排的含义

财务属于商品经济的范畴，它是随着商品生产和交换逐渐产生和发展起来的。要理解财务首先要弄清楚什么是本金？本金是为生产经营活动而垫支的货币资金。从生产经营全过程看，本金处于这一过程的起点、中点和终点，各种财务活动收支与财务形式的变化，都是由本金的运动所引起的。所以说，本金是财务的基本构成元素。

本金的筹集、运用、耗费、收入、分配等环节，形成了财务活动。在企业的财务活动中，各个环节均体现着本金投入和收益的统一性和斗争性，这种矛盾性构成了财务活动的经济属性。同时，财务经济活动是在商品经济条件下人与人之间的相互联结中存在的，因此，财务能够体现生产关系的性质和特征，这说明财务活动又具有社会属性。结合财务活动的双重属性，我们认为财务是社会再生产过程中本金的投入与收益活动，并形成特定的经济关系①。

基于上述对制度安排的理解，财务制度安排一方面要涵盖规范企业财务活动、处理企业内部财务关系的具体规则，另一方面要包含企业组织内部财务治理结构的设计。所以，笔者认为虚拟企业财务制度安排是规范虚拟企业财务活动、协调其各种财务关系的一组具体规则的集合，它可以提高虚拟企业财务资源的配置效率，保证财务工作顺利运行。它包括虚拟企业制定的各类财务法规、规范、意志观念和内部财务治理结构与机制等。

3.2 虚拟企业财务制度安排的理论基础

理论基础是某种理论得以构建和支撑的基石，以其强劲的支撑力渗透于该理论之中②。它的本质是为建立该理论提供科学的理论和方法指导。探寻财务制度安排的理论基础，是研究财务制度安排问题的前提，为其发展奠定了"营养"之源。

3.2.1 制度经济学

新制度经济学用制度作为解释变量来解释和预见经济行为和经济现象，这为人们分析经济社会问题提供了一个崭新视野。新制度经济学主要在交易成本理论、代理理论、产权理论和制度变迁理论四个方面扩展了主流经济学。虚拟企业财务制度安排理论正是在新制度经济学的"土壤"之上不断发展的，为现代财务理论研究增添了活力。

1. 交易成本理论

康芒斯在《制度经济学》中对"交易"进行了深入的刻画，但是这种理论所指出的交易转瞬即逝，是不需成本的。科斯（1937）首先开创了交易成本理论，提出了"交易成本"的概念，并在《企业的性质》一文中对其进行了典范性的运用。由此，"交易成本"的概念使交易变成了有成本的交易。随后，威廉姆森（1975）、克莱因（1978）、张五常

---

① 郭复初. 财务通论 [M]. 上海：立信会计出版社，1997：62.
② 冯建. 财务理论结构研究 [M]. 上海：立信会计出版社，1999：32.

（1883）等人对交易成本理论进行了深入研究和发展。

交易成本理论认为：交易是经济活动的最小单位；交易成本被作为该理论的基本范畴，任何经济活动都以节省交易成本为中心；交易成本分析的逻辑起点是契约人；不同交易与不同组织之间的配比关系被作为其研究的内容；等等。在这种理论中所提及的"契约人"假设是与新古典经济理论的"经济人"假设相对应的。"契约人"假设认为实际生活中的人都是契约人，他们总处于一种交易关系中，而且这种交易背后总有某种契约支持。因此，契约人的基本行为特征是"有限理性"和"机会主义"。有限理性就意味着人们不能完全预见所有关于未来可能发生的事件，而且也不知道每种事件可能发生的概率，因此契约是不完全的。同时，机会主义的存在增加了契约风险。这样契约人不仅会在缔约过程中提供不完全的信息，而且会在履行过程中违背约定，而使事件按照自己的利益方向发展。

这种"契约人"的假设为虚拟企业财务制度安排提供了理论导向。从一定程度上来看，虚拟企业财务制度可以视为各合作伙伴之间的一种"契约"。由于事前不可能预计企业发生的所有财务活动及财务关系，也不可能在契约条文中详细地规定各种财务活动发生的概率，所以财务制度是不完全契约。同时，实施具体财务活动的合作伙伴又具有机会主义倾向，可能出现违背制度规定的行动。所以，虚拟企业必须通过制定财务制度规范财务行为，避免发生违规行为。正由于财务制度的不完全性，虚拟企业更需发挥隐性财务制度的作用，打造财务文化，保证能够顺利、及时解决出现的财务难题。交易费用理论为虚拟企业财务制度研究提供的经济学铺垫是至关重要的。

2. 委托-代理理论

在现实经济中，信息是不对称分布的。其中，掌有信息优势的一方为代理人（Agent），另一方则称为委托人（Principal），这两者之间就形成了委托-代理关系。由于委托人和代理人具有不同的利益目标，就会产生代理问题，即代理人常常会采取偏离委托人利益的"逆向选择"，利用信息优势侵害委托人的利益。而委托人为了避免遭受损失，就需要付出代价，这也就是所谓的"代理成本"。詹森和麦克林（1976）认为"代理成本"是企业所有权结构的决定因素。代理成本包括：委托人的监督支出、代理人的保证支出和剩余损失①。其中，委托人的监督支出是委托人用以激励和约束代理人的费用；代理人的保证支出是代理人保证不采取损害委托人行为的成本，以及如果采取了行动，将给予赔偿的成本；剩余损失是指委托人因代理人代行决策而产生的一种价值损失，等于代理人决策与使委托人效用最大化的决策之间的差异。代理理论主要是针对代理问题寻求降低代理成本的途径。

在虚拟企业中，不同的组织模式会形成盟主与伙伴企业、伙伴企业之间、ASC 与各成员企业等各种委托-代理关系。为了减少代理冲突、降低代理成本，虚拟企业中的委托人必须通过公司治理对代理人进行适当的激励，以及通过承担用以约束代理人行为的监督费用，来降低其利益偏差。从某种意义上说，财务治理是公司治理最为主要的组成部分，是"公司治理的财务方面"②。为此，就需要通过财务治理来约束经营者的财务行为，减少代理成本。委托-代理理论的发展为认识和理解虚拟企业财务制度安排的实施提供了良好的分析框架，为进一步构建全面的财务制度安排体系提供依据。

3. 产权理论

1960 年，科斯在《社会成本问题》一文中，创造性地提出了"在完全竞争的条件下，私人成本等于社会成本"的著名命题，也就是后人所称的"科斯定理"。科斯认为，在不存在交易费用的前提下，效率与产权无关。这是因为在存在交易成本的情况下，产权的不同安排对经济效率产生实质性的影响，即不同的产权制度会带来不同效率的资源配置。因此，为了优化资源配置，就要首先确定好产权制度。

产权是人与人（或组织）之间的一组行为性关系，即产权规定了人们的行为规范，人们在发生关系时必须遵守这些规范，不遵守者要担负由此产生的成本③。同时，产权体现了一组关于人的利益和行为的经济权利，它是人与人之间在经济活动中的相互关系的反映，而缔结和规范这种关系的纽带是契约。产权界定的作用就在于为人们追求效用最大化提供制度和规范，从而保证有效竞争和实现资源的优化配置。

---

① 陈郁. 所有权、控制权与激励 [M]. 上海：上海三联书店，2003：6.

② 衣龙新. 公司财务治理论 [M]. 北京：清华大学出版社，2005：28.

③ 段文斌. 制度经济学：制度主义与经济分析 [M]. 天津：南开大学出版社，2003：21.

因此，对"产权"的分析和理解，为我们认识财务制度安排提供了一把钥匙。虚拟企业财务制度安排的意义就是为虚拟企业实现价值最大化而在财务活动中提供一系列的制度安排，保证财务资源的优化配置。同时，在虚拟企业财务活动中缔结的各种复杂的财务关系，也需要财务制度安排来规范。此外，对产权问题研究的深化，必将推动对"财权"的理解和认识，进而为财务制度安排的本质带来全新的表述。

4. 制度变迁理论

制度变迁理论也被称为新经济史学，它恢复了理论与历史相结合的经济学传统，是新制度经济学的重要组成部分[1]。制度变迁是制度创立、变更及随着时间变化而被打破的过程。任何制度都有产生、发展和消亡的过程。在历史长河中，制度是不稳定的。当一项制度出现非均衡状态时，就会出现制度创新的契机，从而促使制度由非均衡走向均衡。制度变迁一般有两种理论模型：诱致性制度变迁和强制性制度变迁。诱致性制度变迁是现行制度安排的变更或替代，或者是新制度安排的创造，它由个人或一群人在响应获利机会时自发倡导、组织和实行（林毅夫，1989）。发生诱致性变迁必须有来自制度不均衡的获利机会，使得制度形成"均衡—不均衡—再次均衡"的变迁过程。与此相反，强制性制度变迁是由政府命令或法律引入和实行的。与诱致性制度变迁不同的是，强制性制度变迁可以纯粹因在不同选民集团之间对现有收入进行再分配而发生[2]。

制度变迁理论为虚拟企业财务制度安排的变迁提供了强有力的理论依据。虚拟企业可以根据环境变化而适时地进行灵捷变化、动态组合，其财务活动和财务关系也会发生变化。与此相应，虚拟企业财务制度安排的内容也会得到调整。此外，虚拟企业自身具有明显的动态性，在制定财务制度时就要考虑虚拟企业所处的生命周期，根据不同阶段的财务活动特点，有针对性地设计财务制度。财务制度作为内部规范，是虚拟企业自身约束财务活动、处理财务关系的内在要求，它的动态变化符合虚拟企业的经营管理，应属于诱致性制度变迁的范畴。

---

① 段文斌. 制度经济学：制度主义与经济分析 [M]. 天津：南开大学出版社，2003：323.
② 卢现祥. 西方新制度经济学 [M]. 北京：中国发展出版社，2003：110.

3.2.2　现代财务理论

1. 本金理论

本金理论是财务理论体系中的基础性理论，它深刻剖析了财务本质，阐明了财务运动规律。本金理论决定了其对虚拟企业财务制度安排理论的指导、规范作用。主要表现在两个方面。其一，虚拟企业作为一种内部包含各种错综关系的组织模式，其本金（资本）① 的范畴应进一步扩展，它包含了所有能给虚拟企业带来价值的货币资本、关系资本等。虚拟企业财务制度安排应以本金作为研究起点，分析本金流向、流量及形成的本金控制权、剩余索取权等。其二，由本金运动规律出发，可以初步认识财务制度安排的职能、范围。财务制度安排就是对本金运动形成的各种财务活动、财务关系进行约束，保证财务工作的顺利进行。

2. 财务分层理论

财务分层理论是企业财务在内部分层次管理的理论，目前，主要有所有者财务和经营者财务的"两层次"说（干胜道，1995），所有者财务、经营者财务和财务经理财务的"三层次"说（汤谷良，1997），外部利益相关者财务、经营者财务、财务经理财务、分部财务和员工财务的"五层次"说（李心合，2003），等等。财务分层理论的提出扩大了企业财务的外延，深化了对企业内部财务管理的认识。

财务分层理论对虚拟企业财务制度安排理论影响重大。虚拟企业中各成员企业具有不同的所有者、经营者、财务经理等，他们分别进行独立的财务活动，等同于一般传统企业的财务运作。但他们都涵盖于虚拟企业之下，为了一个共同的目标相互协作。这就需要构建一个在成员企业之上的财务层次，可以是虚拟企业的盟主企业，也可以是虚拟企业的协调委员会，进行有效的财务协调，解决好虚拟企业财务制度安排中的风险管理、成本控制、利益分配等一系列问题。

3. 利益相关者财务理论

利益相关者财务理论是从企业财务到所有者财务再到利益相关者财

---

① 本金的范围大于资本，但在"社会主义条件下，本金和资本是相同的，可以相互代替"。（郭复初. 财务通论 [M]. 上海：立信会计出版社，1997：43.）本书后续部分不再区分本金和资本。

务，对财务领域进行扩展。该理论认为企业本质上是利益相关者缔结的契约，各个利益相关者在"共同治理"下对企业的"剩余"做出了贡献，都应当享有剩余所有权。进而，该理论提出了财务管理目标多元化、"财务资本与智力资本"并重的财务理念，拓展了财务理论研究的视野。

利益相关者财务理论对虚拟企业财务制度安排理论具有一定的影响。例如，虚拟企业中包含了诸多具有相互钩稽关系的成员企业，他们都是虚拟企业的利益相关者。虚拟企业财务制度安排的制定就是通过规范财务活动、理顺财务关系，来保障各利益相关者的财务利益。

4. 财务核心能力理论

财务核心能力理论是企业核心能力理论的发展。核心能力理论认为，企业在本质上是一个能力集合体，积累、保持和运用能力开拓产品市场是企业长期竞争优势的决定因素。企业能力作为企业拥有的主要资源或资产，能够给企业带来收益，它是企业成长的动力机制（朱开悉，2001）。而企业财务是一个独立而综合的完整系统，它通过价值形式贯穿于企业经营和管理之中，是整个企业管理的"中心"。由于资本的稀缺性和其对企业资源配置效率的有效性，财务问题越来越显示出其在企业核心能力中的重要地位。这样便形成了财务核心能力[①]。企业财务核心能力理论认为，企业应最大限度地培养、发展并优化配置企业的财务资源，为企业获得可持续性的竞争优势提供财务上的支持。

财务核心能力理论对虚拟企业财务制度安排理论的发展起着重要的指导作用。虚拟企业财务制度安排的出发点就在于规范成员企业构成的企业"集合"的财务问题，打造虚拟企业的财务核心竞争能力，可使虚拟企业财务活动有序、财务关系和谐，并为虚拟企业的运作提供财务支持。

---

① 张旭蕾，冯建. 企业财务核心能力的形成与发展：基于财务可持续发展的视角［J］. 工业技术经济，2008（2）.

3.3　虚拟企业财务制度安排的基本理论结构

3.3.1　企业财务制度安排理论框架的一般性描述

从系统论的观点看，结构是指系统内部各组成要素之间的相互关系、相互作用的方式或秩序，也就是各要素排列、组合的具体形式。财务制度安排的理论结构就是一组相互联系、但又相互独立的概念群，按照内在的逻辑关系排列组成的方式。它是财务制度安排理论的基石，为财务制度的制定、执行提供完备的逻辑体系。

目标是想要达到的境地或标准，是系统的出发点又是系统的回归点，它决定系统运行轨迹的选择和系统的整体效益。任何管理都是有目标的行为，财务制度安排也不例外。只有确定合理的目标，才能实现高效的管理。没有确立目标的研究，是盲目的和无意义的研究。财务制度安排的直接目标是规范企业财务行为、协调财务关系，以提高财务运行效率，进而实现企业综合经济利益的最大化。以此作为财务制度安排研究的逻辑起点构建的概念结构，不仅有利于为企业选择恰当的财务行为提供理论指导，而且也有利于保持财务理论与财务实践的内在统一。因为财务是运行于一定财务状态下的开放系统，财务状态是对企业内外部环境的概括，财务系统的运行体现了企业的财务选择，所以，企业的财务制度安排要求企业选择适应性的财务行为。同时，财务理论是主观思维见之于财务实践活动的结果，财务实践的变化会反馈给主观思维，并得到适度的修正。所以，以财务制度安排的目标作为财务制度理论研究的逻辑起点，有利于保持财务理论与实践的内在统一性。

笔者认为，应根据财务制度安排的目标要求来设计理论结构，财务制度安排理论主要由财务制度安排的本质、财务制度安排的主体、财务制度安排的对象、财务制度安排的假设等抽象理论构成。第一，要界定财务制度安排的本质和职能。本质隐藏于现象之后并表现在现象之中，它是事物本身所固有的、相对稳定的并决定事物性质的根本属性；而职能是事物本身具有的功能或应起的作用，是本质的具体化。第二，根据财务制度安排的本质与职能确定研究主体和对象。明确了虚拟企业财务制度安排的主体、对象，也就间接刻画出了财务制度安排的边界，它规定了主体行为的界限，体现了对象所涵盖的领域。财务系统运行的环境存有不确定性的因素，必须根据财务环境、目标要求和财务系统运行的规律提炼出财务制度安排的基本前提，即财务制度安排的假设。由此，可以推演财务制度安排的理论结构（见图3-1）。

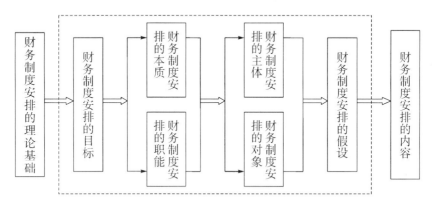

图3-1 财务制度安排理论结构图

1. 财务制度安排的目标

企业财务制度安排的目标是企业财务活动中主观愿望与客观规律、内部条件与外部环境、管理者与投资人和债权人、内部各部门之间、内部员工之间等一系列矛盾相互作用的综合体现①。财务制度安排的目标在财务管理中起到双重作用：一是导向作用，它是企业财务管理工作的起点目标，为财务管理指明了工作方向；二是评价作用，它为财务管理工作提供了最终的标准，为衡量财务管理工作优劣提供了可靠的依据。

财务制度安排的目标不等同于企业目标，也不等同于财务管理的目标。企业目标是追求"利润最大化"，财务管理的目标是"财务成果最大，财务状况最优"，而财务制度安排的目标则是"综合经济利益最大化"②。可见，财务制度安排的目标同企业目标和财务管理的目标有一定的联系，在整体方向上保持一致，这样才能通过财务制度的安排促进财务管理目标以及企业目标的实现。但三者也有所不同，财务制度安排的目标是为企业目标和财务管理目标服务的，是从制度的角度来保证企业

---

① 冯建. 企业财务制度论 [M]. 北京：清华大学出版社，2005：35.

② 冯建. 企业财务制度论 [M]. 北京：清华大学出版社，2005：35.

目标和财务管理目标的实现。

2. 财务制度安排的本质

财务制度安排的本质就是关于财务现象根本性质的抽象归纳，是对财务制度安排对象的高度概括。从财务实践来看，财务主要表现在由于本金投入收益活动而形成的财务活动和财务关系两个方面。这两个财务表征反映了财务的经济属性（本金运动）和社会属性（财务关系）的结合，是"财权流"思想的体现。

随着产权理论的发展，一种与现代产权思想相适应的财务观念日益成熟。财权就是在这样的背景下提出的。伍中信教授认为财权表现为某一主体对财力所拥有的支配权，包括投资权、筹资权、收益权等权能。它是一种"财力"以及与此相伴随的"权力"的结合，即"财权"＝"财力"＋"权力"。其中，"财力"就是企业投入的本金，是财务的价值表现；"权力"是支配本金所具有的权能。价值是从财务活动的现象中抽象出来的内涵，而"权力"是隐藏在价值背后更为抽象的概括，实际上就是各方利益相关者财务关系的反映。企业的财务活动是周而复始的，本金是循环流动的，与财力相伴随的"权力"的流动过程就是处理权力双方"财务关系"的过程。由此可见，"财权流"是高度归纳动态财务活动和财务关系最完美的表述。

财务制度安排就是对企业财务活动和财务关系进行有效的规范和协调。引入"财权流"来谈财务后，能够更好地体现财务制度安排的本质特色。笔者认为，财务制度安排的本质是保证财权流顺利运行，实现企业价值活动与权利关系相融合。

3. 财务制度安排的职能

财务制度安排的职能是财务制度安排在经济活动过程中的本质功能，即财务制度安排是做什么的。所以，我们对财务制度安排职能的界定，就应该从保证财权流运行这个财务制度安排的本质来进行分析。

由于财权流包括"财流"和"权流"，这两个方面融合了财务活动和财务关系，是企业财务完整内涵的体现。那么，财务制度安排的职能也应该从"财流"和"权流"出发，我们将其基本职能定义为财务资源配置职能和财权配置职能。财务资源配置是从价值方面考虑的，而财权配置则着重于价值运动中权力的配置①。这两个基本职能都立足于财权流，使财务制度安排的设计能够合理配置财务资源、正确处理财权关系，从而保证财务活动运行顺畅、财务关系规范协调。需要说明的是，这两个基本职能是相辅相成的。正如财力流和权力流是一体的，基于财力流的财务资源配置和基于权力流的财权配置也是同一客观过程的两个方面，是不可分割的，即在财务资源配置的同时进行着财权配置，在财权配置的同时实现财务资源配置的优化。

财务制度安排的基本职能决定着财务制度安排的具体职能，主要有协调职能、激励约束职能、财务监督职能。企业是多方利益相关者的契约集合，投资人、债权人、经营者等的目标各不相同。为了保证企业的正常运作就必须使各种要素通力合作，制度就是各要素合作的桥梁，而财务制度的有效安排正是企业财务资源合作的纽带。所以，财务制度安排的协调职能就是规范投资人、债权人、经营者之间的财务关系，并在财务的治理结构中设计一套有效的信息沟通制度，以减少信息的成本与不确定性，把阻碍合作得以进行的因素减少到最低限度②。此外，激励约束职能是财务制度安排通过设计一系列的财务手段，激励财务活动实现，从而达到财务目标；同时，还需要约束机制与此相对应，使财务活动和财务关系受制于财务制度安排。财务监督职能是保证财务活动组织有效性和财务关系处理合理性的重要手段。实施财务制度安排的监督职能，可以形成企业管理与财务相互制约、相互促进的内部管理机制。

4. 财务制度安排的主体

财务制度安排的主体，就是进行财务管理活动、协调财务关系的主体。财务制度安排的主体首先要具备独立性、目的性。所谓独立性，是在不受外界干扰的情况下，主体能够控制财务资源，自主地从事投资、筹资、分配等一系列财务活动并妥善处理各种财务关系。是否具有独立性是某个要素能否成为财务制度安排主体的根本条件。所谓目的性，就是财务制度安排的主体在制度设计中要抱有自己的目标，并根据这一目标来规划自己的行为。若缺乏目的性，财务制度安排主体在面临繁杂的财务环境时，就不能做出准确的设计，最终可能使财务活动失败。依上

---

① 伍中信. 产权会计与财权流研究 [M]. 成都：西南财经大学出版社，2006：132.

② 宋献中. 合约理论与财务行为分析 [D]. 成都：西南财经大学，1999：113.

所述，财务制度安排主体的概念可以表述为：财务制度安排的主体是有能力、有资格并独立地按照一定目标进行财务活动、处理财务关系的特定的内部权力机构、个体或法人。企业涉及多方利益相关者，如政府等外部利益相关者，它们对公司的财务制度安排没有直接的影响，其主体资格难以体现；公司职工乃至财务人员虽然对财务活动有一定的影响，但不参与制度的制定，大多通过董事会、监事会等机构中的代理人行使权力。因此，笔者认为财务制度安排的主体主要包括股东会、董事会、监事会、经理层。它们四者各司其职，相互制衡，共同对财务制度做出有效的安排。

5. 财务制度安排的对象

对象是行为或思考时作为目标的事物。财务制度安排的对象就是财务制度安排主体指向的客体，它是财务制度安排所考察的内容。只有明确了对象，才能明确财务制度安排的研究范围和目标。从企业整体财务运行来看，财务活动的对象可以总结为"本金"，它始终贯穿于财务活动之中，是财务主体共同作用的目标。财务制度安排立足于财务活动，其对象自然也就是"本金"运动形成的各种财务活动。此外，财务制度安排还包括协调财务关系。从这个角度来看，财务制度安排的对象又具体表现为本金运动所形成的特定的"财务权力"关系。因此，财务制度安排将本金运动引起的财务活动及其所形成的财务关系作为研究对象。

6. 财务制度安排的假设

假设也称之为前提或假定，是人们根据不确定的环境和已有知识提出的假定或设想。根据假设的概念，结合财务制度安排的内涵，我们认为财务制度安排的假设是人们利用自己的知识，根据财务制度安排存在的客观环境的一些不确定因素，所做出的合乎情理的判断。

第一，嵌入性假设。经济史学家卡尔·波拉尼（Karl Polanyi，1957）最早提出嵌入性的概念。"嵌入"是指经济行为受到其所处的社会结构的限定，这种社会结构决定着经济行为的形式和结果[①]。嵌入性假设就是将财务制度安排视为"嵌入"于企业结构之中，并受到企业结构的限定。首先，财务制度安排是对财务活动和财务关系的规范，而财务活动和财务关系就是嵌入于社会网络结构中的企业组织，其规范必然被限定于特

---

① 李心合. 论制度财务学构建 [J]. 会计研究，2005（7）：45.

定的社会情境之中。其次，财务制度安排是基于社会某种道德判断之上的，这种道德判断会影响财务制度安排的界定和使用。最后，财务制度安排是企业财务管理的一个方面，它的成败与否会影响其他管理活动。故而，财务制度安排外部性效应的存在，需要企业给予一定的限制。不受任何限制的财务制度安排在任何一个企业中都是不存在的。将财务制度安排嵌入社会结构之中，这要求我们将社会结构以及人、文化等社会要素纳入财务制度安排的分析框架，由此来开辟财务制度安排的研究内容。

第二，内生性假设。该假设是把财务制度安排视为企业财务的内生因素而非外生因素来看待。考察企业财务管理的发展历程，可以发现财务制度安排是伴随着企业财务活动的产生而产生、发展而发展的。这表明财务制度安排是内生于企业财务活动过程之中的，是企业财务活动得以顺利运作的内生性变量。一方面，财务制度是企业财务存在的前提。企业是一系列的契约集合体，这个集合体之所以能够形成，就是因为它们具有共同的经济利益，希望得到良好的财务期望值。为了实现这一共同的愿望，就需要在财务上以共同的制度安排为前提。另一方面，企业存有多个契约主体，它们之间由于权、责、利问题会存有种种"冲突"。解决问题的根本就是要明确各利益相关者的权利、责任，处理各利益相关者之间的财务关系，这也需要财务的制度安排。由此可见，财务制度安排是内生于企业财务活动、财务关系之中的，随着财务活动、财务关系内涵的扩展，财务制度安排也会发生相应的变化。

3.3.2 虚拟企业对财务制度安排基础理论的拓展

虚拟企业不同于传统企业，具有自己独特的性质。为此，虚拟企业财务制度安排理论应在遵循一般性理论描述的基础上，突显自身的理论特色。

1. 基于"契约关系人"的目标开拓

虚拟企业实质上是不同的企业为了某个共同的市场机遇贡献出自己的核心能力而组建的临时联盟。因此，虚拟企业和传统企业大相径庭，从研究角度来看，虚拟企业财务制度安排的目标也和前面阐述的一般企业财务制度安排的目标不同。

（1）基本目标。

财务制度安排的目标是财务系统期望达到的境界，是财务系统运行的出发点和归宿，并决定着整个财务系统发展的方向。对虚拟企业这个联盟而言，由于相互关联的都是独立的企业组织，虚拟企业财务制度安排的目标实际上是这个联盟中各成员企业财务制度目标的有效集合，即在各自约束条件下，各成员企业在虚拟企业财务制度安排的目标上达成共识。换言之，目标是主观期望实现的目标，其主体是各个独立体，是在组成虚拟企业这个过程中相互博弈的结果。只有虚拟企业的整体利益最大，才能使各契约关系人的利益最大限度得到满足。因此，虚拟企业财务制度安排的目标应该是"契约关系人"利益最大化。

（2）具体目标。

"契约关系人"利益最大化从总体上把握着虚拟企业财务制度安排的方向，在生产经营过程中还应确定虚拟企业财务制度安排的具体目标。

第一，实现财务敏捷性。敏捷性是虚拟企业的基本特征，也是区别传统企业的关键。基于财务视角，虚拟企业协调财务活动和财务关系也需要敏捷性。所谓财务敏捷性，就是在变幻莫测的经济环境中，虚拟企业为了生存、发展，能够驾驭变化，不断进行调整，从而在财务活动及财务关系中快速、灵敏地做出反应。譬如，从筹资活动来看，虚拟企业一般不具有法人资格，不能自行筹措资金，常常依托于各成员企业进行资金的筹集。那么，虚拟企业的筹资目标就是针对资金需求制定相应的行动方针、策略，快速反馈给各成员企业，使他们能够根据各自特点来满足投资需要、实现低成本筹资。筹资过程要求组织策划的高效率，以巩固虚拟企业的控制权、提高整体的综合效益和竞争能力。从投资活动来看，投资制度是企业谋求长期发展的基本要求。虚拟企业因市场机遇而生，其投资制度就要求迅速捕捉投资机会，实现投资方向、投资期限、投资工具、投资方式等的最佳组合。因此，投资制度安排的根本目的是快捷地实现虚拟企业投资结构的最佳配置。

第二，达到资源优化配置。财务属于价值管理的领域，主要是对经济资源进行配置。财务制度安排的目的就在于促进经济资源配置效率的最大化和经济资源的保值、增值[①]。虚拟企业作为各成员企业的联合体，

---

① 冯建. 企业财务制度论 [M]. 北京：清华大学出版社，2005：44.

其财务制度安排的目的侧重于对内部资源配置效率的最大化，实现资源配置和谐。虚拟企业中各成员企业投入的核心能力不同、贡献程度不同，这就需要将各种投入要素进行组合。组合效率的高低取决于各成员企业的配合程度以及财务制度安排主体的"经营判断"。内部资源实现优化配置将直接影响到资产权力的运用效率，为虚拟企业的有效运作提供支持。

第三，发挥财务激励。财务激励是虚拟企业为了实现财务目标，通过设计适当的财务奖酬模式，并辅助一定的行为规范和惩罚性措施，以有效实现虚拟企业与各成员企业的互动过程。财务激励的使动者是虚拟企业财务制度安排的主体，如盟主企业、ASC或财务委员会。虚拟企业本质上是一个集合体，那么应对集合体中的哪些企业进行财务激励呢？由前文可知，虚拟企业的组织模式是两层结构，即包括核心层和外围层。核心层是虚拟企业的关键，所以，应该以核心层企业作为激励主体。一般而言，财务激励可以分为物质激励和精神激励。物质激励是"利用财务手段通过分配关系加以激励，是物质动力成为经营和财务活动的现实积极性"[1]，如薪酬、福利等。精神激励是通过一系列非物质方式来改变其意识形态，并激发出工作活力，如声誉、地位的提升等。科学的财务激励对虚拟企业有助长作用，它可以对各成员企业的某种符合整体期望的财务行为反复强化，也可以对不符合整体期望的财务行为采取负强化和惩罚措施来加以约束，最终实现虚拟企业的共同目标。

2. 基于"资本泛化"的本质延伸

财务制度安排的本质体现着"财权流"思想。虚拟企业因其自身特性，其财务制度安排的本质则将"财权流"思想进一步扩展，对"财力"和"权力"的内涵又有新的拓展。

"财力"是企业财务的价值表现，即本金或资本。"资本"最早出现在经济学领域，古典主义和新古典主义学家把"资本"定义为一种能够生产产品的产品，指的仅是物质资本。马克思在《资本论》中将"资本"定义为带来剩余价值的价值，并揭示出资本的本质在于价值增值。其后，舒尔茨（T. W. Schultz）、加里·贝克尔（Gary Becker）、福山（Francis Fukuyama）等将"资本"向更广泛的意义进行了扩展，使资本成为可以带来价值增值的所有资源的代名词。此时，有用性成为资本的

---

① 冯建. 财务理论结构研究 [M]. 上海：立信会计出版社，1999：130.

基本属性，并形成企业资本的泛化规定，即企业"泛资本"概念。所谓企业"泛资本"，即不以资源、产权及具体形式而论，凡对企业发展有用的一切资源都可称之为资本。这种概念界定，对资本的解释具有较强的发展性、包容性和解释力。

一般认为，资本包括自然资本、物质资本、人力资本、关系资本等，可见出现了越来越多的无形资本。自然资本、物质资本、人力资本的价值表现已在传统企业中得到共识，而虚拟企业中最显著的是错综复杂的关系，关系资本就隐藏于这种关系中，故本书着重考察关系资本。关系资本的关键作用是可以从人际关系网络中动用稀缺资源，并通过协调的行动来提高企业运行效率，可以在一定时期内为虚拟企业带来一定的收益。因此，虚拟企业中关系资本表现得最为明显，体现了资本概念的完全扩展，实现了真正意义上的"资本泛化"。

就"权力"而言，虚拟企业在经营过程中与各方面发生的经济利益关系更为复杂。传统企业在经营过程中与国家、金融机构、职工之间的财务关系是强制与无偿的分配关系、资金融通与结算关系、按劳分配关系。而虚拟企业的财务关系的复杂性则突出表现在企业内部关系上，依靠核心企业，各成员企业通过外包契约联结起来，建立起交错的协作关系。这种关系既不同于市场中的交易关系，也不同于传统企业内部各部门之间的科层关系，它具有动态性和灵活性。它随着虚拟企业的组建而形成，随着虚拟企业的结束而解散，因而各成员企业之间的协作关系具有波动性。高度发达的信息技术、便捷的网络，使企业可以根据需要来执行某种任务、建立或解除某种商务关系，从而使虚拟企业的互利合作关系变得灵活、高效。

基于对资本和财务关系的重新理解，人们对虚拟企业财务制度安排的职能也提出了新的要求。虚拟企业是传统企业的重新整合，它放大了财务管理的范围和效力，使得虚拟企业财务制度安排的职能更加强调财务协调。财务协调加强了虚拟企业整体的财务协作，通过优势互补降低了虚拟企业的经营风险；同时，个体之间可以通过自发性融资消化相当部分的资金需求，进一步挖掘融资潜力。

3. 基于"虚拟化"的主体引申

虚拟企业突破了传统企业有形的组织界限，为达到共同的战略目标，通过各种协议、契约把分散在不同地区的企业主体进行整合，形成利益风险共享、超越空间约束的松散型经济联合体。虚拟企业组成结构弹性化、竞争策略联盟化、生产形态虚拟化，企业主体呈现"虚拟化"特征。

根据虚拟企业的不同组织模式，虚拟企业财务制度安排的主体可以有不同的处理方式。就星型模式而言，虚拟企业应以盟主企业作为财务管理的核心，也就是盟主企业的股东会、董事会、监事会、经理层是虚拟企业财务制度安排的主体，来监督和协调各成员企业的财务活动以及各种财务关系。在平行模式中，各成员企业之间没有行政隶属关系，仅是暂时的平行契约集合体。而虚拟企业的财务活动，作为个体财务活动的整合，必须有执行者，因此，也必然要求一定的组织形式来确保财务活动的执行和监督。笔者认为，应成立财务委员会，其成员可由各方委派，也可以外聘财务专家参与管理。财务委员会可以说是虚拟企业的一个缩影，各位委员都代表着各个契约相关者的利益，都为各自价值最大化而寻求合作。从理性的角度来看，设置财务委员会有助于虚拟企业财务目标的总体实现。所以，财务委员会可以作为平行模式虚拟企业财务制度安排的主体，来专门进行财务协调和财务监督，并贯穿于虚拟企业运作的始终。联邦模式中的协调指挥委员会（ASC）可以作为虚拟企业财务制度安排的主体，它负责虚拟企业内部财务资源的整合，并对各种财务活动及财务关系进行协调。由此，三种模式的不同设定形成了"虚中带实"的虚拟企业。

4. 基于"明显生命周期"的对象扩展

前文已分析，财务制度安排的对象是由本金引起的财务活动与财务关系。虚拟企业内部具有错杂的协作关系，这就需要虚拟企业财务制度安排的主体能够协调、理顺其中的各种财务关系，才能实现有效的虚拟企业财务运作。然而，虚拟企业动态性的特征使得虚拟企业的财务活动表现为具有阶段性。

虚拟企业往往以市场机遇为组建动因，其生命比较短暂，一旦不再有市场机遇，虚拟企业就自然解体。所以，相比传统企业，其生命周期现象表现得十分明显。依据生命周期理论，虚拟企业的形成、发展过程可以明显地划分为酝酿期、组建期、运作期和解体期。在不同阶段中，财务制度安排对本金运作的侧重点不同，阶段性表现得尤为显著。在酝酿期，虚拟企业的财务活动主要是寻找、评估市场机会，并对自身资源和能力进行分析，从而预计期望收益、选定合作模式。该阶段中，并没有本金的实际运动，但依据市场机会可对本金的需求量做出大体的衡量。在组建期，虚拟企业选择合作伙伴，进行组织设计、签订合作协议等。这一阶段中，各成员企业应依据协议进行自主筹措、投资本金，并对虚拟企业所需的信息基础设施建设进行投资。在运作期，虚拟企业开始了正常的生产经营活动，主要财务活动有风险管理、利益分配、成本管理、绩效评价等。如果本阶段的财务活动不顺畅则会直接影响到虚拟企业的整体运行。在解体期，虚拟企业完成了使命，基本实现了市场机会。此时，本金会退出虚拟企业，财务活动一般表现为资金的清算。

3.4 构建"立体式"虚拟企业财务制度安排的内容框架

在分析财务制度安排理论结构的基础上对其内容进行剖析，可以为财务制度安排的具体运用提供完整的选择集合，便于企业财务实践的开展。结合新制度经济学对制度安排的理解，我们对虚拟企业财务制度安排的内容，从正式约束、非正式约束和实施机制三个方面来考虑。

财务制度安排就是从财务这一微观范畴进行规范、约束，其中有些可以通过文字进行显性规定；有些则内生于企业财务行为之中，企业不同，内容也不相同，不能进行统一划分。为此，按照表现形式的不同，财务制度安排可以分为显性财务制度和隐性财务制度。同时，这两种财务制度是否能够有效实施，需要财务治理加以保证。所以，虚拟企业财务制度安排的内容可分为显性财务制度、隐性财务制度以及财务治理三部分。

3.4.1 虚拟企业显性财务制度

1. 显性财务制度的划分

显性财务制度是明文规定、有统一标准、具有约束力的各种制度安排，具体包括宏观财务制度和微观财务制度。宏观财务制度是由国家或政府机构制定的适用于企业并要求企业必须遵守的制度规范，它不但可以提高制度的约束力，还可以节约各企业的制度建设成本。宏观财务制度目前主要有《中华人民共和国公司法》《中华人民共和国证券法》、税法等法律中的有关规定，财政部颁布的《企业财务通则》和分行业财务制度等。《中华人民共和国公司法》《中华人民共和国证券法》等经济法规中的财务约束，实际上构成了企业进行财务活动所处的制度环境，例如：公司法中规定了企业股东会、董事会、监事会、经理等的权利和责任；税法中规定了政府这个利益相关者对于企业收益的分享权，并对企业收入、成本费用做了具体的规定等。这些制度规范是企业利益相关者在财务关系中权责利所不可缺少的具有共性的制度规范，涉及的不仅是契约各方的利益，也是政府干预企业财务的表现。

《企业财务通则》是我国境内各类企业财务活动必须遵循的基本原则和规范，是财务规范体系中的基本法规。它反映了国家对各类企业进行财务活动的一般要求，在财务法规制度体系中起着主导作用。2006 年颁布的新《企业财务通则》已取代了沿用 14 年之久的原《企业财务通则》，并已在实务界全面展开实施，成为企业合理组织财务活动、正确处理财务关系的行为指南。这标志着规范企业财务行为、防范财务风险、配套财政监管的新型企业财务制度体系的逐步完善，在财务制度理论中具有里程碑式的作用。行业财务制度是在遵循财务通则的要求下，结合行业特点而制定的财务制度，它是各行业企业进行财务工作的准则。它反映了各行业对财务活动的管理要求，在财务法规制度体系中起基础作用。

不同企业的组织机构和经营活动有所差异，法律法规、财务通则等宏观财务制度不可能规范企业运行中出现的所有财务问题，因此，针对企业微观主体的财务制度必不可少。微观财务制度，即企业财务制度，是企业内部管理当局制定的用来规范企业内部财务行为、处理企业内部财务关系的具体规则，它在财务法规制度体系中起着补充作用[1]。企业财务制度与其他财务制度不同，具有较强的操作性，便于执行。

目前，我国修订了《中华人民共和国公司法》《中华人民共和国证券法》《企业财务通则》等，可以说宏观财务制度已基本健全，并对企业财务起到了很好的约束作用。但微观财务制度在企业运行中存有明显的不足，这为我们进一步研究企业财务制度提供了契机。

2. 构建虚拟企业显性财务制度的构想

生命周期理论对于深入了解技术、企业、产业甚至国家的变革具有

---

[1] 冯建. 企业财务制度论 [M]. 北京：清华大学出版社，2005：11.

重要意义。作为一种重要的研究方法和思路，生命周期理论及其方法已在企业管理研究中得到了广泛的应用。生命周期理论为研究虚拟企业显性财务制度开辟了新的视角。虚拟企业往往是以市场机遇为驱动目标的，从发现市场机会开始组建、运行，到实现预定的目标时虚拟企业解散，有着更为明显的生命周期特征。因此，运用生命周期理论对虚拟企业在不同生命周期不同阶段进行研究有着非常重要的意义①。鉴于此，研究虚拟企业财务制度安排也从生命周期入手，分别探讨酝酿期、组建期、运作期、解体期的财务制度，构建一个动态的"纵"向制度体系。这种财务制度的设计，可以把握不同阶段财务活动的特点，使虚拟企业财务制度安排更为系统；也可以突出虚拟企业财务工作的重点，便于财务制度的操作实施。

3.4.2 虚拟企业隐性财务制度

隐性财务制度，诸如财务伦理、价值观念等，是内生于企业经济活动之中，不能用文字规定的，并对公司财务活动、财务关系进行约束的规范。它比显性财务制度的约束力要弱，以无形的"软约束"力量构成企业财务有效运行的内在驱动力，需要自觉执行。

财务伦理是企业以财务活动为本质内容在处理财务关系中所形成的一种自律性行为准则和价值观念②。虚拟企业是由若干个独立企业形成的集合，各成员企业存在着各自的行为标准和价值观念。但他们为了共同的目标组合在一起，必然要求相互之间财务协调。这就要求虚拟企业比传统企业更加强调财务伦理，为处理财务活动、财务关系提供无形的约束。虚拟企业实行的是跨文化管理，文化潜移默化形成"习惯"，并作为一种"非正式约束"来协调企业的财务管理。此外，前文分析过，虚拟企业更凸显关系资本的作用。基于以上考虑，对虚拟企业隐性财务制度的研究主要从财务伦理、跨文化管理、关系资本的角度进行分析。

---

① 一般来说，虚拟企业的生命比较短暂，一旦实现市场机会，虚拟企业就自行解体，所以生命周期表现得较为明显。而以规避风险、降低成本等为目的组建的虚拟企业，其生命往往比较长远，与实体企业没有根本区别。如耐克公司，从20世纪70年代初创建至今仍然生机勃勃。这些虚拟企业仍然存在着生命周期，只不过这个周期比较长，或者其通过组织变革，使得企业实现了持续发展，因此能够长期维持在某个阶段。但生命周期理论对虚拟企业的运行仍具有重要意义。

② 王素莲，柯大钢. 关于财务伦理范式的探讨 [J]. 财政研究，2006 (5)：12.

3.4.3 虚拟企业的财务治理

显性、隐性财务制度的顺利实施，需要合理的财务治理做保证。财务治理是企业在其内部各权利组织财权关系的基础上，形成的企业财务相互影响、相互约束的制衡体系，保证规范财务活动、财务关系的有效实施。通过财权配置形成的财务治理没有明显的文字表述，仅体现于企业的组织形式和管理组织的架构中。它从本质上确定了财务制度安排主体在企业这一复合体中的身份、角色及在各种财务活动中享有的权利和受到的约束。这几方通过财务授权、分权、制衡、监控等方式结合在一起，对企业财权进行具体配置，从而起到约束财务活动、协调财务关系的作用。

虚拟企业内部的信息集成、过程集成是通过网络化来实现的。在网络环境下，虚拟企业的财务系统和其他业务系统保持"无缝衔接"，业务信息和财务信息保持一致性、同步性。从财务治理的角度看，虚拟企业改变了传统的组织结构，这就必然影响到企业财权配置的合理性，导致财务治理发生变化。

3.4.4 显性财务制度、隐性财务制度、财务治理三者之间的关系

显性财务制度和隐性财务制度都是对财务活动、财务关系的制度规范，而二者的表现形式却截然不同。从财务制度的成文性来看，显性财务制度表现为具体的文字，可以表现为法律条文、财务规范、内部财务制度等形式，具有较强的约束力；隐性财务制度是无形的规范，执行与否完全取决于财务关系人的观念、意识。从实践中来看，显性财务制度是整个制度安排的核心，对指导财务活动、财务关系起到直接作用；而隐性财务制度是显性财务制度的补充，对在财务活动中增进共识、减少财务关系形成的摩擦具有辅助作用。此外，财务制度安排还需要财务治理来保证制度规范的顺利实施。财务治理通过合理配置财权，明确各财务制度主体的权限、职能，保证财务制度的有效运行。只有完善显性财务制度、隐性财务制度、财务治理三个方面，才能构建出完善的财务制度安排。显性财务制度、隐性财务制度、财务治理三者之间的关系见图3-2。

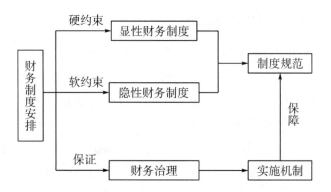

图 3-2　显性财务制度、隐性财务制度、财务治理三者之间的关系

综上，虚拟企业财务制度安排是一个复杂的体系，在财务实践中占有举足轻重的作用。其中，显性财务制度和隐性财务制度是整个制度安排体系的主要内容，财务治理是前两者的实施保证，这种设计呈现出"横"向的制度安排。同时，虚拟企业依据生命周期理论，构建了面向全生命周期的"纵"向显性财务制度，从而勾勒出虚拟企业"立体式"的财务制度安排框架。

4 虚拟企业显性财务制度安排

虚拟企业显性财务制度在虚拟企业整个制度框架中居于核心地位，它的制定是财务管理的一项基本工作。显性财务制度涵盖了虚拟企业涉及的各种财务行为，是结合虚拟企业自身特点制定的财务标准，对其具有较强的财务约束力。其制定质量直接影响到财务功能的发挥，其执行效果也直接影响到虚拟企业运行的成败。虚拟企业的生命特征更为明显，对虚拟企业显性财务制度从酝酿到解体的整个过程进行分析，可以掌握每个阶段的管理重点，实行有的放矢。这是虚拟企业显性财务制度安排区别于传统企业显性财务制度安排最显著的特征，也是虚拟企业财务制度安排的重点。为此，本章对虚拟企业不同生命周期的显性财务制度的具体内容进行探讨。

4.1 虚拟企业显性财务制度安排遵循的原则

显性财务制度是一个系统，安排这一制度则是一项复杂、细致的系统工程，必须要有明确的原则作为指导。虚拟企业显性财务制度安排必须遵循以下原则。

4.1.1 针对性原则

针对性原则要求显性财务制度必须符合虚拟企业管理工作的需要。首先，虚拟企业的特点和管理要求是显性财务制度安排的前提和基础。显性财务制度安排要充分考虑虚拟企业的实际情况，使自身具有较强的可操作性。在制定显性财务制度时，切忌盲目照搬。由于虚拟企业在产业类型、组织模式、规模和管理要求等方面均存在差异，各虚拟企业的显性财务制度不能通用，否则财务制度就会变得适应性弱、指导性差。其次，财务是一项复杂的管理工作。一方面，财务活动贯穿于虚拟企业运作的全过程，财务管理的各项内容和职能是有机联系、共同制约和共同影响的，系统性很强；另一方面，财务活动又受到生命周期的客观制约，在每个阶段财务管理的重点不同。因此，显性财务制度应注重财务管理的系统性和规律性。最后，宏观财务法规政策是虚拟企业必须遵守的规范，也是制定显性财务制度的制约因素。因此，虚拟企业显性财务制度安排要置身于市场经济的大环境之中，考虑虚拟企业的财务活动、财务关系，它是宏观管理调控下的微观管理。

4.1.2　成本收益原则

显性财务制度安排是为了规范财务活动、协调财务关系，保证财务目标的实现。在显性财务制度安排时，要在目前经济发展水平和经济政策下，综合考虑其制定和运行的成本与效益，选择效益最大的方案。虚拟企业内部可以通过网络进行连接，所以，为了提高运行效率，可以运用现代科学技术、方法，降低运行成本，取得更大的收益。

4.1.3　目标一致性原则

显性财务制度是虚拟企业制定财务目标、控制财务行为的一种管理工具。虚拟企业各成员企业拥有共同的目标才组合在一起，构成企业集合体。成员企业之间通过签订协议等方式，相互合作，但也都有各自的目标。所以，目标一致性，就是在虚拟企业显性财务制度安排中实现各成员企业目标的协调，这样才能实现虚拟企业的稳定运行。

4.1.4　权责利相结合原则

权责利相结合原则就是虚拟企业在组织财务活动、处理财务关系时贯彻以责任为中心、以权利为保证、以利益为手段的原则，建立虚拟企业内部的财务管理责任制。这一原则是处理虚拟企业内部各成员企业之间权、责、利关系的准则，是财务有效运行的保证。显性财务制度就是按照资本运动的过程，将有关财务指标分解到各成员企业，明确规定各自的权责利。需注意的是，应考虑虚拟企业的不同组织模式，分情况进行处理，明确各部门、各成员企业的职责，并赋予相应的财权。

4.1.5　灵活性原则

制度要具有规范性、稳定性。但在强制性规范的框架下保留适当的灵活性是十分必要的。一般来讲，制度的规定应当是明确的、刚性的，执行的结果应当是唯一的。但是，人是有限理性的，不能预见所有的管理活动。对虚拟企业而言，运行过程中出现的不可控因素更多，所以，不可能事先制定出完善的显性财务制度。在实践中，通常强调原则性与灵活性相统一，就是为了克服制度僵化的弊病。因此，进行财务制度安排时，应当适当预留制度规范的空间，以增强制度的灵活性。

4.2　虚拟企业酝酿期的财务制度安排

酝酿期是虚拟企业构建的初始阶段。这一阶段的管理工作是未来虚拟企业运行的基础，决定着虚拟企业运行的目标、模式和基本框架。核心企业是最先识别出市场机遇的企业，它是组建虚拟企业的发起者。所以，在虚拟企业酝酿期，显性财务制度的制定者应是核心企业，涉及的主要财务活动主要有识别和评估市场机遇、预计未来的期望收益等。

4.2.1　市场机遇价值评估制度

市场机遇是顾客对新产品及服务的需求或原有产品的更新换代，机遇具有时效性、不确定性、收益性和风险性等特征。虚拟企业是一种为捕捉市场机遇而组建的临时性组织，因此，核心企业在组建虚拟企业之前的首要任务就是识别市场机遇。换句话说，虚拟企业的组建就是核心企业识别并响应市场机遇的结果。核心企业发现市场潜在的投资机会，但不是所有的机遇都能够成为组建虚拟企业的动因。核心企业需要对挖掘到的市场机遇进行分析判断，明确机遇实现的原因、目的、方式，以及实现的可能性、风险性。只有将市场机遇的基本内容描述清楚，进行科学的评估，才能进一步识别出作为虚拟企业构建动因的市场机遇。与此相应，虚拟企业需要市场机遇价值评估制度作为核心企业组建虚拟企业的前期财务行为规范。

市场机遇价值评估制度的主要内容是选择恰当的评估方法。传统的价值评估方法主要是现金流折现法（Discount Cash Flow，DCF）。DCF法估价的思路是估计企业未来的预期现金流，然后用企业融资的资本成本（WACC）折现得到企业的内在价值。但目前的研究成果表明，DCF法未能考虑不确定性因素的影响，往往会低估项目的投资价值。近年来，实物期权理论的发展和完善摒弃了DCF法的不足，为评估、发现企业价值提供了一种更为合理的方法。实物期权是相对金融期权而言，其标的不是股票、债券、期货等金融资产，它是处理具有不确定性投资结果的非金融资产的一种投资决策工具。在做出战略投资决策时，实物期权估值方法是一种很好的方法。它不仅考虑到管理的灵活性，还可以用于研究复杂的、具有不确定性的管理系统，并将系统简化。在市场机遇价值评估中应用实物期权时，一般要考虑以下因素：

1. 确定市场机遇所包含的实物期权

从目前的研究成果来看，许多研究领域都运用了实物期权的概念，其基本类型主要有5种（见表4-1）。

表4-1　　　　　　　　实物期权基本类型汇总表

类别	特征描述	相关研究
递延期权 （Wait to Invest Options）	在市场投资不明确的情况下，可以暂缓投资，在延迟过程中，获得市场价格等信息，以改进项目各期现金流的评价结果，并做出是否投资的决定	Tourinbo（1979） Tinman（1985） MeDonald and Siegel（1986） Ingersoll and Ross（1992）
成长期权 （Growth Options）	许多项目的价值不是由直接获得现金流决定的，而是由未来的获利的可能性决定的。期权价值是由事后的灵活性实现的，即赢利潜力随着后续的投资得以实现	Myers（1977） Kester（1984，1993） Trigeorgis（1988） Pindyek（1998） Smit（1996）
放弃期权 （Abandonment Options）	如果市场情况严重恶化，可以提前结束项目，以获得项目的清算价值	Myers（1990） Kemna（1998）

表4-1(续)

类别	特征描述	相关研究
柔性期权 (Flexibility Options)	柔性期权包含项目所需投入要素的转换或项目产出的转化。在企业运营过程中，它能根据市场上生产原料的变化和市场需求的变化，改变生产所需要的生产资料，或者改变生产的产品，以获得对市场反应的灵活性	McDonald and Siegel（1985） Trigeorgis and Mason（1987） Pindyck（1998） Kemna（1988）
学习期权 (Learning Options)	学习期权使得企业的财务资源能随着市场环境的变化而有效利用。期权的价值来源于对新的市场信息做出的灵活措施，如等待、继续投资、放弃项目等	Black and Scholes（1973） Mason and Merton（1985） Trigeorgis（1988） Sahlam（1988） Willner（1995）

资料来源：SMIT H T J，TRIGEORGIS L. 战略投资学：实物期权和博弈论［M］. 北京：高等教育出版社，2006：12. 略有删改。

实物期权估价方法开辟了市场机遇的价值评估的新思路。从市场机遇的本质来看，市场机遇一般经历研发阶段和市场化阶段。在研发阶段，发掘市场机遇的技术有很大的不确定性，这种不确定性随着研究的逐步深入而不断减少。因此，市场机遇在研发阶段具有一个学习期权。市场机遇从研发阶段到产品推广阶段，存有很多风险因素，如技术风险、市场风险、财务风险、组织风险等。正因为市场机遇面临的风险较多，在市场容量和技术水平不清晰的情况下，核心企业没有必要马上启动该项目，可以等待时机成熟后再进行投资，此时，市场机遇就包含一个递延期权。如果市场环境极不乐观，核心企业就有必要放弃此市场机遇，这就类似放弃期权。此外，如果核心企业获得经济可行的市场机遇，这不仅可以为企业带来暂时的经济效益，而且还为企业今后进行投资创新创造了机会，这个投资机遇就包括一个成长期权。因此，要根据行业特性、市场发展状况、技术水平等因素确定市场机遇所包含的实物期权。

2. 选择估值方法

估值方法的选择是市场机遇价值评估的关键。从研究文献来看，实物期权的计算主要采用 PDE 方法（Partial Differential Equation，即求解偏微分方程）、动态规划方法（Dynamic Programming Approach）、模拟方法三种方法。在每种解决方法中，都有许多可供选择的计算技术来求解，其中最为常用的是 Black-Scholes 方程和二项树（Binomial Tree Model）期权定价模型。

（1）Black-Scholes 方程。

一个基于成长期权的市场价值是由两部分组成的：一是在不考虑实物期权存在的情况下市场机遇固有的价值，可由 DCF 法估价求得；二是由期权特性产生的相应的期权价值。所以，一个市场机遇的价值为：

$$VALUE = DCF + C \tag{4-1}$$

其中，$VALUE$ 表示市场机遇的全部价值；DCF 表示市场机遇的内在价值；C 表示市场机遇的实物期权价值。

假设市场机遇需要初始投资 I_1，预计在市场机遇生命周期 T 时间内每年的净现金流量为 $A(t)$。t_0 年后追加投资 I_2，追加投资在 t_0+1-T 期内每年的净现金流量为 $B(t)$。假设市场波动率为 i，利率为 r，无风险利率为 f。可以看出，这个市场机遇是两阶段的投资。在第一阶段初期，投资产生的项目价值为：

$$DCF = \sum_{t=1}^{T} A(t)(1 + r)^{-t} - I_1 \tag{4-2}$$

而第二阶段的投资具有期权特征，该投资隐含着期权价值 C。成长期权的真实值 C 由 Black-Scholes 期权定价模型计算得来。Black-Scholes 模型是布莱克和舒尔斯在假定存在无摩擦市场，股票价格变动为静态随机变动（价格在一个稳定的边界内持续变动）以及利率和收益率方差为非随机数[1]的情况下推导出来的。其模型公式为：

$$C = SN(d_1) - Ee^{-Rt_0}N(d_2) \tag{4-3}$$

式中，$d_1 = \dfrac{\ln(S/E) + (f + i^2/2)\, t_0}{i\sqrt{t_0}}$；$d_2 = d_1 - i\sqrt{t_0}$；

$S = \displaystyle\sum_{t=t_0+1}^{T} \dfrac{B(t)}{(1 + r)^{t}}$；$E = [I_1 + I_2(1 + r)^{-t_0}]$

$N(d_1)$ 和 $N(d_2)$ 分别为 d_1 和 d_2 的累积正态分布函数值；S 为追加投资后净现金流量的折现值；E 为成长期权的执行价格，即投资的折现值。将式（4-2）、式（4-3）代入式（4-1）可以得到具有成长性的市场机遇的全部价值。

---

[1]　麦金森. 公司财务理论 [M]. 大连：东北财经大学出版社，2002：238.

（2）二项树模型。

二项树模型是在每一期将出现的两种可能性的假设下构筑现金流量或某种价格波动的模型[1]。市场机遇价值受外部环境影响较大，随着时间的推移与环境的变化，市场机遇价值具有不确定性。它可能上涨，也可能会下跌。因此，可以采用二项树模型对市场机遇价值进行评估。

假设核心企业评估一个市场机遇价值，预计此市场机遇的有效期限为 T_k 年，估计现时投资额为 I，无风险利率为 f。由于环境的不确定性导致市场机遇价值的不断波动，假定现时市场机遇的价值为 V_0。那么，T_1 年后市场机遇价值可能有两种可能性：一种是以概率 P[2] 上升到 V_u，另一种是以概率 $1-P$ 下降到 V_d。V_0 上升至 V_u 或者下降到 V_d 的幅度为 δ_1，$u_1 = 1 + \delta_1$，$d_1 = 1 - \delta_1$，则 $V_u = u_1 V_0$，$V_d = d_1 V_0$。T_2 年后此市场机遇可能由 V_u 以概率 P 上升到 V_{uu}，以概率 $1-P$ 下降到 V_{ud}。V_u 上涨到 V_{uu} 或下降到 V_{ud} 的幅度为 δ_2，$u_2 = 1 + \delta_2$，$d_2 = 1 - \delta_2$，则 $V_{uu} = u_2 V_u$，$V_{ud} = d_2 V_u$。同时，V_d 以概率 P 上升到 V_{du}，以概率 $1-P$ 下降到 V_{dd}，上升或下降的幅度为 δ_n。以此类推，形成了市场机遇价值变动图（见图 4-1）。

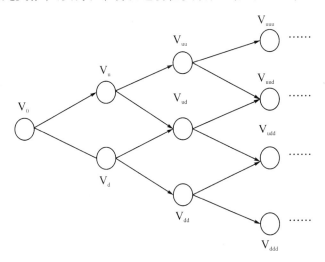

图 4-1　市场机遇价值变动图

资料来源：叶飞，孙东川. 面向全生命周期的虚拟企业组建与运作［M］. 北京：机械工业出版社，2005：37. 略有删改。

---

① 张志强. 期权理论与公司理财［M］. 北京：华夏出版社，2000：121.

② 价值变动率 P 作为获得无风险回报率的各种结果的权重，被称为风险中性概率（Risk-neutral Probability）.

在二项树模型中回报率的方差和观察的正态分布的方差相等，即

$$Pu_i^2 + (1 - P) d_i^2 - [Pu_i + (1 - P) d_i]^2 = \delta_i^2 \qquad (4-4)$$

假设市场机遇的价值上下变动是对称的，可以求得：

$$u = e^{\delta_i}, \ d = 1/u, \ P = (e^f - d) / (u - d) \qquad (4-5)$$

记 $F_{i,j}$ 表示 T_i 时刻二项树图中第 j 个节点 (i, j) 的期权价值。通过推导得出：

$$F_{i,j} = e^{-f} [PF_{i+1, j+1} + (1 - P) F_{i+1, j}] \qquad (4-6)$$

（3）两种方法的选择。

核心企业只有掌握两种方法的差别，才能在市场机遇价值评估中，根据具体情况和两种方法的差异选择出恰当的评估方法。Black-Scholes 定价模型和二项树期权定价模型的区别主要表现在以下方面：

第一，假设条件的差异。Black-Scholes 定价模型比二项树期权定价模型需要更多的假设条件。如 Black-Scholes 定价模型假设条件中包括了期权是欧式看涨期权、市场连续运作等，这些假设在二项树期权定价模型中不是必须存在的。此外，两者最关键的区别是 Black-Scholes 定价模型一般是看涨期权，而二项树定价模型中价值的变动不确定，可以上升、可以下降。

第二，随机变量的状态不同。在市场机遇价值评估中，市场机遇的价值是一个随机变量。Black-Scholes 定价模型认为在任何非常短的时期，无风险投资组合的收益必须是无风险利率，市场机遇价值是一个连续型随机变量，它的运动是连续的过程，不允许价值发生跳跃性的变化。而二项树定价模型中，市场机遇价值是离散型的随机变量。随着价值变动时间间隔的缩短，有限分布可能变为以下两种形式之一：如果时间间隔趋于 0，价值变动幅度逐步缩小，则有限分布成为正态分布，且运动是一个连续过程；如果随着时间间隔趋于 0，价值变动幅度仍然比较大，则有限分布成为泊松分布，并允许价值发生跳跃性变化。

第三，模型实际性能的不同。二项树定价模型具有较强的灵活性，它为期权价值的决定提供了一种直观的方法，并且模型推导比较简单，简化了期权定价的计算。但是，其缺点是在定价时需要大量的数据，即每一个节点上市场机遇价值的预测数据；同时，它计算繁杂，优雅度比 Black-Scholes 模型略逊一筹。Black-Scholes 定价模型可以看作二项树定价模型的一个特例，一个直接计算欧式看涨期权的定价模型，因此，其

应用范围小于二项树定价模型，适应性较差。同时，Black-Scholes 模型极大减少了定价所需要的信息量。

3. 评价估值结果

市场机遇价值评估值是核心企业实现市场机遇（即组建虚拟企业）或放弃市场机遇的依据。核心企业根据实际情况选择出恰当的估值方法后，计算出市场机遇的全部价值，将其与不捕捉市场机遇时的核心企业的价值进行比较。如果前者高于后者，则选择捕捉市场机遇；反之，则选择放弃。

4.2.2 预计期望收益衡量制度

衡量预计期望收益是组建虚拟企业之前，核心企业在捕捉市场机遇后预估核心企业、虚拟企业收益的方法。预测收益值不仅可以是核心企业选择组织模式的参考依据，而且可以作为今后业绩评价的收益基期值，为改善虚拟企业经营管理提供依据。所以，预计期望收益衡量制度中需要说明不同组织模式下的预期收益。

市场上会出现多个核心企业同时发现市场机遇的情况，也就是市场上可能会同时出现多个核心企业。各核心企业通过市场机遇价值评估，认为可以捕捉市场机遇，这时就需要选择虚拟企业的组建方式。而核心企业可以选择单独组建虚拟企业，也可以选择与其他企业共同组建虚拟企业。显然，面对同一个市场机遇，核心企业将面临选择是否与其他核心企业合作的博弈过程。不同的组建方式，虚拟企业的预期收益不同。可以通过收益的比较，选择出收益最大化的组建方式。

假设核心企业 A 和核心企业 B 为处于同一行业、生产同质产品的企业。它们同时发现同一市场机遇。由于自身资源不足，它们都不能单独实现市场机遇，因此需要通过组建虚拟企业快速实现市场机遇。

1. 单独组建虚拟企业

假定核心企业 A 和核心企业 B 选择单独组建虚拟企业来实现市场机遇。核心企业 A 与其他合作伙伴共同组建虚拟企业 VE（A），虚拟企业 VE（A）的单位产品成本为 $c(A) = c - x - \theta y$，其中 x 为虚拟企业通过研发活动降低的成本；y 为虚拟企业 VE（B）通过研发降低的成本；$\theta \in [0, 1]$，为企业之间研发溢出系数。虚拟企业 VE（A）从事研发活动的成本为 $C(A) = 0.5\beta x^2$，其中 $\beta > 0.5$。核心企业 A 在虚拟企业 VE（A）

中的收益分配系数为 $k(A)$，$k(A) \in (0.5, 1)$。同理，核心企业 B 与其他合作伙伴共同组建虚拟企业 VE（B），虚拟企业 VE（B）的单位产品成本为 $c(B) = c - y - \theta x$，其中 y 为虚拟企业 VE（B）通过研发活动降低的成本；x 为虚拟企业 VE（A）通过研发降低的成本；$\theta \in [0, 1]$，为企业之间研发溢出系数。虚拟企业 VE（B）从事研发活动的成本为 $C(B) = 0.5\beta y^2$，其中 $\beta > 0.5$。核心企业 B 在虚拟企业 VE（B）中的收益分配系数为 $k(B)$，$k(B) \in (0.5, 1)$。虚拟企业 VE（A）生产量为 $X(A)$，虚拟企业 VE（B）生产量为 $X(B)$。由于 VE（A）和 VE（B）在同一市场上生产同质产品，设反需求函数为 $P = a - X(A) - X(B)$。

可以看出，市场中只有 VE（A）和 VE（B）两个企业，并且两企业同时行动、生产同质的产品，市场需求和企业成本函数是共知的。VE（A）和 VE（B）之间的竞争，是一个完全信息下的静态产量竞争博弈，我们可以使用古诺模型。

虚拟企业 VE（A）决策模型为：

$$\max \pi(A) = [a - X(A) - X(B)] X(A) - X(A)(c - x - \theta y) \quad (4\text{-}7)$$

式（4-7）的一阶条件为：

$$X(A) = \frac{1}{2}[a - X(B) - (c - x - \theta y)] \quad (4\text{-}8)$$

同理，虚拟企业 VE（B）决策模型为：

$$\max \pi(B) = [a - X(A) - X(B)] X(B) - X(B)(c - y - \theta x) \quad (4\text{-}9)$$

式（4-9）的一阶条件为：

$$X(B) = \frac{1}{2}[a - X(A) - (c - y - \theta x)] \quad (4\text{-}10)$$

由式（4-8）和式（4-10）可得出：

$$\begin{cases} X(A) = \dfrac{1}{3}[a - 2(c - x - \theta y) + (c - y - \theta x)] \\ X(B) = \dfrac{1}{3}[a - 2(c - y - \theta x) + (c - x - \theta y)] \end{cases} \quad (4\text{-}11)$$

将式（4-11）代入式（4-7）和式（4-9）可以得出虚拟企业 VE（A）和 VE（B）的产量竞争后的利润。

$$\begin{cases} \pi_1{}^*(A) = \dfrac{1}{9}\left[a - 2(c - x - \theta y) + (c - y - \theta x)\right]^2 \\ \pi_1{}^*(B) = \dfrac{1}{9}\left[a - 2(c - y - \theta x) + (c - x - \theta y)\right]^2 \end{cases} \quad (4-12)$$

那么，虚拟企业 VE（A）发现市场机遇时的研发投资决策模型为：

$$\max\pi^*(A) = \frac{1}{9}\left[a - 2(c - x - \theta y) + (c - y - \theta x)\right]^2 - 0.5\beta x^2$$

$$(4-13)$$

式（4-13）一阶条件为：

$$x = \frac{2(2 - \theta)\left[(a - c) + (2\theta - 1)y\right]}{9\beta - 2(2 - \theta)^2} \quad (4-14)$$

虚拟企业 VE（B）发现市场机遇时的研发投资决策模型为：

$$\max\pi^*(B) = \frac{1}{9}\left[a - 2(c - y - \theta x) + (c - x - \theta y)\right]^2 - 0.5\beta y^2$$

$$(4-15)$$

式（4-15）一阶条件为：

$$y = \frac{2(2 - \theta)\left[(a - c) + (2\theta - 1)x\right]}{9\beta - 2(2 - \theta)^2} \quad (4-16)$$

由式（4-14）和式（4-16）可得出：

$$x^* = y^* = \frac{2(2 - \theta)(a - c)}{9\beta - 2(2 - \theta)(1 + \theta)} \quad (4-17)$$

将式（4-17）代入式（4-13）式（4-15）可以得出虚拟企业 VE（A）和 VE（B）的净利润。

$$\pi^*(A) = \pi^*(B) = \frac{\left[9\beta^2 - 2\beta(2 - \theta)^2\right](a - c)^2}{\left[9\beta - 2(2 - \theta)(1 + \theta)\right]^2} \quad (4-18)$$

核心企业 A 与核心企业 B 分别从虚拟企业 VE（A）和 VE（B）中获得的净利润分别为：

$$\begin{cases} \Pi^*(A) = k(A)\dfrac{\left[9\beta^2 - 2\beta(2 - \theta)^2\right](a - c)^2}{\left[9\beta - 2(2 - \theta)(1 + \theta)\right]^2} \\ \Pi^*(B) = k(B)\dfrac{\left[9\beta^2 - 2\beta(2 - \theta)^2\right](a - c)^2}{\left[9\beta - 2(2 - \theta)(1 + \theta)\right]^2} \end{cases} \quad (4-19)$$

2. 共同组建虚拟企业

核心企业 A 与核心企业 B 共同组建虚拟企业 VE（C），VE（C）的

产量为 $X(C)$，单位成本为 $c(C) = c - x$。其中 x 为 VE（C）通过研发活动降低的成本，投资研发成本为 $C(C) = 0.5\beta x^2$。市场反需求函数为 $P = a - X(C)$。假设核心企业 A 与核心企业 B 在虚拟企业 VE（C）中处于同等地位，那么，A 与 B 从虚拟企业 VE（C）中获得的收益分配系数相等，即 $k(A) = k(B) = 0.5$。那么，虚拟企业 VE（C）利润最大化时产量决策模型为：

$$\max \pi(C) = [a - X(C)] X(C) - X(C)(c - x) \quad (4-20)$$

式（4-20）一阶条件为：

$$X^*(C) = \frac{a - c + x}{2} \quad (4-21)$$

将式（4-21）代入式（4-20）可以求出 VE（C）的最大化利润：

$$\pi^*(C) = \frac{(a - c + x)^2}{4} \quad (4-22)$$

所以，VE（C）的研发决策模型为：

$$\max \pi(C) = \frac{(a - c + x)^2}{4} - 0.5\beta x^2 \quad (4-23)$$

式（4-23）的一阶条件为：

$$x^* = \frac{a - c}{2\beta - 1} \quad (4-24)$$

将式（4-24）代入式（4-23）可以得到虚拟企业 VE（C）的净利润：

$$\pi^*(C) = \frac{(2\beta^2 - \beta)(a - c)^2}{2(2\beta - 1)^2} \quad (4-25)$$

那么，核心企业 A 与核心企业 B 分别从虚拟企业 VE（C）中获得的净利润为：

$$\Pi^{**}(A) = \Pi^{**}(B) = \frac{(2\beta^2 - \beta)(a - c)^2}{4(2\beta - 1)^2} \quad (4-26)$$

3. 比较与选择

通过构建模型，式（4-19）和式（4-26）分别表示核心企业 A 与核心企业 B 通过单独组建和共同组建虚拟企业得到的净利润。核心企业以利润最大化为原则，它必定会选取利润最大的方式组建虚拟企业。

第一，当 $\theta = 0$ 时，核心企业 A 和 B 由单独组建虚拟企业获得的净利润为：

$$\begin{cases} \Pi^*(A) = k(A)\dfrac{(9\beta^2 - 8\beta)(a-c)^2}{(9\beta-4)^2} \\ \Pi^*(B) = k(B)\dfrac{(9\beta^2 - 8\beta)(a-c)^2}{(9\beta-4)^2} \end{cases} \qquad (4-27)$$

通过比较可以得出：

$$\Pi^*(A) = k(A)\frac{(9\beta^2 - 8\beta)(a-c)^2}{(9\beta-4)^2} < k(A)\frac{\beta(a-c)^2}{9\beta-4} < \frac{\beta(a-c)^2}{8\beta-4} =$$

$$\frac{(2\beta^2 - \beta)(a-c)^2}{4(2\beta-1)^2} = \Pi^{**}(A)$$

同理可以得出：$\Pi^*(B) < \Pi^{**}(B)$。

所以，如果企业之间不存在研发溢出效应，即 $\theta = 0$ 时，那么当两个核心企业同时面临同一个市场机遇时，共同组建虚拟企业比单独组建虚拟企业的预期收益更优。这时，可以选择平行模式或联邦模式来组建虚拟企业。

第二，当 $\theta = 1$ 时，核心企业 A 和 B 由单独组建虚拟企业获得的净利润为：

$$\begin{cases} \Pi^*(A) = k(A)\dfrac{(9\beta^2 - 2\beta)(a-c)^2}{(9\beta-4)^2} \\ \Pi^*(B) = k(B)\dfrac{(9\beta^2 - 2\beta)(a-c)^2}{(9\beta-4)^2} \end{cases} \qquad (4-28)$$

通过比较可以得出：

$$\Pi^*(A) = k(A)\frac{(9\beta^2 - 2\beta)(a-c)^2}{(9\beta-4)^2} > \frac{(9\beta^2 - 2\beta)(a-c)^2}{2(9\beta-4)^2} >$$

$$\frac{(2\beta^2 - \beta)(a-c)^2}{4(2\beta-1)^2} = \Pi^{**}(A)$$

同理可以得出：$\Pi^*(B) < \Pi^{**}(B)$。

所以，如果企业之间存在研发溢出效应，即 $\theta = 1$ 时，那么当两个核心企业同时面临同一个市场机遇时，单独组建虚拟企业比共同组建虚拟企业更优。这时，可以选择星型模式组建虚拟企业。

第三，当 $0 < \theta < 1$ 时，即企业之间存在一定的研发溢出效应。当研发溢出效应较明显时，单独组建虚拟企业比共同组建虚拟企业的决策更

优；当研发溢出效应较弱时，共同组建虚拟企业比单独组建虚拟企业的决策更优。

此外，式（4-18）和式（4-25）是虚拟企业组建后的净利润，可以作为今后虚拟企业绩效考评的参考数值，进而为企业经营管理提供决策依据。

需要说明的是，上文中仅假设核心企业 A、B 是横向关系，即两者属于同一行业并生产同质产品的企业的情况，通过构建两个核心企业的静态博弈模型，得出核心企业面对可行市场机遇时选择组建虚拟企业的模式，并相应得出收益的预测值。但现实中，可能遇到核心企业之间是上下游企业之间的纵向关系、存在两个以上核心企业、仅有一个核心企业等多种情况，那么，可以扩展模型或建立类似模型，同样运用博弈分析方法得出虚拟企业的最佳组建方式，并预计收益。

4.3　虚拟企业组建期的财务制度安排

如果核心企业决定通过组建虚拟企业来实现市场机遇，并为虚拟企业制定了目标、选择了适用的运行模式，就可以开始组建虚拟企业。此时，虚拟企业就进入了组建期。组建期主要是选择合作伙伴、构建虚拟企业的信息网络、优化重组各成员企业的资源等准备工作。此阶段，财务制度安排的主要内容有筹资制度、投资制度等。

4.3.1　筹资制度

资金是从事生产经营的基本条件，是企业再生产活动的第一推动力。资金筹集是资金运动的起点。没有资金，企业就不能获得各种生产要素。虚拟企业只有建立完善的筹资制度，才能为顺利开展投资、收益分配等财务活动奠定基础。筹资制度是规范企业选择筹资时机、数量、来源、方式及其结构等财务活动的重要手段和筹资任务完成的重要保证[①]。虚拟企业筹资制度为虚拟企业的基本运行提供资金保障。它除了具备传统企

---

① 冯建，伍中信，徐加爱. 企业内部财务制度设计与选择［M］. 北京：中国商业出版社，1998：39.

业的筹资内容外，还需要突显自身筹资的特点。第一，及时性。市场机遇稍纵即逝，如果虚拟企业筹资时机怠慢、筹资数量不到位，极有可能会影响虚拟企业的有效运作。第二，协调性。虚拟企业中包含了若干个企业，如果其中一方筹资不利，则会影响虚拟企业的整体运作。这就需要各成员企业相互配合，通过各种方法如相互拆借资金等手段，实现虚拟企业的筹资目标。基于此可以认为，虚拟企业的筹资制度是虚拟企业对资金筹集的行为准则和策略规定，主要包括确定筹资目标、选择筹资方式等方面。

1. 筹资目标

虚拟企业筹资目标主要包括三点。第一，满足投资需要目标。筹资制度是投资制度的前提，各成员企业的筹资规模、时机、组合必须依据和适应投资的整体需要。第二，筹资低风险、低成本目标。筹资成本必须是企业有能力承受的，低成本是虚拟企业选择和确定筹资方式的基本标准；同时，虚拟企业要注意各种资金的均衡配比关系，在筹资环节就把虚拟企业的风险降到最小。第三，筹资协调目标。虚拟企业中各成员企业都会根据各自情况进行筹资安排，但有时可能"力不从心"。这就需要虚拟企业以整体利益最大化为原则，对内部进行筹资协调，如核心企业为成员企业提供担保等。只有虚拟企业内部相互协调，才能实现筹资的高效率，提高整体的综合效益和竞争能力。

2. 筹资方式的选择

虚拟企业的筹资方式取决于其整合企业外部资源与内部资源的能力。传统企业融资政策中区分企业内外资源的界限十分清楚，这是由传统企业所面临的资源约束条件决定的。相对而言，虚拟企业以网络为整合资源的基本平台，这使虚拟企业融资方式发生了显著性变化，使企业通过市场与企业内部整合资源的界限开始模糊，由此引起融资方式的变化。

总体来说，虚拟企业的筹资方式主要有内部筹资和外部筹资两种方式。内部筹资来源于虚拟企业中各成员企业的内部融资、个人投资等。外部融资来源于社会集资，主要有发行短期债券、外资注入、接受捐赠、为各成员企业提供担保获得银行贷款等方式。但是，在实际中，一般要求筹资者具有法人资格，这样不会因松散的项目组的解散而使款项没有着落，也会降低贷款者的风险。但由于虚拟企业一般不具有法人资格，进行社会集资的难度较大，所以，虚拟企业常常依托于成员企业进行资本筹措或者以成员企业之间的相互信用融资、相互拆借、相互投资等多种方式来调节资金余缺。以星型模式为例，筹资制度的实施主体是虚拟企业的财务制度安排主体，即盟主企业，其先根据预期收益预测出各环节所需要的资金量，再将相关信息反馈给各成员企业。各企业根据资料，测算出资金需求量，并将资金可供量与其进行比较，进而制定该企业的筹资计划。若盟主企业资金缺口较大，可凭借盟主企业的法人资格，通过发行债券等方式获得资金；若成员企业资金量不足，盟主企业可以通过拆借资金、提供担保等方式给予成员企业资金上的协助。这样既解决了资金来源问题，又充分发挥了资金协同效应。

4.3.2　投资制度

投资涉及财产的积累以求在未来得到收益。从字面意思来看，投资就是"将物品放入其他地方的行动"。从财务学角度来看，投资是相对于投机而言的，投资更趋向于为了在未来一定时间段内获得某种比较持续稳定的现金流收益，是未来收益的积累。投资是虚拟企业捕捉投资机遇的实际行动，也是虚拟企业财务管理的重要组成部分。

虚拟企业的投资行为是按照财务计划的规定进行的。一般是财务制度安排的主体，如盟主企业、财务委员会或 ASC，首先编制产品或项目的资本预算，通过各成员企业审议形成财务实施计划。财务计划明确写明投资规模、投资类型、投资风险等。各成员企业按照财务计划的具体情况，相应地制定本企业的投资制度。虚拟企业为保证财务计划的顺利执行，应制定以下制度：

1. 投资风险管理制度

一般虚拟企业主要投资于高风险、高收益的项目，面临的投资风险较大。为了尽可能避免和减少投资可能带来的损失，虚拟企业应该认真研究投资风险形成的原因、可能的后果，并采取风险回避、风险损失控制等各种办法实施风险控制，尽可能达到最优投资组合。

2. 监督财务计划执行制度

财务计划是投资行为的"参照系"，它的执行效果直接影响到投资行为的成败，所以，要监督财务计划的执行情况。可以在虚拟企业财务委员会或协调委员中推举 1~2 人作为财务监事，行使资本运作的监督和控制职权。财务监事若发现投资环境发生变化，应及时反馈给财务制度安排的主体，并调整财务实施计划。

3. 信息基础设施投资制度

信息和知识是虚拟企业力量的源泉，但信息与知识集成需要必备的硬件平台——良好的信息基础设施。信息基础设施的建设和维护是一项耗资较大的工程，它是虚拟企业投资的重要构成，虚拟企业要格外关注信息基础设施的情况，所以建立信息基础设施制度十分必要。

虚拟企业需要各成员企业具备良好的信息基础设施，但由于双方的信息不对称，虚拟企业主体很难掌握各成员企业信息基础设施的真实状况。受短期利益驱动，一些信息基础设施欠佳的成员企业，可能会夸大自身信息基础设施的情况，即有逆向选择的动机，这给虚拟企业加大了运行难度。因此，核心企业只有了解合作伙伴的信息基础设施的真实情况，才能做出正确决策。对核心企业而言，为了提高虚拟企业的运作效率，有必要对合作伙伴的信息基础设施进行实地监督，以防止欺骗行为发生。但是，核心企业的实地检查会增加成本。这就会存在核心企业是否检查成员企业、合作伙伴是否进行基础设施投资之间的博弈。

合作伙伴只有投资基础设施，才能达到虚拟企业的最佳运作平台条件，实现高收益。下文通过建立模型，推导出合作伙伴投资、检查费用最小的均衡状态，以便为制定信息基础设施投资制度提供建议。合作伙伴的纯策略选择是"投资"与"不投资"，核心企业的纯策略选择是"检查"与"不检查"。表 4-2 为投资信息基础设施建设的博弈收益矩阵。

表 4-2 　　　　投资信息基础设施建设的博弈收益矩阵

核心企业 ＼ 合作伙伴	投资	不投资
检查	$(A_1 - C,\ B_1 - I)$	$(A_2 - C + F,\ B_2 - F)$
不检查	$(A_1,\ B_1 - I)$	$(A_2,\ B_2)$

如果合作伙伴选择"投资"策略、核心企业选择"检查"策略时，核心企业的收益为 $A_1 - C$，合作伙伴的收益为 $B_1 - I$。其中，A_1 是在合作伙伴投资信息基础设施的条件下，核心企业从虚拟企业中获得的期望收益；B_1 是在这种情况下合作伙伴从虚拟企业中获得的期望收益；C 为核心企业检查合作伙伴花费的成本；I 为合作伙伴投资信息基础设施建设的

费用。如果合作伙伴选择"投资"策略、核心企业选择"不检查"策略时，核心企业的收益为 A_1，合作伙伴的收益为 $B_1 - I$。如果合作伙伴选择"不投资"策略、核心企业选择"检查"策略时，核心企业的收益为 $A_2 - C + F$，合作伙伴的收益为 $B_2 - F$。其中，A_2 是在合作伙伴不投资信息基础设施的条件下，核心企业从虚拟企业中获得的期望收益；B_2 是在这种情况下合作伙伴从虚拟企业中获得的期望收益；F 为核心企业发现合作伙伴没有投资信息基础设施建设而对合作伙伴的惩罚。如果合作伙伴选择"不投资"策略、核心企业选择"不检查"策略时，核心企业的收益为 A_2，合作伙伴的收益为 B_2。一般来说，合作伙伴建设信息基础会促使内部信息通畅，有助于相互沟通，提高虚拟企业的效率，故 $A_1 > A_2$，$B_1 > B_2$。

假定合作伙伴投资信息基础设施建设的概率为 r，则不投资的概率为 $(1 - r)$；核心企业检查的概率为 θ，不检查的概率为 $(1 - \theta)$。

核心企业的期望收益为：

$$\pi_c(r,\theta) = \theta[r(A_1 - C) + (1 - r)(A_2 - C + F)] + (1 - \theta)[rA_1 + (1 - r)A_2]$$

$$(4-29)$$

对式（4-29）中的 θ 求偏导，得：

$$r^* = \frac{F - C}{F}$$

$$(4-30)$$

合作伙伴的期望收益为：

$$\pi_p(r,\theta) = r[\theta(B_1 - I) + (1 - \theta)(B_1 - I)] + (1 - r)[\theta(B_2 - F) + (1 - \theta)B_2]$$

$$(4-31)$$

对式（4-31）中的 r 求偏导，得：

$$\theta^* = \frac{B_2 - B_1 + I}{F}$$

$$(4-32)$$

那么，博弈的混合纳什均衡解为：

$$\left(\frac{B_2 - B_1 + I}{F}, \frac{F - C}{F} \right)$$

$$(4-33)$$

对于纳什均衡解的讨论，可得出信息基础建设投资制度的制定方针：

第一，当核心企业制定的惩罚力度 F 越大时，合作伙伴投资的概率 r 也越大，表明惩罚力度对合作伙伴投资行为有强化作用；但核心企业的检查概率 θ 却随着合作伙伴惩罚力度增大而减少，表明核心企业制定的惩罚措施在功能上可以代替检查的作用。

第二，合作伙伴投资于信息基础设施建设的费用 I 越大，核心企业的检查概率 θ 就越大，这说明投资费用越大，核心企业认为合作伙伴的投资概率可能会越小，因此，核心企业为了防止合作伙伴选择"不投资"策略，必须提高检查概率以"强迫"合作伙伴投资。

第三，如果检查费用 C 越大，合作伙伴投资的概率 r 则越小。这说明检查费用越大，合作伙伴认为核心企业选择"检查"策略的概率越小，那么，合作伙伴就没有积极性投资信息基础设施建设。对此，核心企业可以通过提高惩罚力度来弥补检查困难的不足，从而达到强化合作伙伴投资信息基础设施建设的目的。

由此可见，信息基础建设投资制度要求合作伙伴对信息基础设施进行维护、升级；如果合作伙伴的基础设施不能满足数据传输的需要，应制定惩罚规则来威慑合作伙伴投资基础设施。此外，还应明确检查的力度、频率等，这些都有利于虚拟企业投资建设信息基础设施。

4.4 虚拟企业运作期的财务制度安排

虚拟企业组建后就进入了运作期，开始了正常的生产经营活动。此阶段是虚拟企业运行的关键阶段，也是显性财务制度安排的重要环节。运作期的管理内容主要包括伙伴关系管理、任务分配与协调、运行反馈与监控等，具体财务制度安排要以运作期的管理内容为依托。这一阶段的财务制度主要有筹资制度、投资制度、风险管理制度、利益分配制度、成本管理制度、绩效评价制度。其中，筹资制度、投资制度主要是对重复筹资、扩张投资等行为的约束，需要考虑的问题参见前文内容，此处不再赘述。

4.4.1 风险管理制度

风险与收益总是相伴而生的，企业要追求利润，就必然面临风险。风险来自企业及其外部环境的不确定性，而能否经受得住风险的考验，则取决于企业自身的能力。虚拟企业是一个临时的动态联盟，它能快速抓住市场机遇，让合作各方获得收益。但是，虚拟企业的各成员企业在享受共同收益的同时，也要承担比传统企业更大的风险。根据 Lacity 等人的研究，外包形式的虚拟企业中只有 47.8% 获得了完全成功，13% 完全失败，19.6% 处于高风险状态，19.6% 因时间长度问题不能确定，其中高风险和完全失败的比例达到总数的 32.6%[①]。由此可以看出，风险问题及其带来的负面影响不容忽视，它可能导致虚拟企业中途失败，给企业带来不可挽回的损失。

风险存在于虚拟企业生命周期的每个阶段，但在运作期表现得最为突出、最为全面。在酝酿期、组建期、解体期都会面对不同的风险，如市场机遇的选择、筹资等财务行为会产生市场机遇捕捉风险、筹资风险。但严格执行市场机遇价值评估制度和筹资制度都可以在一定程度上规避此类风险。所以，此处主要强调在虚拟企业运行期中所面对的风险[②]。

虚拟企业的风险管理已经超越了传统企业管理的边界，它不是传统企业风险管理的简单延伸，而是通过利用财务价值管理手段，控制不确定因素使虚拟企业平稳运作、最大限度地降低内部交易费用、凝聚各成员企业的核心能力，并在虚拟企业"契约人"利益最大化基础上实现公平利益分享的一种风险管理方式。虚拟企业风险管理制度试图通过一系列风险分析并以此为基础合理地使用多种管理方法、技术和手段，对虚拟企业构建和经营活动涉及的风险实施有效控制，尽量减少风险的不利结果，保证虚拟企业安全可靠地实现经营总目标。一般将风险管理分为风险识别、风险评估、风险控制三个阶段，并且在运行中三者是一个不断循环的过程。风险管理流程图如图 4-2 所示。

1. 风险识别制度

风险识别是将虚拟企业所面临的不确定因素进行判断、归类和性质鉴定的过程。风险识别的主要方法包括感性认识、经验判断和依靠各种客观手段如统计、经营资料、风险记录等进行分析、归纳和整理。风险识别制度要求说明虚拟企业面对的各种风险因素，并判断风险发生的可能性；分析虚拟企业所面临的风险可能造成的损失；鉴定风险的性质；等等。

---

① LACITY M C, WILLCOCKS L R, FEENY F. IT outsouring: maximize flexibility and control [J]. Harvard Business Review, 1996, 5-6.

② 有些财务行为是连贯的，可能会贯穿虚拟企业运行的全过程，不能单独割裂成某一阶段的行为。这样它所对应的风险就不能单单归入某一阶段的风险。但此处，笔者主要分析运行期体现的主要风险。在实际设计制度时，可以根据不同情况进行相应调整。

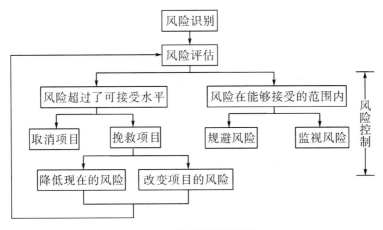

图 4-2 风险管理流程图

资料来源:戴飞挺. 虚拟企业风险管理研究 [D]. 杭州:浙江工业大学,2005:29. 略有删改。

虚拟企业的风险一般分为两大类:一类是同传统企业一样,来自虚拟企业外部的风险,即非系统性风险,包括自然风险、市场风险、政治风险、金融风险等;另一类是来自虚拟企业内部的风险,即系统性风险。本书主要分析虚拟企业特有的风险。

(1)合作风险。虚拟企业的成员主要以契约的形式连接起来,同时这种连接也是建立在成员企业间相互信任的基础上的。由于存在信息不对称,可能出现单方违约、弄虚作假、泄漏核心机密等情况,这都会给虚拟企业带来巨大损失。另外,各成员企业之间由于不同的企业文化和管理模式、不同的技术标准和硬件环境等,会造成合作项目中出现延期、质量缺乏保证、激励不足等问题。

(2)战略风险。在虚拟企业战略制定并执行的过程中,破坏了目标、自身条件和外部环境三者之间的动态平衡状态,就会产生战略风险。战略风险一般来源于两个方面:一是资产专用性水平,由于资产的不可逆转性导致的"套牢"现象普遍存在,这可能导致战略的潜在不可逆转性和系统战略性的丧失;二是虚拟企业战略与成员企业战略的相互冲突,出现成员的发展方向、发展目标及其资源配置不符合虚拟企业要求的现象,可能导致虚拟企业由于缺乏成员企业的战略配合而错失良机。

(3)知识产权风险。由于各成员企业投入的都是企业的核心能力,在协作过程中难免出现技术交流与沟通;同时,虚拟企业具有动态性,

4 虚拟企业显性财务制度安排 | 93

成员企业此时为合作伙伴，彼时可能会成为竞争对手。这些情况都可能造成成员企业专有技术的外泄与核心能力的丧失。

（4）道德风险。虚拟企业通过高效网络信息沟通平台实现了信息共享，但是仍然存在信息不对称问题，有可能出现虚报信息、欺骗等各种败坏道德行为，从而难以避免道德风险。

2. 风险评估制度

风险评估是在风险识别的基础上，通过分析所收集的信息，运用概率统计的方法来评估风险因素发生的概率和程度。风险评估制度需要说明风险评估的方法、企业可以接受风险程度的标准、防范风险费用的可接受程度等。其中，企业可以接受风险程度的标准、防范风险费用的可接受程度，应根据虚拟企业的经验数据进行确定；而风险评估方法是风险评估制度研究的核心。风险评估方法可分为定性方法和定量方法。虚拟企业可以根据自身情况，有选择地确定评估方法，可以两种方法兼用，也可以选用一种。

（1）定性评估

风险的定性评估是指对已识别出的风险影响和可能性进行评估的过程，常采用的方法有德尔菲法、专家评判法等。虚拟企业选择的专家要求具备了解虚拟企业的运作过程、掌握市场环境的能力。相关学者一般可从核心企业中选派，或从外部聘请。

（2）定量评估

定量评估是运用数学、统计学等知识，构建模型并推导出风险发生的概率。虚拟企业是一个由许多功能部分组成的复杂系统，面向如此复杂系统的风险评估应采用系统分析的方法。从系统角度出发，在全面分析系统的目标和各部分功能以及它们相互关系的基础上，考察各风险的运作规律，最终确定整体风险水平。基于这一原则，我们最常选择的评估方法是模糊综合评价法。

模糊综合评价法是用模糊数学对受到多种因素制约的事物或对象做出一个总体的评价。假设虚拟企业模糊评估因素的集合为：$U = \{u_1, u_2, \cdots, u_m\}$，其中，$u_1, u_2, \cdots, u_m$ 代表虚拟企业识别的风险因素。模糊评语集为：$V = \{v_1, v_2, v_3, v_4, v_5\}$，其中 v_1 表示风险很高，v_2 表示风险较高，v_3 表示风险一般，v_4 表示风险较低，v_5 表示风险比较低。运用模糊综合评价法评估虚拟企业风险的具体步骤为：

（1）确定风险因素集的权重。采用层次分析法（Analytic Hierarchy Process）测出风险因素的权重 $W = \{w_1, w_2, \cdots, w_m\}$。

（2）确定风险评估的模糊关系矩阵：

$$R = \begin{pmatrix} r_{11} & \cdots & r_{15} \\ \vdots & \ddots & \vdots \\ r_{m1} & \cdots & r_{m5} \end{pmatrix} \qquad (4-34)$$

其中，r_{ij} 表示从因素 u_i 着眼，该风险被评为 v_j 等级的程度。

（3）进行风险模糊综合评估。风险模糊综合评估的结果为 H，H 为：

$$H = W \cdot R = (w_1, w_2, \cdots, w_m) \cdot \begin{pmatrix} r_{11} & \cdots & r_{15} \\ \vdots & \ddots & \vdots \\ r_{m1} & \cdots & r_{m5} \end{pmatrix} = (h_1, h_2, h_3, h_4, h_5)$$

$$(4-35)$$

（4）根据隶属度最大的原则确定虚拟企业风险发生的可能性。

需要说明的是，虚拟企业是个复杂的系统，需要考虑的风险因素很多，而且这些因素还可能分属不同的层次和类别。为了便于区分各因素在总体评价中的地位和作用，全面吸收所有因素提供的信息，一般先在较低的层次中分门别类地进行第一级综合评判，然后再综合评判结果，进行高一层次的第二级综合评判。以此类推，进行多层次多级的模糊综合评价。

此外，虚拟企业风险的评估也可采用蒙特卡洛数字仿真法、神经网络法、模式识别方法等。这些方法计算复杂、对企业信息要求较高，虚拟企业在条件满足的情况下，可以选择此类方法，但需要考虑成本–收益原则。

3. 风险控制制度

风险评估后，如果风险超过了可接受水平，可以当即取消项目或者采取一定的措施挽救项目。如果风险在能够接受的范围内，虚拟企业需要尽可能地规避风险、监视风险。故而，风险控制制度着重强调控制风险的方法。此外，企业还应对其执行效果进行检查和评价，修正风险处理方案，以适应新的环境、实现最佳的管理效果。控制风险的方法很多，除了传统企业采用的自留风险、转嫁风险等方法外，虚拟企业还可从事前控制、事中控制、事后控制三个角度着手，实现全程风险控制。

（1）事前风险控制

虚拟企业的事前风险控制是在虚拟企业风险发生之前进行的监控。事前风险控制可以规避大部分风险，同时带有一定预防作用。相关制度要求虚拟企业在正式运行之前，对虚拟经营的全过程进行分析，以确立虚拟经营的可行性、可靠性并找到管理控制的关键点，这是降低风险最为有效的方法。此外，可以设计动态合同体系。冯蔚东（2001）等提出了一种两层动态合同体系，即核心企业之间采用基于"风险分担、收益共享"原则的风险合同形式，核心企业与外围企业采用基于分包形式的动态合同。基于分包形式的动态合同的核心思想是在项目实施的不同阶段采取不同的合同形式以防范风险，同时设立动态检查机制，及时规避风险。合同具体情况见表4-3。

表4-3 动态合同形式一览表

项目进行初期	CPFF（成本+固定酬金合同）
项目进行中期	CPIF（成本+激励酬金合同） 或者 CPAF（成本+奖励酬金合同）
项目进行后期	FFP（固定价格激励合同）

资料来源：冯蔚东，陈剑，赵纯均. 虚拟企业中的风险管理与控制研究［J］. 管理科学学报，2001（6）：3. 有删改。

（2）事中风险控制

事中风险控制是指虚拟企业在项目运行之中对风险加以控制，它是风险控制的核心。风险控制制度主要从以下方面进行安排：

第一，对关键资源的管理控制。虚拟企业在实施虚拟经营过程中，对关键资源的管理控制是否得当是整个虚拟企业能否降低经营风险、保证产品质量的关键。在相关制度中，应说明关键利用的资源、控制方式等情况。

第二，合作伙伴的信用管理。虚拟企业交易的完整性依赖于成员企业之间的信用。信用管理要以较完备的交易契约和执行合同的适当治理机制为基础，建立协调和处理问题的合作机制。同时，还要不断加强"敏捷信任"（Swift Trust）[①]。"敏捷信任"是在有限的时间，依靠相互间

---

① MEYERSON D，KREMER R M. Swift trust and temporary groups ［M］. Sage Publications，1996：166-195.

紧密的协作来实现一个共同的、明确的目标。各成员企业之间的敏捷信任关系的建立有赖于组织间的合作经历、组织间的相互沟通、组织的背景等方面，考虑到要规避风险，虚拟企业可以采取措施增加"敏捷信任"水平。如在伙伴之间建立多种形式的、畅通的沟通渠道；明确总体目标，合理划分各成员的任务；等等。此外，应在虚拟企业内部建立声誉机制，如果出现欺诈等不道德行为时，要通过网络迅速传播开来。这种网络对声誉机制的扩散作用将对成员企业的不合作行为起到威慑作用，从而可以有效地控制合作风险。

第三，在信息共享过程中加强网络安全的管理。虚拟企业需要把各类信息通过网络传递给合作伙伴，其中可能涉及虚拟企业的商业机密；同时，他人也可能通过网络剽窃虚拟企业的核心技术。因此，要通过加强基础建设、对不同职位设定不同权限等手段来强化网络安全性。

第四，加强程序化决策。针对个人因素引起的风险，程序化决策是一个有效的防范方法。尽可能使决策按程序进行，可以有效地防范个人随意性决策、个人非理性决策、个人偏好决策、经验性决策带来的风险。

（3）事后风险控制

事后风险控制是虚拟企业在发生风险之后，所采取的补救措施。一般采取缓解战略减少风险造成的损失，如发生市场风险后，虚拟企业应及时调查市场风险的产生原因，并果断地采取放弃策略或收割策略。所以，要成立风险管理小组处理应急事件，对所遇到的风险事件进行分析，找出风险的根源和可控制程度，并做出相应的决策。

4.4.2 利益分配制度

虚拟企业形成的根本原因在于成员企业寻求自身的最大利益。尽管虚拟企业有多种组织模式，但究其本质，这些模式都是为了在复杂多变、竞争激烈的环境中求得生存和发展，并实现经济利益。一方面，各成员企业是否通过虚拟企业实现一定的经济利益，以及对该利益是否满足、是否受到激励，这些对于虚拟企业的稳定和有效运行起着决定性的作用；另一方面，虚拟企业是否有效运行又同样决定着虚拟企业的利益是否能顺利实现。这就构成了相互影响、相互依赖的反馈结构（见图4-3）。

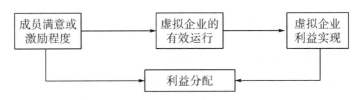

图 4-3 利润分配在虚拟企业运行中的反馈结构图

在反馈结构中，成员满意程度的提高会促进虚拟企业的有效运行，有效运行又会促进虚拟企业利益的实现。虚拟企业利益的实现与成员的满意程度之间的关系，涉及虚拟企业利益分配问题。一个利益分配方案可能导致在虚拟企业整体利益实现的情况下，各成员企业的满意度反而降低，并最终妨碍虚拟企业利益的进一步实现。由此可见，利益分配是虚拟企业运行中的重要问题。利益分配制度就是要规范利益分配行为、保证虚拟企业的成功运作。利益分配制度要说明利益分配的基本原则、利益分配的模式及其相关问题。

1. 利益分配的原则

利益分配原则是实现利益分配的前提。只有遵循公平、合理的原则，才能制定出科学、有效的财务制度。

（1）互惠互利原则。获取某种经济或市场利益是成员企业参与虚拟企业的主要目的，收益分配应保证各成员企业"有利可图"。因此，在虚拟企业组建过程中，要保证参与虚拟企业的各成员企业都能从组建的"联盟"中获得相应的利益，否则一些成员企业获得收益的同时，另一些成员企业没有获得收益或者所得的收益小于不参与"联盟"所得的收益。

（2）收益与风险配比原则。虚拟企业在运营过程中伴随着许多不确定性因素，在制订利益分配方案时，如果不考虑成员企业获得的收益与承担风险的对应关系，成员企业就不会积极地参与有风险的任务。所以，利益分配要从实际情况出发，合理确定收益和风险分配的最优结构，使成员企业能够实现最佳合作、协同发展。

（3）收益和成本对称原则。"努力上的差异带来的收入上的差异，一般被认为是公平的"①，所以，付出与回报成正比是投资的一般原则。在制定利益分配制度时，要充分考虑成员企业所承担成本的大小，所获得

---

① 奥肯. 平等与效率 [M]. 王奔洲，等译. 北京：华夏出版社，1999：130.

的收益要与付出成本对称，实现"多付多得"，以增强合作的积极性。

（4）满意度决策原则。虚拟企业制订收益分配方案要从各成员企业的利益出发，需要一个逐步协商谈判的过程。满意度决策就是通过冲突成员企业之间的相互让步，不断改变其满意度并寻找最佳的利益分配方式，最终使各成员的总体满意度达到最高。

2. 利益分配模式

利益分配模式是虚拟企业有效的适应性选择，不同虚拟企业的倾向也会有所不同。受市场机遇的性质、行业特征、成员企业的市场势力、发展战略、风险和收益的可能性等因素的影响，虚拟企业可选择共享产出利益分配模式、固定报酬模式和混合利益分配模式。共享产出利益分配模式是指成员企业按照其对虚拟企业的贡献大小而从虚拟企业中获得一定的利益份额，这是一种利益共享、风险共担的分配模式。固定报酬模式是虚拟企业根据各成员企业承担的任务，按事先协商的标准从总收益中支付固定的报酬，而核心企业享有其余全部剩余，同时也承担全部风险。混合利益分配模式是以上两种模式的混合形式。

（1）基本模式描述[①]。

假设虚拟企业由两个成员 A、B 组成，其中成员 A 为盟主、成员 B 为盟员企业，二者都是风险中性的。虚拟企业的成本由生产性成本和创新性成本两部分组成。生产性成本是可证实的、可依据市场价格确定的成本，是相对固定的，是与努力程度无关的一个常数；创新性成本是难以证实、不能计量的隐性智力投入，并和努力程度具有很强的相关性，它随着努力程度的增加而增加。

设 A 和 B 的工作努力水平分别为 X_A、X_B；工作贡献系数分别为 α_A、α_B；生产性成本分别为 C_{AX}、C_{BX}；创新性成本系数分别为 β_A、β_B；A 和 B 分别占虚拟企业总收入分配比例为 S、$1-S$，其中 $0 \leqslant S \leqslant 1$；A 支付给 B 的固定报酬为 T。

为使研究的问题不失一般性，这里假设两成员企业的创新性成本和虚拟企业的总收入均为努力水平的二次性函数，即 A 和 B 的创新性成本分别为：

---

① 这里借鉴了陈菊红等人的研究成果，并将其进行一般化处理。参见：陈菊红，汪应洛，孙林岩. 虚拟企业收益分配问题博弈研究 [J]. 运筹与管理，2002（1）：13.

$$C_A(\beta_A X_A) = C_{A0} + \frac{1}{2}(\beta_A X_A)^2$$

$$C_B(\beta_B X_B) = C_{B0} + \frac{1}{2}(\beta_B X_B)^2 \qquad (4-36)$$

其中，C_{A0}、C_{B0} 为固定成本。

虚拟企业的总收入为：

$$R(\alpha_A X_A, \ \alpha_B X_B) = \frac{1}{2}(\alpha_A X_A + \alpha_B X_B)^2 + (\alpha_A X_A + \alpha_B X_B) + R_0 + \xi$$

$$(4-37)$$

其中，R_0 为常数，ξ 为随机干扰项且 $\xi \sim N(0, \ \sigma^2)$。

虚拟企业的净收益为：

$$P = R - C = \left[\frac{1}{2}(\alpha_A X_A + \alpha_B X_B)^2 + (\alpha_A X_A + \alpha_B X_B) + R_0 + \xi \right]$$

$$- \left[C_{A0} + \frac{1}{2}(\beta_A X_A)^2 + C_{AX} + C_{B0} + \frac{1}{2}(\beta_B X_B)^2 + C_{BX} \right]$$

$$(4-38)$$

A 的收益为：

$$P_A = S \times R(\alpha_A X_A, \ \alpha_B X_B) - C_A(\beta_A X_A) - C_{AX} - T \qquad (4-39)$$

$$= S \times \left[\frac{1}{2}(\alpha_A X_A + \alpha_B X_B)^2 + (\alpha_A X_A + \alpha_B X_B) + R_0 + \xi \right] - \left[C_{A0} + \frac{1}{2}(\beta_A X_A)^2 \right] - C_{AX} - T$$

B 的收益为：

$$P_B = (1 - S) \times R(\alpha_A X_A, \ \alpha_B X_B) - C_B(\beta_B X_B) - C_{BX} - T \qquad (4-40)$$

$$= (1 - S) \times \left[\frac{1}{2}(\alpha_A X_A + \alpha_B X_B)^2 + (\alpha_A X_A + \alpha_B X_B) + R_0 + \xi \right]$$

$$- \left[C_{B0} + \frac{1}{2}(\beta_B X_B)^2 \right] - C_{BX} - T$$

式（4-39）和式（4-40）给出了利益分配的一般模式：

当 $0 < S < 1$ 且 $T = 0$ 时，式（4-39）和式（4-40）表示的是共享产出分配模式下盟主和盟员的收益；

当 $S = 1$ 且 $T > 0$ 时，式（4-39）和式（4-40）表示的是固定报酬模式下盟主和盟员的收益；

当 $0 < S < 1$ 且 $T > 0$ 时，式（4-39）和式（4-40）表示的是混合模式下盟主和盟员的收益。

（2）利益分配应考虑的因素。

上文对虚拟企业利益分配模式进行了一般化处理，可以看出影响利益分配的因素有 S、T 数值范围的确定，工作努力水平 X 和努力贡献程度 α 等。故而，设计利益分配制度时需要对上述问题进行说明。

第一，分配模式的选择。基于 S、T 数值范围不同，有三种不同的分配模式，所以，在利益分配制度中首先要明确虚拟企业的利益分配模式。这一般是由虚拟企业内部成员协商谈判确定的。叶飞、孙东川通过分析发现利益分配模式和合作伙伴关系相关（见图 4-4）。合作时间越长、合作关系越紧密，虚拟企业越趋向于向共享产出利益模式演进。一般来说，战略性合作伙伴采用共享产出模式，核心合作伙伴采用混合报酬模式，外围松散型合作伙伴采用固定报酬模式。

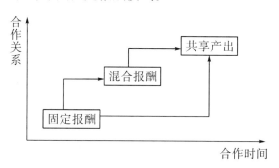

图 4-4　利益分配模式与合作关系演化图

资料来源：叶飞，孙东川. 面向全生命周期的虚拟企业组建与运作［M］. 北京：机械工业出版社，2005：128.

第二，工作努力水平（X_i）的确定。工作努力水平是指各方投入到项目中的实际工作时间[①]，计算公式是：$X_i = \lambda_i r t_i$。其中，t_i 为成员的实际工作时间系数；r 为单位实际工作时间价值；λ 为实际工作时间系数。引入 λ 的原因在于观察到的工作时间不一定等于实际工作时间。当 $\lambda = 1$ 时，表示观察到的工作时间等于实际工作时间，此时工作完全可以度量；当 $\lambda > 1$ 时，表示观察到的工作时间大于实际工作时间，其得到的报酬大于实际应得的报酬；当 $\lambda < 1$ 时，其得到的报酬小于实际应得的报酬。λ 的大小取决于劳动工种、外部效用、偏好程度等。虚拟企业只有最大程

---

① 卢纪华，潘德惠. 基于技术开发项目的虚拟企业利益分配机制研究［J］. 中国管理科学，2003（5）：61.

度上把握 λ，才可以科学、合理地进行利益分配。

第三，努力贡献程度（α_i）的衡量。在相同的环境和工作努力水平下，由于各自的投入能力不同，各成员企业的贡献大小也存在差异。这可以通过单位时间内预计投入的资本、人力资源、技术、信息、管理的资源价值来衡量。一个成员企业的努力贡献程度由该企业单位时间内投入的资源价值与同行业投入的单位时间资源价值平均值相比得到。所以，利益分配制度要对各成员企业资本、人力资源、技术、信息、管理进行资料汇总，估算出相应的资源价值，进一步确定各成员企业的努力贡献程度。

第四，创新性成本系数（β_i）的确定。创新性成本系数是各成员企业单位时间的创新性成本占同行业单位时间创新性成本的比重。虚拟企业在技术开发过程中，需要高智力的人力资源和高价值的信息。因此，创新性成本由技术开发期间分摊的人力资源成本和信息成本构成。人力资源的价值主要包括两大部分。一部分是人力资源成本资本化的价值，由人力资源消耗的价值和人力资源投资资本化的价值组成。其中，人力资源消耗的价值是工资总和，用来补偿人力资源消耗的"补偿价值"；人力资源投资资本化的价值是通过分摊逐步转移的"转移价值"。另一部分是使用人力资源所创造出来的价值，是管理人员的管理贡献、技术人员的技术贡献和其他成员的劳动贡献所创造出来的价值。人力资源的总成本由取得成本、开发成本、使用成本、保障成本、离职成本构成。信息同样是有价值的，发挥其特有的价值功能，可实现价值增值。但要实现信息的价值增值同样需要耗费信息成本，包括设计成本、技术性成本、信息员的人力资源成本、设备费、维护费等。在利益分配制度中，要对各成员企业的人力资源总成本和信息成本进行汇总并上报，便于进一步确定创新性成本系数。

4.4.3　成本控制制度

成本控制是企业生产经营管理的中心环节，是企业通过"练内功"提高竞争力的表现。只有加强成本控制、把握成本变化的动态及其规律，才能对成本的演变过程进行有效的计划与管理，达到以较少的消耗取得较大经营效果的目的。虚拟企业作为动态联盟，对企业内部和外部资源进行动态配置、优化组合，其中也涉及成本核算问题。虚拟企业的协调委员会或财务委员会有必要建立成本控制制度，对成本进行有效监控，以便获取各种资源并获得最大收益。成本控制制度要明确成本控制的原则、虚拟企业成本的范围、成本控制的方法等问题。

1. 成本控制的原则

（1）合理性原则。

合理性原则是成本控制的第一原则，它要求虚拟企业成本的发生都必须是合理的。虚拟企业必须坚持合理性原则，通过有效控制，只允许那些确实为企业生产经营活动所必需的成本产生，对不是企业生产经营活动所必需的成本则限制或禁止产生。

（2）全面性原则。

全面性原则是对虚拟企业成本实行全过程、全方位、全员性的控制。全过程控制是指对虚拟企业运行的每一个管理环节进行成本控制，而不能只局限于生产过程的成本控制；全方位控制是指虚拟企业对全部的成本都要加以控制，不能只对期间费用、生产成本进行控制；全员性控制是指要依靠虚拟企业中的各成员企业进行控制，而不能单单依靠协调委员会或财务委员会进行控制。只有虚拟企业各成员企业参与到生产经营的每一个管理环节和每一个成本项目中，成本控制才会符合合理性原则。

（3）分级归口管理原则。

虚拟企业内各成员企业在参与创造价值的同时，消耗着资源、发生着各种成本费用。按照虚拟企业内部的组织分工，每一个成员企业都有各自的职责权限，相互之间不能逾越但需要沟通、协调。可以把成本的控制按照各成员企业的职责权限进行分级归口控制。通过分级归口管理，把成本费用控制的目标层层分解、层层归口到各成员企业、各项目小组，使成本控制形成一个严密的系统，从而提高控制的效果。

2. 成本控制的范围

规定成本范围是成本控制的具体内容。对虚拟企业而言，资源整合形式和运营模式的灵活性决定了各成员企业投入要素的多样性。成员企业的投资额一般分为参与合作所必需的固定投资和参与虚拟企业运行过程的运营投资。各成员企业的投入要素包括资金、制造能力、技术、品牌、人力资源等，各种成本要素的投入随着业务活动的进行而发生，并以明细的形式反映在各成员企业的相应的成本项目中。在虚拟企业进行资源整合后，各成员企业参与合作的固定成本已经投入完成，因此，虚拟企业成本控制的重点在于运营成本。运营成本在各成员企业内部成本的基础上，向上扩展到开发、供应成本，向下延伸到销售成本，具体内容见图4-5。

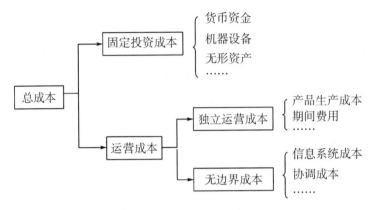

图4-5　各成员企业总成本构成图

虚拟企业的竞争力来源于各成员企业核心能力的协同，协同过程将跨越公司的有形界限，弱化原有企业的组织结构，这就决定了成员企业成本归属的模糊性。如果按照传统成本核算方法直接归结成本项目的发生额，势必会掩盖成本的真实性。为解决这一问题，可将运营成本分为独立运营成本和无边界成本。独立运营成本是成员企业完成其核心任务所发生的成本，如直接材料、直接人工、制造费用、期间费用等。这种成本易于独立核算，并与虚拟企业内部其他成员没有直接的关系。无边界成本是为了协调成员企业之间的业务活动而发生的成本，如相互沟通的信息系统成本、成员企业之间的协调成本等。这种成本界限模糊，不能简单地将其发生额并入某个成员企业的成本中，而应该作为成员企业的共同支出进行合理的分摊，然后成员企业再将分摊所得额并入相应的生产成本、期间费用之中。

无边界成本是虚拟企业特有的成本。基于模糊性，无边界成本的界定又成为一大难题。笔者认为，只有理解各种无边界成本的内涵，才能够将相关成本归集其中，便于进一步的成本控制。

其一，信息系统成本。虚拟企业处于网络环境下，各成员企业之间进行信息交流，会增加各成员企业的信息系统成本。信息系统成本主要包括成员企业内部局域网建设成本和成员企业之间的广域网通信成本。一般而言，内部局域网建设成本是相对固定的，包括服务器、路由器、网线的铺设、硬件的施工费用、相关软件的购买与安装等；广域网通信成本是半变动的，包括每月的固定支出（如宽带的月租费等），还包括变动支出（如占用网络时间越长，使用成本就越高）。但是随着企业信息化程度的加强，无论成员企业是否组建虚拟企业，内部局域网建设成本几乎都是存在的。所以，这部分费用应计入独立运营成本。只有成员企业之间的广域网通信成本才应归入无边界成本。

其二，协调成本。虚拟企业是一个庞大的系统，协调机制就像是其中的神经系统，将成员企业联结起来，这种无形的机制保证着虚拟企业的有序运行。大前研一（1998）认为，在公司进行跨国协作时，成功的关键不在于谁掌握控制权，共同的宗旨和沟通才是关键所在。大前研一所表达的正是协调在网络型企业中的作用。而虚拟企业各成员之间的协作往往不是一帆风顺的，时常会产生因收益分配引起的冲突、文化差异引起的冲突、信息差异引起的冲突等，要解决这些冲突需要花费巨大的通信成本、信息加密转换成本、差旅费用、招待费用等。所以，我们把所有用于解决虚拟企业内部冲突的费用归集为协调成本。虚拟企业的组成不同，其协调成本的构成和比重也不相同。

3. 成本控制的方法

虚拟企业的经营管理需要准确的成本信息。虚拟企业中制造费用较高，如果采用传统的以直接人工小时或机器小时为分配基础的成本核算方法，会造成成本的扭曲。同时，在虚拟企业中成本计算的目的是多层面的，从各种资源到作业、作业中心、制造中心、产品等都是成本计算的对象，传统计算方法难以满足多层面计算的要求。所以，将作业成本法（Activity-Based Costing，ABC）运用于虚拟企业成本的核算，才是科学的。虚拟企业是由若干个成员企业组成的动态联盟，通常设计、生产、销售等环节分别由不同的企业完成。然而，虚拟企业的产品从广义成本的角度分析，包含设计、生产、销售等各个环节的费用，每一个步骤和环节都可以看作是一个作业中心。

（1）作业成本法的成本控制程序。

由于虚拟企业具有自己的特性，不能将较完备的制造企业的作业成本法简单地运用到虚拟企业之中，应将作业成本法的思想应用到虚拟企业的各个层次。具体实施过程如下：

第一，确认作业中心。要进行作业成本控制，必须建立作业成本核算体系，即首先要确认作业、主要作业、作业中心。在虚拟企业中，要对各个合作伙伴的工艺流程进行分析并确认作业中心。每个作业中心所进行的具体作业活动，体现原材料等资源是如何被消耗的。结合每个作业中心确认的主要成本项目，按可控成本进行规划，剥离不可控因素。

第二，确认各项作业的成本动因（Cost Drivers）。作业成本法是依据成本动因将费用分配到成本目标。根据成本动因在资源流动中所处的位置，可以将其分为资源成本动因（Resource Driver）、作业动因（Activity Driver）两类。资源成本动因是将资源成本分配到作业中心的标准，反映作业量与资源耗费间的因果关系；作业动因是将作业中心的成本分配到产品、劳务、顾客等成本目标中的标准，也是沟通资源消耗与最终产出的中介。具体实施时，不仅需要核心企业负责关键作业，还需要协调各合作伙伴确定合理的成本动因。

第三，依据成本动因确定成本。对于间接成本，要先依据资源动因将资源耗费分配到作业中，再依据作业动因将作业成本分配到成本中。直接成本不需要经过"两次"分配过程，可以将其直接分配到成本目标中。将间接成本和直接成本汇总，即可得到确切的成本。

以上三个步骤应由虚拟企业中的每个合作伙伴具体执行，由核心企业协调实施。

（2）作业成本法的管理控制。

对作业成本法的控制，实际上就是对将虚拟企业视为由客户需求驱动的作业组合而成的作业集合体进行的控制。在实际中可由财务委员会或协调委员会进行具体成本控制，这样有三大好处。

一是可以利用作业成本率。作业成本率=作业中心成本/产品完全成本×100%，该指标反映构成产品完全成本的各作业中心成本占总成本的比例，可为寻找、分析虚拟企业关键控制点提供数量依据，便于抓住成本控制的重心。

二是通过实际成本和目标成本的比较来监控成本，通过差异找出运作中的问题，以便今后改正，达到有效管理成本的目的。成本与目标产生偏差有两种情况：一种情况是核心企业在制定目标成本时，没有考虑一些不可控因素的发生，而这些不可控因素使得实际成本大于目标成本，在这种情况下，合作伙伴不应该受到惩罚，否则将会严重损害合作伙伴的工作积极性；另一种情况是合作伙伴自身的不科学工作方法使得实际成本大于目标成本，此时，核心企业和合作伙伴需要共同研究解决问题的办法，减少损失，同时根据合同给予合作伙伴一定的警告或惩罚。

三是通过作业再造，减少不必要的作业环节，将可以合并的作业环节尽可能合并，简化作业流程及重排作业环节等，以达到降低成本的目的。例如，减少不必要的审核、检查、控制等非增值作业；合并相近或相同的作业；减少作业过程反复迭代的次数；等等。

4.4.4　绩效评价制度

绩效评价是采用特定的指标体系，对照统一的标准，按照一定的程序，通过定量定性对比分析，对企业一定经营期间的经营效益和经营者业绩做出客观、公正和准确的综合评判。虚拟企业的绩效评价有利于核心企业了解和掌握各成员企业完成任务的情况，有利于制订公平、合理的利润分配方案，有利于更好地激励成员企业，达到财务监督的目的。虚拟企业的临时性和动态性使得其绩效评价与传统企业有着本质的区别，故而虚拟企业绩效评价不能完全沿用传统的绩效评价办法。表4-4描述了虚拟企业绩效评价和传统企业绩效评价之间的区别。虚拟企业绩效评价制度需要明确评价的主体、评价的内容及评价结果的处理等。

表4-4　　　　　　　　虚拟企业与传统企业绩效评价的比较

比较内容	传统企业	虚拟企业
评价目的	揭示财务状况、经营成果；对企业经营决策、投资决策提出改进建议；建立有效的激励机制	制订利润分配方案的依据；促使成员企业更好地完成任务；对成员企业建立激励机制
评价对象	企业内部部门或整个企业	成员企业
评价时间	一年或者一个季度	把任务分为若干部分，每部分考核一次
控制特性	强调事后控制	事前、事中和事后控制
表现形式	静态考核	动态考核
考核执行者	由企业财务部门执行	由来自成员企业的专家组成的协调委员会或财务委员会执行
信息获取渠道	实地获取信息	实地或基于网络方式获取信息

资料来源：叶飞，徐学军. 基于虚拟企业的绩效协同模糊监控系统设计研究［J］. 当代财经，2001（5）：65. 有删改。

1. 绩效评价的主体

由于组织模式不同，虚拟企业绩效评价可分别由财务委员会、协调委员会或盟主企业负责实施。在具体展开绩效评价工作时，可在委员会之下成立绩效评价小组，专门承担整个虚拟企业绩效评价过程，包括确定绩效评价的目的、绩效评价指标体系、绩效评价的考核时间等内容。

2. 绩效评价的具体流程

（1）确定虚拟企业绩效评价的目的。

确定绩效评价的目的是虚拟企业整个评价过程的第一步。只有明确了绩效评价的目的，才能确定绩效评价的指标体系。绩效评价的目的是进行评价的原因，即回答为什么要进行评价。虚拟企业绩效评价的目的是多方面的，包括制订利润分配方案的依据、促使成员企业更好地完成分配任务、掌握各成员企业的内部经营情况及成员企业的成长情况，在一定程度上起到财务监督的作用。

（2）确定虚拟企业绩效评价指标体系。

根据虚拟企业绩效评价的目的确定绩效评价指标体系是第二步。由于虚拟企业绩效评价的目的是多方面的，因此，对应的绩效评价指标体系也应该反映虚拟企业的各个方面。同时，各成员企业所承担的任务存有差异，所以考核不同成员企业的指标体系也应有所不同，应根据成员企业所承担的子任务设立个性化绩效评价指标体系。

平衡记分卡（Balanced Score Card，BSC），是由哈佛大学教授罗伯特·卡普兰（Robert S. Kaplan）与诺朗诺顿研究所（Nolan Norton Institute）的 CEO 大卫·诺顿（David P. Norton）共同研究提出的一种衡量企业战略管理绩效的工具。它从企业发展的战略出发，将企业及其内部各部门的任务和决策转化为多样的、相互联系的目标，然后再把目标分解成由财务状况、顾客、内部经营过程、学习和成长等多项指标组成的四维绩效评价系统。平衡记分卡的评价思想与虚拟企业绩效评价的多元目标相吻合，故可将其应用于虚拟企业对成员企业的绩效评价，即把虚拟企业所要实现的预期目标作为企业的战略目标，并将任务分解到各成员企业。考虑到各成员企业中只有完成最末端任务的企业才能面对顾客，其他成员企业仅面对供应链上下游企业，所以，将平衡记分卡中的"顾客"指标改为"关联方"指标；同时，虚拟企业具有成员彼此之间合作和信任的特点，所以可将"学习和成长"指标改为体现成员企业合作状况的

"合作和成长"指标。

虽然各成员企业的绩效评价指标不同，但一般来说，要涵盖 4 个方面。一是财务指标，用来反映各成员企业完成子任务所产生的效益，是利益分配的重要依据，也是各成员企业最为关心的指标。考虑到虚拟企业在运行之前已经拟订了利益分配方案，此处的财务指标只用来反映成员企业实际实现的效益与计划相比较的差额，是虚拟企业最终利益分配时调整契约利益分配方案的重要依据。二是关联方指标，反映的是各成员企业的上下游企业或者顾客对其生产或服务的满意程度。三是内部经营指标。各成员企业内部经营状况的好坏直接影响到虚拟企业的顺利运行。通过该指标可以衡量成员企业完成子任务的进度情况、子任务完成的质量情况、对环境变化的适应能力等。四是合作与成长指标，用来反映各成员企业相互合作及其发展情况。具体指标体系见表 4-5。

表 4-5　　　　　　　　　　虚拟企业绩效评价指标体系

指标类别	指标名称
财务指标	完成子任务实现的效益
	完成子任务所耗费的成本费用
关联方指标	关联方对该成员企业产品的满意度
	关联方对该成员企业交货时间的满意度
	关联方对该成员企业服务的满意度
	关联方对该成员企业产品质量的满意度
内部经营指标	成员企业完成所分配子任务的及时率
	成员企业生产产品的合格率
	成员企业完成子任务的风险控制情况
	对环境的适应能力
合作与成长指标	与关联方进行沟通的积极性
	对关联方的信任程度
	对虚拟企业的责任心
	对核心企业的支持程度
	产品创新程度
	科技投入比例

（3）选取虚拟企业绩效评价方法。

进行绩效评价需要获取评价客体的信息，因为虚拟企业主要通过网络进行运作，所以，绩效评价信息的获取渠道应以网络方式为主。但是为了保证获取信息的真实性，可以对成员企业进行实地抽查。获取成员企业信息后，就可以依据评价指标进行绩效评价了。对于同样的绩效评价信息，由于评价方法的差异，可能会直接影响到评价结果的有效性。目前，绩效评价方法可以选择专家意见法、模糊综合评价法等多种定量和定性的方法。虚拟企业可以根据自身的具体情况，由绩效评价小组确定最终的评价方法。总之，评价方法的选取要取得各成员企业的基本认同，从而避免发生由评价结果引起的内在冲突。

3. 绩效评价结果的处理

确定了绩效评价的具体程序后，绩效评价小组就可以定期或者不定期对成员企业进行绩效考核。绩效考核的时间应根据虚拟企业完成任务的性质来确定，如果把该任务分成若干子任务，则每完成一个子任务就应进行一次考核；也可以在任务完成后统一进行考核。考核后，虚拟企业需要对评价结果进行处理，及时反馈给各成员企业，协助各成员企业及时找出问题出现的原因，并寻找解决问题的对策。此外，虚拟企业还可以根据评价结果进行事后奖惩，对于评价结果好的成员企业可给予一定的奖励，如在利益分配中可以增加分配的比例等；对于评价结果较差的成员企业则要分情况处理：若是经营管理问题，虚拟企业可协助成员企业及时改进；若是由于道德风险导致评价业绩较差，则需剔除此类成员企业。

4.5　虚拟企业解体期的财务制度安排

一旦市场机遇基本消失或项目完成，各成员企业合作的基础便已经丧失，虚拟企业就面临着解体。虚拟企业解体期管理的主要内容有项目中止识别、解体后的事项处理、利益分配等。由于虚拟企业是一种在法律上并不存在的企业，产权方面较为模糊，因而在虚拟企业解体期更容易产生冲突。为了防微杜渐，我们需要在解体期制定相应的财务制度用于规范财务行为，避免出现成员企业之间的纠纷问题。

4.5.1　项目中止识别制度

虚拟企业应根据项目完成的情况来确定何时中止项目，并由此决定虚拟企业解体的适当时机。只有判断虚拟企业进行的项目已中止，才能进入解体阶段并开展相关的财务活动。项目中止识别制度就是要判断虚拟企业项目中止的识别标志。虚拟企业项目的中止分为正常中止和非正常中止两类。

1. 正常中止

正常中止是指虚拟企业项目已经完成，市场机遇已经得到充分把握，合作各方都获得了相应报酬并友好地结束本次合作。例如，对于供应链式的虚拟企业，以每次下达订单为项目开始，供应商每次提供订单所需产品后，项目便宣告中止。由于供应链式的虚拟企业合作关系相对较为固定，中止合作的时间、继续合作延续的时间较长。对于外包式的虚拟企业，合作中止的识别依据是成员企业完成核心企业交给的任务，因为完成任务并经核心企业验收合格后，项目立即中止。如果有多个核心企业，为了降低合作风险，可以等待产品销售完毕或者销售量达到一定比例后，项目才予以中止，此时销售比例就是项目中止的识别标志。销售比例一般会在虚拟企业组建期中予以规定。

2. 非正常中止

非正常中止是指外部环境变动导致市场机遇消失、合作伙伴选择不当导致子任务无法完成等多种情况，致使虚拟企业没有达到预期目标而被迫提前中止项目。非正常中止可以发生在虚拟企业的解体前的任何阶段。

第一，酝酿期中止识别。该阶段主要是对市场机遇进行评价，如果虚拟企业市场机遇前景不好或者风险很大，核心企业就会中止组建虚拟企业。即使核心企业已经花费了一定的资源，也要放弃，否则将会给核心企业造成更大的损失。第二，组建期中止识别。此阶段可能出现市场机遇由于环境的变化而中途消失的情况，那么虚拟企业就失去存在的必要；或者难以找到恰当的合作伙伴，核心企业不得放弃运作虚拟企业的构想。第三，运作期中止识别。此阶段虚拟企业已经正常运作，如果市场机遇消失或者合作伙伴不能胜任子任务，那么运作中止识别的目的就是要研究虚拟企业是否值得进一步运作下去。如果虚拟企业继续运作失

败的概率很大，就需要考虑将虚拟企业尽早解体。多种情况可能会导致
虚拟企业在运作期中止，所以就需要财务委员会、协调委员会进行判断，
确定中止的识别标志。

4.5.2 清算制度

虚拟企业进入解体期后，最主要的工作是处理各成员企业之间的相
关事宜，并进行清算活动。为了保证清算工作的公平、公正、公开，虚
拟企业可以聘请第三方清算机构来完成清算活动。在执行过程中，清算
机构要制定好清算的截止时间、清算工作计划、具体的清算条款等。清
算机构主要关注以下问题：

1. 虚拟企业的利益分配

所有成员企业加入虚拟企业均是受利益驱动的，所以虚拟企业最终
的成果必然要在各成员企业之间合理地分配。清算机构根据虚拟企业事
先确定的利益分配方案及成员企业的绩效情况，将虚拟企业在运行中获
得的实际收益分配给各成员企业。此外，收益分配还应该包括虚拟企业
运作创造的品牌、技术等无形资产的分享和分配[1]。成员企业的相互协作
而创造的无形资产，应该计入虚拟企业资产总额进行分配。但由于无形
资产具有不可分割性，不能按照一定比例分配给各成员企业，故在清算
机构组织利润分配时，由成员企业竞争获取。至于无形资产的价值，可
以由另外聘请的资产评估公司确定，也可以由清算机构组织人员评估
确定。

2. 解体后的事务处理

虚拟企业解体后，除了完成利益分配外，财务委员会（或协调委员
会，或盟主企业）还要协助清算委员会处理一些其他事务。例如，剩余
产品的销售和已售出产品的售后服务。倘若是外包型虚拟企业，产品的
销售及其售后服务就属于虚拟企业要承担的任务，这些应完全由核心企
业承担。其他类型的虚拟企业，往往要寻找一个销售代理来负责剩余产
品的销售和售后服务等工作，这个销售代理可以是虚拟企业的某一成员
企业。此时，需要清算委员会和销售代理进行协商谈判，再由虚拟企业
与其签订转让协议。

---

① 刘志勇. 敏捷虚拟企业及其管理研究 [D]. 昆明：昆明理工大学, 2001.

另外，虚拟企业的解体并不意味着结束，而是成员企业下一次参与或组建另一个虚拟企业的开始。所以，各成员企业之间需要加强联系，以备将来再次合作。参加过虚拟企业的成员在下次有机会参与另一个虚拟企业的时候，将会拥有丰富的合作经验和优势。因此，在解散时，应与合作愉快的企业建立某种默契，以便将来合作时节约时间和成本。

上文分别针对虚拟企业的不同阶段提出了相应的显性财务制度，但是这些财务制度是联为一体、不可割裂的。本书只是对相关制度的安排进行了讨论，并对制度的选择提出了一些建议。在实际中，虚拟企业应根据自身的组织模式、产业特点、合作伙伴的特点等具体情况制定出更为详尽的显性财务制度。此外，显性财务制度安排需要一个不断完善的过程。最初，显性财务制度安排可视为计划，企业通过实施并检查出在实际中存在的问题，最后提出改进意见。每一次 PDCA 循环①都可以为虚拟企业显性财务制度的漏洞提供改进的措施，形成财务制度安排的不断完善、不断改进的螺旋式上升过程。

---

① PDCA 循环的概念最早由戴明提出，它是全面质量管理所应遵循的科学程序。P 代表 Plan（计划），是确定方针和目标、确定活动计划；D 代表 Do（执行），是实现计划中的内容；C 代表 Check（检查），是总结执行计划的结果，找出存在的问题；A 代表 Action（行动），是对总结检查的结果进行处理，对成功的经验加以推广、失败的教训加以总结，并将未解决的问题放入下一个 PDCA 循环。

5　虚拟企业隐性财务制度安排

协调和规范虚拟企业财务制度的标准主要有两个：其一是显性财务制度；其二是隐性财务制度。两者的区别在于：前者是"显性"约束，表现为具体的条文规定，是虚拟企业"必须"的规范；后者是"隐性"约束，表现为价值取向和原则，是虚拟企业"应该"的规范。可见，两者作用相同，只是表现方式不同、约束强度不同而已。在实际中，只有两种不同的财务制度相互补充、相得益彰，才能减少虚拟企业的财务冲突、有效地规范虚拟企业的财务行为和财务关系。本章则主要分析虚拟企业隐性财务制度安排。

5.1　隐性财务制度的基础——财务伦理

伦理是在人类社会发展进程中形成的，已经成为各国文明发展的一部分，所以，伦理必定影响行为。西蒙曾说过："一切行为都包含着对特殊的行动方案所进行的有意无意地选择。"① 不难发现，人们的价值倾向已渗透到人们行为的各个方面，财务领域亦是如此。由古至今，不论是中国的德、义、礼，还是西方的康德理论②，都开启了德法并重的治理先河，并将伦理理念融入财务实践。相对于传统企业而言，因虚拟企业具有其自身的特性，财务伦理在虚拟企业中显得尤为重要。虚拟企业中，各成员企业为了共同的目标凝聚在一起，如果缺乏伦理道德的规范必将

---

① 西蒙. 管理行为 [M]. 北京：北京经济学院出版社，1988：5.
② 康德是 18 世纪德国哲学家，他强调的是人的尊严和自我决定，并认为"善良意志"中体现作为绝对命令的道德准则。

会影响各成员企业相互的协调和沟通，继而可能选择"不道德"的财务行为，发生财务舞弊现象，从而影响虚拟企业的整体运行。但如果以正确的理论道德作为指导，那么理智的行为主体一般都会选择符合伦理道德的财务行为。所以，伦理道德已经潜移默化地影响到财务行为，并为隐性财务制度的存在提供价值根基和精神支持。

5.1.1 财务伦理概念的界定和理解

关于财务伦理的研究，在国内外学术界寥若晨星。目前，对财务伦理的界定尚无权威的说法。笔者试图从伦理的基本内涵入手，考察财务和伦理相耦合的层面来界定财务伦理。

伦理，按照许慎《说文解字》的解释，"伦，从人、辈也，明道也；理，从立，治立也"①。所以，"伦"是区分人的辈分、长幼，以及由此形成的相互之间的规范和秩序；"理"，原意是玉石的纹理，意指事物内在的"纹理"，也就是事物的基本规律。由此可见，伦理包括两层含义，一是事物之间相互作用的秩序和规范，即为"伦"；二是事物本身内在的规律、规则，即为"理"。二者合一，即为"伦理"，就是事物交互过程中根据各自特征而形成的一种规范和准则。所以，任何事物或学科的伦理都要基于自身规律去考察相互关系的某些特质。

企业是一个"不平整的游戏广场"②（Unlevel Playing Field），这个广场是在各种各样的社会关系和组织结构中运作，而伦理道德是维系各种关系和组织结构的必要因素，因此企业活动在其所有层面都与伦理道德相关。但是如何考虑财务——这一微观管理领域的伦理呢？我们从其本质属性来分析。从财务角度来看，企业的财务管理作为管理系统的一个子系统，是组织一系列财务活动和处理财务关系的一项价值管理活动。财务管理具有双重特性，从自然属性来看，财务管理的目标就是根据"成本—效益"分析，实现"以最小的投入换来最大的产出"。从社会属性来看，财务管理不仅受到管理方法、管理手段等技术层面的制约，还要受到伦理道德的约束，即企业必须在不损害他人和社会利益的前提下

---

① 转引自：陈荣耀. 企业伦理：一种价值理念的创新 [M]. 北京：科学出版社，2006：1.

② 现代企业是基于委托-代理关系而形成的，在其内部存有不对称信息以及其他方面的不平等，所以，这种不均等的先天状态必然造成企业是一个"不平整的游戏广场"。

实现企业"综合经济利益最大化"。也就是说，伦理是用来反映和调节人们相互之间利益关系的价值观念和行为规范，一方面，企业做出某项财务行为时，都要自觉地考虑是否符合伦理道德；另一方面，伦理也可看作一种特殊的管理方式，它决定了"企业行为主体受制约的道德参数，规定企业目标行为的伦理界限，成为制定和实施各种管理规则的价值参考"①。为此，笔者认为，财务伦理是企业在财务运行过程中，整合和调节各种财务关系时所表现出的伦理理念和伦理特征。它既是财务主体把握财务活动运行的规则，也是协调各种财务关系之间的义与利、利己与利他、权利与义务的行为规范。

具体来讲，财务伦理表现为财务伦理化和伦理财务化两个方面。从财务伦理化来看，企业开展财务活动、处理财务关系都必须符合伦理道德，即从财务的本质表现中引出道德规范和伦理理念，并把伦理道德作为一个尺度和标准，对企业的财务行为做出伦理评判。财务伦理化实质上是在财务原有技术层面的基础上，增添了人文色彩，换句话说就是，财务在基本价值管理之上铸造了一条伦理底线，形成了"技术+道德"的双重行为准绳。从伦理财务化来看，它是将相关的伦理原则和道德要求应用于财务领域。一是，财务活动中遵循的伦理道德是为了协调各利益相关者之间的关系，为企业财务运行打造一个和谐、稳定的合作环境；二是，在一定程度上，伦理的选择也是一种经济行为，企业之所以遵循伦理道德就是为了减少在财务运行中的风险性和无序性，降低企业各利益相关者之间的摩擦成本，进而提高企业的财务效率。所以，伦理财务化实质上是企业将"以德理财"作为基准，实现经济效益和社会效益的动态均衡。

5.1.2 财务伦理内容的架构和解说

财务伦理是企业在其财务活动中涉及财务关系时，所必须遵循的行为准则和道德规范，是企业财务的道德体现，它包含诸多内容。究其根源，财务活动是形成财务的行为表现，也是研究财务伦理的本质内容。基于此，可以按照不同的财务活动将财务伦理划分为融资伦理、投资伦理和分配伦理。

---

① 王素莲，柯大钢. 关于财务伦理范式的探讨 [J]. 财政研究，2006 (5)：11.

1. 融资伦理

融资伦理是企业在筹措资金时，在处理受资与授资关系中所形成的自律性的行为准则。企业在融资过程中，要具有合理性的融资理念。企业财务活动的第一个环节就是筹措资金，无论企业采用何种方式取得所需资金，都是要付出成本的。从经济理性上讲，企业追求资本成本最小化无可非议，但是这种体现经济理性的行为，就应该审视其道德规范的合理性。如果企业是通过科学的融资组合或者税收筹划等方法实现的资本成本最小化，就是合理的；如果利用资本市场的不规范恶意"圈钱"、虚构财务信息等途径追求企业资本成本最小化，则是缺乏伦理基础的融资行为。所以，企业在融通资金时要遵循科学、合理的规则。

此外，融资活动还要具有合规性，即融资过程要符合有关规定，并要保护授资者的利益，营造一个诚实守信的伦理环境。授资者让渡资金使用权给企业后，就丧失了对资金的控制权。企业获得资金的使用权后就可以为了自身利益而损害授资者的利益，如，改换资金用途去投资高风险的项目，未征得债权人同意便发行新债导致负债率升高增加公司破产风险，在高负债的情况下发行大量的现金股利，等等。为了保护授资者的利益，除了在契约中增加限制性条款外，还要使受资者遵循诚实守信的伦理规范。只有这样做，才能让企业体会到融资伦理作为不明确契约在资本市场中能实现真正的经济功能。如果筹资者的信用度比较高，及时按原先约定归还资金，那么授资者就可以给企业优先贷款、优惠贷款等特殊待遇，使得企业省去以后融资活动的寻租费用和潜在搜寻成本。这体现的正是"信用就是金钱"的伦理准则。

2. 投资伦理

投资伦理立足于社会伦理道德，旨在推进社会和谐发展的投资活动与行为。投资伦理的基本意图在于增进社会效益，力图把社会效益与经济效益有机地结合起来，使经济运作产生正的外部性。同时，投资伦理的兴起，使投资者不再单纯追求投资的高回报而唯利是图，而更多地考虑投资的社会责任，使其投资符合个人良知与社会公德的需要，实现投资的可持续回报。所以，企业在选择投资项目并付诸实施时，要追求利己与利他的和谐发展，并保证经济效益和社会效益的双重实现。

第一，投资行为在利己与利他之间寻求平衡。企业在投资之前，会针对所选项目按照"利己"原则进行"成本-收益"分析。如果项目对企业有利，则选择投资；如果无利，则选择放弃。可以说，企业就形成了一个投资行为的数量边界，即边际收入等于边际成本。正是基于这个界限，企业在投资活动中，出现了随意改变募集资金投向等滥用资金现象。所以，企业投资行为的边界并不是总能用数量标准来确定的，从伦理的角度出发，需要给企业增加一条伦理边界，即投资行为不得损害他人的利益。这里的"他人"不仅指与投资主体处于同一空间的他人，也指与投资主体处于不同时空的他人。企业投资的目的是寻求自身经济利益最大化，但这并不是唯一的目的，在投资一些稀缺性资源时，企业还要考虑人类代际的可持续发展问题。可见，财务伦理要求企业的投资行为要在利己不损人的前提下追求投资的最优化。

第二，投资效率受制于经济与社会双重价值尺度。投资是财务活动的一个重要内容，通过投资效率来体现投资效果的好坏。按照一般的理解，效率就是投入产出之比。投入越少，产出越多，效率就越高；反之亦然。企业融于社会这个网络结构之中，两者必然存在相互依赖的关系，即社会服务于企业、企业服务于社会。所以，企业投资行为除了具有经济价值外，还要具有社会价值，也就是说，企业实现经济和社会双重价值目标的行为才是有效率的。如果企业仅考虑单个方面，就是不经济或不道德的，更谈不上投资效率。因此，企业的投资行为要求在社会声誉最优的背景下实现投资效率的帕累托最优。

3. 分配伦理

利益分配是一项经济行为，在分配过程中，要遵循"公平"和"正义"的原则。但如何实现分配的"公平"与"正义"问题，绝非是一个能够用抽象或单一的经济学原理可以解决的问题。有经济学家指出，"公平并不是经济学概念，它从来都是含有伦理学的意义。公平或者是指收入分配的公平，或者是指财产分配的公平，或者是指获取收入与积累财产机会的公平，它们全都涉及价值判断问题"①。所以，分配伦理是指"人们在从事产品分配和收入分配过程中的行为准则，以及作为分配行为的准则基础的价值标准和道德规范"②，并将"公平"和"正义"作为分配的伦理原则，要兼顾分配过程和结果的公正，实现财务效率性和财务

① 厉以宁. 经济学的伦理问题 [M]. 北京：生活·读书·新知三联书店，1995：4.
② 杨建文. 分配伦理 [M]. 郑州：河南人民出版社，2002：11.

公平性的统一。

　　一方面，企业的经济活动以追求效率为目标，按照"效率优先"的原则进行分配，才充分体现了分配过程的公正，使经济资源处于最优的配置状态，实现企业财富和社会财富的提高。但是，一味强调效率就会使得分配结果丧失普遍的伦理价值——公平，造成整个经济活动的不和谐。同时，以劳动的"值"进行利润及收益分配是评价分配公正的客观标准①。这个"值"可以是一般劳动、资本的投入数量、无形资产的投入，等等。另一方面，从理论上讲，按劳分配、按资分配都是相对合理、公平的制度安排，这种分配能够反映企业绩效层面的分配机理，调动各方的积极性，也体现了分配过程的公正。但在实际操作中，由于劳动、资本、知识等无形资产对企业的贡献程度很难精确地加以区分，导致这种依赖公正的分配过程也会出现分配结果的负面效应。基于以上两个方面，企业在重视效率的前提下，要"兼顾公平"，体现分配结果的公正，需要用伦理规范作适度调整或修正。企业可以通过制订对弱势群体有利的分配方案，或对初始的分配结果进行补充性的规定。通过调整，协调人们之间的利益关系，达到效率和公平的双重标准。

5.1.3 虚拟企业财务伦理的培育和完善

　　财务伦理是财务的经济理性和道德理性相结合的产物，是企业财务活动遵守的隐性规范。财务伦理的培育和完善有助于促进企业理财的经济性和社会性的有效融合，从根源上遏止财务败德行为的发生。而虚拟企业是若干企业的集合体，它比传统企业更加强调财务伦理的作用，并突显出自身的特色。虚拟企业财务伦理除了涵盖一般企业财务伦理的内容外，更强调各成员企业之间的财务伦理的协调。因为各成员企业可能来自不同的环境，其文化背景、社会背景不同，有时甚至相互抵触，这就要求虚拟企业的财务伦理要具有兼容性。因此，虚拟企业财务伦理建设比传统企业显得更为繁杂。

　　1. 提升财务伦理思辨能力

　　人们的选择中既有积极的价值也有消极的价值，但这些价值都会无形渗透于人们的行为之中，使人们做出的选择倾向于某些方面。人们对

---

① 王素莲，柯大钢. 关于财务伦理范式的探讨 [J]. 财政研究，2006（5）：11.

行为的选择过程就是伦理思辨的过程，是选择伦理原则的过程。提升财务伦理的思辨能力，要考察伦理思辨与行为选择之间的关系。一般而言，"选择高尚的动机，一般就会导致高尚的行为；反之，就会导致不良甚至邪恶的行为"①，可以看出伦理思辨的过程（即道德推理的水平）和行为之间存在正向关系。所以，培育和完善财务伦理首先要提高财务伦理思辨能力，以使其能够更合理地把握自己的行为。

在虚拟企业中更加强调伦理思辨能力，是因为虚拟企业涵盖的众成员企业存在多种原则，这些原则不可能共生。如果原则共生并形成一个多元判断的价值系统，那么就会导致整个虚拟企业财务行为的混乱。所以，我们需要运用某些伦理原则最终决定虚拟企业的财务行为。在原则的推理过程中，我们应根据环境和发生作用的领域，通过建立伦理思辨框架进行甄别。

拉尔夫·波特博士设计了"波特图式"来进行道德推理，它将道德分析的定义、价值、原则和忠诚四个方面纳入其中（见图5-1）。波特的道德推理图式正是将行为主体所面临的伦理冲突以清晰直观的图式展示出来，便于行为者进行伦理道德选择并做出恰当的行动决定。在应用中，"波特图式"不是一组随意放在一起彼此孤立的问题，而是各个部分相互联系的有机整体，因此，应该从表面的第一印象转向其他方面解释同一事物。

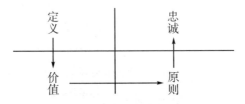

图5-1　波特道德推理图式

将"波特图式"用于财务伦理思辨时，定义是对具体情景的描述，在此代表财务管理中的控制事件，如筹资、投资、利益分配等具体决策活动；价值即财务方面的价值观，如虚拟企业的财务目标是实现财务成果最大和财务状况最优，筹资的目的是资本成本最小化等；原则则是适用的伦理原则，它用来帮助人们进行行为选择；忠诚是财务服务的对象，

---

① 劳秦汉. 会计伦理学概论［M］. 成都：西南财经大学出版社，2005：362.

对虚拟企业而言，财务服务的对象则是各成员企业共同组成的集合体。其中忠诚是最为重要的，也是最费精力的一步。冲突往往发生在对忠心的权衡之上，这是由于各个方面对忠诚度的要求事实上不一样而且相互间可能会有冲突，这就给虚拟企业的财务留有可以操作的空间，随之而来则是一系列的伦理道德问题。所以，要培育虚拟企业的财务伦理，必先培育各成员企业对虚拟企业的忠诚度，各企业必须以虚拟企业的利益为中心，这样才能耦合各种不同的价值判断，促进树立正确的道德观念，避免出现财务伦理冲突。

2. 建立财务伦理的监督体系

财务伦理建设除了培养和提高伦理思辨能力外，还需要建立财务伦理的监督体系。它是用伦理原则来观察、描述和记录财务行为主体的行为，为判断某一财务行为是否符合伦理提供客观的依据。

（1）设立财务伦理委员会。

企业对员工如果没有任何约束，那么员工就不会有责任意识①。所以，我们可以在虚拟企业财务委员会或协调委员会之下设立财务伦理委员会，将伦理道德这种"软"约束向"硬"约束转变，企业伦理态度从消极、被动向积极、主动转变。财务伦理委员会致力于企业伦理规则、伦理执行等方面的工作，不断推动企业伦理计划、声誉管理，引导虚拟企业关注"我们的财务目标是什么?""财务行为的准则是什么?""社会责任是什么?"等伦理问题。虚拟企业通过设立财务伦理委员会，将伦理道德问题置于公司管理之中，逐步形成企业管理伦理化的发展态势。

（2）建立财务伦理评价体系。

道德是从内在价值上自然地规范人的关系的原则，它更多依赖人的自律发挥作用。人们虽然具有道德好坏的评判标准，但是人性的复杂化决定了很难用简单而易操作的量化指标去衡量。即便如此，我们也不能否定道德量化的作用，因为对财务道德的培养仅限于自律、教育是远远不够的，还必须通过可行的道德量化标准来加以衡量以形成某种意义上的"硬"约束，从而约束财务行为的选择。目前，西方国家已推出了多米诺 400 社会指数（DSI）、道指可持续板块指数（DJSGI）、Calvert 社会

---

① 科尔贝格. 道德发展心理学：道德阶段的本质与确证 [M]. 郭本禹，等译. 上海：华东师范大学出版社，2004：161.

指数、FTSE4GOOD 等道德指数，这些道德指数以金融数据的具体化标准反映投资者对上市公司道德选择的支持力度。笔者借鉴这个思路，试图建立一个制度化、规范化的财务伦理评价体系（见表5-1）。

表 5-1　　　　　　　　虚拟企业财务伦理评价指标体系

一级指标	二级指标	三级指标
财务伦理环境评价指标	行业环境指标	虚拟企业自律监管状况
	沟通环境指标	虚拟企业与社会的沟通程度
		各成员企业的相互沟通程度
		诚信信息披露程度
	法规环境指标	各成员企业诚信监管是否健全
		员工对法规的认知程度
财务伦理制度评价指标	财务伦理制度的制定	各成员企业诚信档案的建立
	财务伦理制度的实施	伦理委员会的管理度
		伦理实施程度的规范性
财务伦理文化评价指标	财务委员会价值观	财务委员会的伦理意识
		财务委员会对成员企业伦理教育情况
	财务人员的价值观	财务人员价值观念的教育状况
		财务人员价值观的认同程度

虚拟企业的财务委员会（或协调委员会，或盟主企业）组织有关专家对虚拟企业的财务伦理进行评判。通过推行道德量化考核，使得原本复杂、抽象的道德伦理变得具有一定操作性，从而为虚拟企业财务管理提供合理的依据。但是，道德量化可能使道德教育达不到道德教育和促进道德规范的内在化的目的，反而可能会把道德建设与功利动机联系起来，从而诱发道德虚伪和道德双重人格[①]。所以，建立财务伦理评价体系仅是一种监督手段，虚拟企业还需要将道德规范内在化，用教育的手段构筑虚拟企业的道德人格。只有同时运用这两种手段，实现自律和他律相结合，才能铸造出完美的财务伦理监督体系。

（3）公司治理融入伦理纬度。

公司治理的背景之一就是企业存在道德无序的现象，道德无序使得

---

① 朱元午，等. 财务控制 [M]. 上海：复旦大学出版社，2007：314.

企业无法节省本来基于道德自律可以节约的成本，所以，要想搞好公司治理必须要解决公司道德问题。可以说，财务伦理的培育有助于解决公司道德问题，进而有利于完善公司治理。反之，公司治理的逐步完善，公司道德也会随之提升，必然为财务人员创造一个良好的财务环境，财务伦理问题也会相应减少。基于这个思路，可以在公司治理中增加伦理纬度，将企业决策伦理化。虚拟企业在投资决策或其他决策分析时，要考虑决策行为的伦理道德因素。财务委员会可以在决策过程中撰写道德报告，反映财务行为的伦理思辨过程。道德报告既可以监督虚拟企业是否按照伦理思维决策，又可以帮助行为主体做出符合伦理道德的财务行为。道德报告是一种自我监督方式，它通过虚拟企业自身反省、对照其财务行为，形成比较稳定的财务伦理。这种"惯性"，有助于培养虚拟企业的内在道德规范，为虚拟企业的协调发展提供道德保障。

5.2　基于跨文化管理的制度安排

财务伦理是各种道德规范在财务领域的思想体现，是隐性财务制度安排的基础典范。而虚拟企业不同于传统企业，是跨文化的管理，它会对其隐性财务制度安排产生影响。在管理中，传统企业是通过较长时间的创造、积累形成文化，并对企业产生稳定的影响；虚拟企业是以网络技术为依托，跨越空间的界限，在全球范围内精选出合作伙伴，保证合作各方实现资源共享、优势互补和有效合作。虚拟企业中的成员企业多来自不同的文化背景，这就需要管理文化的交流、融合。文化可以提升企业的综合实力，而财务文化是文化在财务领域的表现方面。通过隐性财务制度可以促使财务文化发挥积极作用，从而实现制度安排的预期效果。

5.2.1　虚拟企业的跨文化管理

美国管理学家弗兰西斯曾说过："你能用钱买到一个人的时间，你能用钱买到劳动，但你不能用钱买到一个人对事业的奉献。而所有这一切，都可以通过企业文化而取得的。"① 由此可见,现代管理要使人性得到最完美的展现,必须充分发掘企业内在的文化含量。而任何一种文化形态的生成都与其民族的、历史的发展相联系。企业文化作为民族文化的有机组成部分,它的形成与发展必然根植于民族传统文化。民族文化是企业文化的源头,而企业文化是从属于民族文化并由民族文化决定的。为了获得竞争优势,虚拟企业往往在全球范围内选择合作伙伴,势必会涉及不同国家的、民族的传统文化与现代思潮,处于"文化边际域"的交汇地带,这使虚拟企业面临着由于文化差异带来的障碍。因此,就其组织形式上看,虚拟企业无法实施单一的文化管理,而必须实行跨文化的协调管理。

1. 虚拟企业的文化差异

虚拟企业是企业在开发、生产、销售过程中,通过网络在世界范围内形成由具有不同核心竞争优势的企业组成的临时性组织。为了延伸这个有生命力的组织,以便更好地适应外部环境,并保留自身形象,这个组织便使用各民族不同文化的劳动力,因而,该组织面临着内外文化差异的较量②。虚拟企业的文化差异集中表现在三个方面。

第一,法律制度和商业习惯的差异。虚拟企业的成员可能来自不同的国家,这将使虚拟企业首先面临不同法律制度的影响。各成员企业受到所在地国家法律制度的制约,不同的成员企业受到不同的法律制度的影响,如英美等国惯用习惯法、欧洲多数国家通行罗马法,这必然使虚拟企业的经营活动受到不同法律制度的牵制。同时,商业习惯也作为一个地区或国家文化的一部分,是长期形成并为众人所接受和遵守的从事商务活动的准则。尽管商业习惯不像法律制度具有强制性,但也会影响虚拟企业的经营。例如,加拿大的企业都极力维护自身的信誉,并对产品质量要求甚高;日本企业则十分重视面对面的接触,商业伙伴的登门拜访比信件接触更为有效。

第二,管理文化不同。来自不同地区、不同国家的成员企业,由于相对独立,都具有其独立的企业文化,在价值观、管理风格等方面存在

---

① 弗兰西斯. 历史的总结 [M]. 北京:北京大学出版社,1996:105.

② 戈泰,克萨代尔. 跨文化管理 [M]. 陈淑仁,周晚幸,译. 北京:商务印书馆,2005:49.

不同的认识。这使得虚拟企业在如何与同事、上下级相处，如何定位管理的目标、原则等诸多方面都存有差异。比如，雅克·奥洛维茨（Jacques Horovitz）在一项法、德、英的比较研究中指出，英国有90%的企业制定企业计划手册，德国为50%，而法国则为0①。在沟通方面，英国人的交流方式是含蓄的、归纳式的，工作组织方式呈单一制；法国人的交流方式是对称的、明示的、演绎式的，工作组织方式呈多样制。

第三，服务对象的文化氛围不同。不同的地区和国家具有不同的文化，不同文化氛围中消费者具有不同的消费需求。它可能表现为商品的不同款式、颜色，也可能表现为不同消费方式。只有迎合不同消费者的消费需求，才能保证虚拟企业繁荣发展。譬如，1892年，约翰·潘巴顿在美国创建了可口可乐公司（Coca-cola Company），使得可口可乐一直被认为是美国文化的象征。可口可乐公司在向世界各地扩张的过程中，注重把握各地的消费趋势，把公司产品和当地文化结合在一起。在中国，可口可乐公司配合春节促销活动分别推出了小阿福、小阿娇拜年的"春联篇""剪纸篇""滑雪篇""金鸡舞新春"一系列品牌广告，同时，还推出了十二生肖可乐罐、密语瓶系列等。这些具有强烈中国色彩的广告、包装把可口可乐与中国传统的民俗文化及元素相结合，满足了中国消费者的情感需要。

2. 文化差异对虚拟企业管理的影响

文化差异的出现给虚拟企业管理带来了重大影响，只有掌握管理的变革趋势，才能更好地进行跨文化管理。文化差异对虚拟企业管理的障碍主要表现在：一是文化差异使虚拟企业的管理活动更为复杂。由于文化差异，虚拟企业各成员企业有着不同的价值观和信念，由此决定了他们有着不同的需要和期望，并会付出具体的行为表现。但成员企业是为了共同的目标而集合在一起，虚拟企业会最大可能地满足他们的需要和期望，为此，这就要求虚拟企业的管理活动能够针对不同文化的特点进行沟通、激励、控制、领导，使得管理活动变得更加复杂，甚至会导致管理中出现相互冲突。二是文化差异使虚拟企业的决策活动更为困难。虚拟企业在具体决策时，常常会因为文化差异而导致沟通和交流中的失

---

① 戈泰，克萨代尔. 跨文化管理 [M]. 陈淑仁，周晓幸，译. 北京：商务印书馆，2005：53.

误和误解。同时，各成员企业有着不同的工作动机、需要，这就使虚拟企业更难以达成一致的、能为大家所接受的协议和决策，从而增加了决策活动的难度。三是文化差异使虚拟企业的实施更为艰难。虚拟企业需要成员企业为了共同的目标，有步骤、有计划、有安排的进行具体实施。但对于决策方案，不同文化可能会有不同的理解，导致工作表现"不合拍"。可见，虚拟企业加大了其决策实施和统一行动的难度。

此外，文化差异也给虚拟企业在开发产品、开拓市场等方面带来诸多优势。首先，文化差异使虚拟企业更易于从一个问题的多个方面进行分析，从而把握问题更为深刻、全面，这是单一文化下的企业难以获得的优势。同时，各种文化下的观点相互碰撞，更易产生新观点、新思想，便于企业创新。其次，文化差异造就了不同的管理方式，这不仅增加了虚拟企业管理的弹性，也增加了解决问题的技巧，使虚拟企业的管理活动更为高效。最后，文化差异可以使虚拟企业的产品更为多样化，可以满足不同文化背景下的顾客需求，为虚拟企业的国际化发展奠定基础。

所以，对于虚拟企业来说，关键就在于如何跨越文化差异的障碍，在多种文化的结合点上，寻求和创立一种双方都能认同和接纳的、能发挥文化优势的管理方式。由此，一种崭新的管理方式——跨文化管理应运而成。跨文化管理（Managing Across Cultures）是指涉及不同文化背景的人、物、事的管理。在管理过程中，虚拟企业就需要从文化差异对虚拟企业管理的影响入手，实施有的放矢；并在观念上，改变传统的单一文化管理的观念，把管理核心转向多元文化的相互协调之上。只有充分发挥多元文化和文化差异所具有的潜能和优势，创造协同管理的环境，才能使虚拟企业克服文化障碍，保持生机和活力，提高经营效率和竞争能力。

5.2.2 虚拟企业的财务文化

文化是一个宽泛的概念，由于认识角度不同，形成了多种观点。路德维格·维特根斯坦（Ludwig Wittgenstein）提出，"看一个词的定义就是看人们怎么用它"。从新制度经济学的观点看，我们将文化缩小至习俗的范围，讨论就有展开的可能①。制度学派的学者认为制度不仅包含正式规

---

① 李丽，宁凌. 企业发展的核心要素：文化资本 [M]. 北京：中国经济出版社，2006：23.

则、程序和准则，还涵盖了引导人类行为的非正式规则。这样的界定打破了制度与文化在概念上的隔阂，使得文化更加具体化。也就是说，制度经济学中的"制度"一词概括了社会学与人类学中的"制度"和"文化"。文化则相当于新制度经济学中"非正式约束"的一部分内容。从制度的角度来定义文化，认为文化是"一代人通过教育或示范传授给下一代人知识、价值或其他影响人们行为的因素的过程"（R. Boyd & P. Richerson，1985）。文化已作为通过教育和模仿而传承下来的行为习惯，对各种制度安排产生影响。

虚拟企业是一个"冲突综合体"（Conflict Synthesis），其文化是由群体中各成员企业的"共享"智慧共同构成的群体文化，因此，虚拟企业的文化与传统企业的文化迥然不同。传统企业文化仅是单一企业的文化因素，而虚拟企业的文化则是由各成员企业的文化整合而成的一种大同文化，这种文化突显了迎合虚拟企业运作特征的核心精神层面的东西，它是以适合虚拟运作的行为规范为保障，创造出的一种具有广泛适应性的新型企业文化。这种企业文化的核心和灵魂就是整体价值观念，即是将各成员企业的价值观念整合、积淀、结晶而形成的大家认同的一系列价值观念。将文化应用于财务领域就形成了财务文化。财务文化是文化在财务领域的渗透和体现，具体而言就是企业财务宗旨、财务观念及财务行为准则的综合。虚拟企业的财务文化主要体现在四个方面。

1. 理财观念

理财观念是企业理财的价值观，在企业理财中必须具有节约观念、效率观念、时间观念、风险观念等一般性财务理念，需要各成员企业共同信仰、共同遵守。特别是在虚拟企业的经营思想中，要加强对财务功能和财务重要性的认识。这些认识直接影响虚拟企业财务决策的谨慎度、财权授权层次和内容、财务组织架构、显性财务制度安排等。虚拟企业需要把理财观念渗透于处理各项财务活动之中，久而久之，就会形成虚拟企业良好的财务习惯，为虚拟企业的有效运行提供财务支持。

2. 职业道德观念

虚拟企业是若干契约的集合，核心企业和其他合作伙伴之间存在委托代理关系。受托方应有良好的信用观，忠诚守信，积极配合核心企业，按照事前约定恪尽职守并按时完成既定任务。委托方要充分信任受托方，适当授权放权，并对受托方进行监督。此外，协调委员会作为虚拟企业内部权威结构的最高层，要具有良好的职业道德观念，充分认识赋予自身的权力内容、行使权力的途径和程序，形成良好的职业操守和正确的责任观，促进虚拟企业内部受托方向委托方负责的企业文化氛围。

3. 风险意识

虚拟企业是因市场机遇而组建的，但市场机遇变幻莫测，深受市场竞争、产品市场等多种因素的影响，具有不确定性。同时，虚拟企业运作的成败和各成员企业密切相关，如果其中任何一方出现差错，都可能致使虚拟企业在市场中失利。所以，在激烈的竞争中，虚拟企业应意识到自身所面对的市场竞争压力，认识到虚拟企业从组建到运行，风险无处不在，这将有利于企业形成职业风险意识，谨慎进行各种财务行为。

4. 财务人员的素质

财务人员作为日常财务操作事项和财务决策的具体执行者，他们的财务知识、业务能力、财务工作的职业道德等财务素质直接决定了财务人员对显性财务制度的理解和执行情况，进而影响虚拟企业财务工作质量。特别是虚拟企业财务人员要具备"文化判断力"。因为虚拟企业中各成员企业存在多种文化背景，文化差异可能导致各成员企业对财务工作理解不同。例如，在财务计划方面，英国的计划程序是自下而上的，计划程度很完善，包括长期计划；法国长期计划不够完善；德国则将计划视为每个人的事情，非常重视中期计划。如果虚拟企业为了安排今后的财务工作，让各成员企业出具财务计划时，就会出现财务计划报告描述时间状况的不统一。为此，虚拟企业需要事先判断文化对财务工作的影响，可以通过事前统一规定财务计划报告的格式来加以规避。总之，在财务工作中要做到事前规范、事中沟通、事后调节，不断提高财务人员的"文化判断力"，从而最大限度地降低文化差异给财务工作带来的不便。

5.2.3 跨文化管理下的财务制度安排

柯沃克（Kovach Carol）教授归纳了跨文化管理与企业效益的关系[①]，

---

① KOVACH C. Based on observation of 800 second-year MBAs in field study teams at UCLA, 1977 -1980. Original model based on Kovach's paper, some notes for observing group process in small task-oriented groups, Graduate School of Management, University of California at Los Angeles, 1976.

他认为如果跨文化管理得当，会给企业带来好的效益；反之亦然。也就是说，跨文化群体要比单一文化群体更具有动态性和影响力。我们只有把握财务文化的内涵，才能在动态的环境中构建符合跨文化环境的隐性财务制度，提升文化价值，发挥财务"非正式约束"的效力。笔者认为，基于跨文化管理，虚拟企业财务制度安排主要体现在以下方面。

1. 创造彼此信任的财务文化环境

"跨文化"是设计虚拟企业财务制度的特定语境，财务制度只有符合特定语境的管理要求，才能更好地实现财务的协调管理。就构建财务制度而言，虚拟企业首先需要创造一个与跨文化管理相匹配的财务文化环境。

（1）建立学习型组织。

在新经济时代，企业已不再只是追求利润最大化的经济组织，更重要的是应被看作更符合创新的"学习型"组织。学习型组织（Learning Organizations）是由美国管理学家彼得·圣吉（Peter M. Senge）提出的，他认为"系统思维和创造性思维根源于知识及知识的灵活运用和潜能及智慧的开发"[1]，可见，学习对组织的持续发展至关重要。彼得·圣吉认为建立学习型组织的关键是要企业汇集"五项修炼"，这"五项修炼"即在组织中建立共同愿景（Building Shared Vision）、自我超越（Personal Mastery）、团队学习（Team Learning）、改善心智模式（Improve Mental Models）和系统思考（System Thinking），使组织形成"学习—持续改进—建立持续性竞争优势"的良性循环。

虚拟企业是知识经济时代的产物，它所固有的创新性、扩散性必将使其成为学习型组织的最佳实践者。在实际操作中，必须针对虚拟企业学习的特点，建立虚拟企业范围内的学习型组织，并相应映射到财务文化环境的培育之中。

第一，虚拟企业各成员企业必须相互信任。彼此之间相互信任对于学习型组织的虚拟企业至关重要。各成员企业都期望能从参与虚拟企业的过程中学到新的知识，但是很多这样的精髓都蕴藏在公司实践和文化当中，很难用简单的语句加以描述。只有在一种没有沟通障碍的环境中，各成员企业才能提升知识构成。特别是虚拟企业更为强调"E化学习"

---

[1] 圣吉. 第五项修炼 [M]. 北京：生活·读书·新知三联书店，1994.

（E-learning），即电子化学习或网络化学习。通过信息网络，虚拟企业各成员企业可以相互交流，及时解决遇到的财务障碍，并学习到各方的财务技巧、理财规划方案，从而不断突破组织成长的极限，以保持持续发展的态势。

第二，鼓励员工服务于虚拟企业。各成员企业的员工即使忠于本企业的建设，也可能缺乏为虚拟企业贡献的精神，这就不利于虚拟企业的整体协调。虚拟企业的长远发展，需要各方员工的共同主动、真诚的奉献。所以，构建虚拟企业范畴的学习型组织，需要鼓励员工服务于虚拟企业，树立为虚拟企业奉献的全局思想。在这样的氛围之中，才可能培育出服务于虚拟企业的财务文化环境，保证虚拟企业价值链的顺利运行。

第三，确立虚拟企业的共同愿景。共同愿景是一个组织中各个成员发自内心的共同目标。一般而言，各成员企业都有自身的远景规划，这个远景规划与成员企业自身的战略相一致。然而，虚拟企业是有一个共同目标的，它势必要求各成员企业完成虚拟企业赋予的使命、具体的目标、完成任务的时间表等。所以，各成员企业的远景规划必须服从于虚拟企业整体的共同愿景，这就需要遵循引导学习的原则，培养各成员企业主动奉献和投入的意识与行为。而不能由虚拟企业制定一本行动手册，强制性地要求各成员企业遵守。在共同愿景之中，必然涉及虚拟企业的财务规划，各成员企业必须依据具体的目标，相应地制订本企业的财务计划，养成整体思考的财务习惯。

第四，提高跨文化的理解力。虚拟企业中，无论是管理者还是一般员工，都需要不断检视自身在某种文化环境下形成特定的心智模式，而且要用跨文化的视角去理解对方的言谈举止、价值观等文化观念。虚拟企业需要培育能够接纳不同文化背景的心智模式，只有这样的组织才能够具有"创造性的张力"，更快地向学习型组织迈进。

（2）加强跨文化的沟通。

相互之间的信任关系依赖于良好的沟通。虚拟企业要建立相互信任的环境，必须在深刻理解文化差异所导致的沟通障碍的同时，充分利用先进的信息技术系统与通信网络，建立有效的沟通渠道，培养开放、坦诚的沟通气氛，从而使沟通直接高效。

首先，注重潜意识的沟通方式。伊夫·万坎（Yves Winkin）指出，沟通是一个持久的社会过程，它包括许多行为方式：语言、手势、目光、动作、个人间的空间距离①。所以，我们可以通过一个人的感悟，表达的语言和非语言信息、有意识和无意识信息等进行沟通。爱德华·哈尔（Edward Hall）认为，有意识的语言沟通尽管比较直接、明确，但所占比例不大，仅为10%左右。交流的主要方式还是处在潜意识层次上的面部表情、目光接触、声调强弱、对话的语速频率、激动程度等。这些潜意识的信息受文化背景的影响很大，它们本身是会被察觉、被领会的，并能引起信息接收人的反馈。由于文化差异，人们相互交流的进程可能会改变。在跨文化沟通的前提下，虚拟企业要尽可能在交流前了解各种文化背景，并对各种文化差异给予理解，尽可能地排除潜意识沟通造成的干扰因素。

其次，建立和改进双向沟通渠道。在双向沟通过程中，反馈是重要的一环，它能使信息发出者及时了解信息在实际中是如何被理解的，倘若信息接收者遇到各种问题，也可以得到信息发出者的帮助，实现信息的有效传递和理解。在虚拟企业中，多文化的融合更需要双向沟通的表达方式。如果一方成员企业不顾文化差异的客观存在，盲目地进行任务传递，可能致使另一方成员企业面临异常尴尬的局面。因为有些任务在不同的文化背景下，人们的理解可能不同。如中国文化是一个高语境文化，传递任务时讲究点到为止、言简意赅，而美国文化是一个低语境文化，强调直截了当、开门见山，若低语境文化的企业接受到来自高语境文化企业的任务时，可能对高语境的表达感到莫名其妙，不知所云。这时就需要采取双向沟通的方式，重视低语境文化企业的反馈意见，使双方进行有效的沟通。

2. 建立跨文化的人员管理模式

随着经济的发展和社会的进步，人力资源和人力资源管理越来越为人们所重视。人力资源是文化、知识、科技的载体，在社会生产力的诸要素中处于主导地位。因此，一个企业经营的优劣，在一定程度上取决于内部人力资源的管理。而文化不仅影响人们的思维方式，也影响人们具体的日常行为，所以虚拟企业会面临跨文化对其人员管理活动的影响。跨文化的人员管理就是根据文化差异的特点进行合理控制和管理，在交

---

① 戈泰，克萨代尔. 跨文化管理［M］. 陈淑仁，周晓幸，译. 北京：商务印书馆，2005：37.

叉文化的背景下通过人员之间的相互适应、调整，以提高人员配置的管理活动。跨文化人员管理的重要环节是跨文化人员的利用，这关系到虚拟企业目标的实现及发展。

首先，了解文化差异，建立人员管理新思路。在跨文化的管理背景之下，要改变在单一文化环境中固有的管理习惯和管理模式，就要将虚拟企业中不同文化背景的员工整合起来，调动其积极性和创造性，使其为虚拟企业的共同愿景而努力。这就要求虚拟企业的核心企业必须了解各种不同文化的特色，进而对所持有这种文化观念的员工进行了解；同时，比较不同文化类型并找出相互之间的分歧、相近的层面，从虚拟企业整体利益出发进行协调，为跨文化性的交融和整合互通做好铺垫。通过整合不同文化，促进各成员企业之间的相互借鉴、融合和创新，在相互学习中形成适合自身发展的人员管理模式。

其次，选派高素质的管理人才。虽然虚拟企业存在三种不同的组织模式，但最终都会形成虚拟企业管理的一个"核心"。跨文化管理能否得到有效实施，关键就在于能否选拔出一批高素质的跨文化管理人员。以联邦模式为例，由各成员企业选派人员共同组建协调委员会，对于这些选派人员而言，他们不仅要忠实代表和维护虚拟企业整体的利益，具备丰富的专业知识、管理经验，而且要具有在多元文化环境下进行各项业务工作和管理所必需的特定素质，还要善于控制和调节不同文化给企业管理带来的难题，具备对不同文化的适应和协调能力、多元文化的认知能力、人际交往的敏感性等。

最后，进行跨文化人员培训。IBM前总裁沃森（Tom Watson）曾说："就企业相关经营业绩来说，企业的基本经营思想、企业精神和企业目标远远比技术资源或经济资源、企业结构重要得多……但我认为，它们无一不是源自企业员工对企业基本价值观念的信仰程度，同时源自他们在实际经营中贯彻这些观念的可信程度。"[①] 可见，员工在企业管理中具有非常重要的作用。同理，为了实现跨文化管理，虚拟企业必须要加强对内部成员的跨文化培训，发挥员工在经营管理中的能动性。目前，英特尔公司、摩托罗拉公司等已设立了跨文化培训机构，将不同企业文化背

---

① 科特，赫斯科特. 企业文化与经营业绩 [M]. 曾中，李晓涛，译. 北京：华夏出版社，1997：22.

景的经营管理人员、普通员工结合在一起进行多种形式的培训。跨文化培训的主要内容包括：人际关系技能的培训、解决冲突的技巧培训、敏感性培训、维护团队行为规范的培训、团队决策技巧的培训等。跨文化培训可以采用内部信息网络宣传、发放相关文字资料、召开视频会议等多种培训方法。总之，跨文化人员培训就是试图打破员工心中的文化障碍和角色束缚，加强员工对不同文化环境的适应性，提高不同文化之间的合作意识和联系。

3. 培育财务文化

在企业中，首先要管理人与人之间、国家之间和不同文化之间的关系[①]。虚拟企业面对纷呈繁杂的文化，为促使其产生协同性，应努力在企业内部发展一种新的人文思想。一种文化一旦形成就存在作用力，这种力量称之为"文化力"，主要包括导向力、激励力、约束力、凝聚力、竞争力等，各种力量相互作用，必然会形成一种强大的内在驱动力。财务管理是虚拟企业管理的重要组成部分。对财务管理领域而言，虚拟企业不能只顾财务技术方法的发展，还需要培育坚实的财务文化作为虚拟企业发展的精神支持。

（1）培育财务文化的前提：文化融合。

任何一种文化的存在都不是散漫的，而是按照一定的法则、秩序结合起来的。但这种结合不是一成不变的，它会在吸收、扬弃其他文化的基础上重新构建。可见，文化差异与文化融合是不可分割的两个方面，文化融合是化解文化差异的必然逻辑，是实现管理进步的阶梯。这就要求虚拟企业的文化融合要以文化差异为前提，根据各成员企业的文化倾向，融合差异导致的行为和制度差别，并把"融合"文化变成企业经营的资源和优势加以利用。如英特尔公司成立了"多重文化整合委员会"，通过开展各种各样的文化融合活动，避免文化冲突导致的管理混乱。

文化融合是培育财务文化的前提。在虚拟企业中，管理者要善于让财务人员从文化的视角来分析或描述一个财务问题，让财务人员的观念由"我要怎样解决问题"向"基于文化差异，我要怎样解决问题"转变。只有了解不同文化下描述问题的方式方法，虚拟企业的财务人员才

---

① 戈泰，克萨代尔. 跨文化管理 [M]. 陈淑仁，周晓幸，译. 北京：商务印书馆，2005：100.

能找出所描述问题背后的文化假设，在兼顾文化和经济双重标准下，寻求问题的最佳解决方案。只有在这种状态下，才能形成各方均认可的财务文化，并成功地规范跨文化管理下的财务行为。

（2）培育财务文化的主体：核心企业。

各成员企业在虚拟企业中处于不同的地位，其作用也不同，而核心企业的核心地位决定了其要发挥核心的作用。在跨文化管理中，核心企业是培育虚拟企业财务文化的主体，发挥着监管、沟通、协调的作用。首先，监管作用。虚拟企业文化管理不同于传统企业的文化管理，不能用行政命令等方式直接塑造文化，需要利用威望等方式培育文化。而核心企业"天生"具有这方面的优势，其担当文化监管者成为必然。其次，协调作用。各成员企业文化是在每个企业的实践过程中形成的，而虚拟企业文化是服务于虚拟企业这一企业联合体的。可能会出现虚拟企业文化与单个成员企业文化不一致的情况，此时，核心企业就需要利用自身的优势进行协调，防止出现自身企业文化凌驾于虚拟企业文化之上的现象。最后，沟通作用。虚拟企业得以生存的一个前提是信息的快速流动，虚拟企业文化的形成也需要各成员企业之间的信息沟通。虚拟企业中各成员企业的关系交错复杂，必然需要一个中间者管理文化的沟通。由于核心企业居于虚拟企业中的地位以及各方面的优势，可以得到其他成员的认同，能够担当跨文化沟通的角色。在沟通过程中，核心企业需要跳出自身企业的边界，从虚拟企业整体利益出发塑造财务文化。

5.3 基于伙伴关系的制度安排

虚拟企业是不同企业为了实现共同目标，通过资源流动和网络结构联结起来共同完成某项使命的一种相对短暂的企业间合作安排。它的内部结构是多个主体之间资源交换和共享的伙伴关系。莉萨·伯恩斯坦（Lisa Bernstein）认为，"靠着在信誉基础上建立起来的伙伴关系纽带以及以此为基础的商业来往是远比法律体系更为高级的规则和制度"①。所

---

① BERNSTEIN L. Opting Out of the Legal System: Extra Legal Contractual Relations in the Diamond Industry [J]. Journal of Legal Studies, 1992 (21): 115.

以，虚拟企业的行为规范涉及内部各成员企业之间的相互关系。

5.3.1 虚拟企业关系资本的形成

1. 关系资本的界定

"关系"在人们生活中占据了十分重要的地位，其含义也在日益更新。"关系"的本意是事物之间相互作用、相互影响的状态，在社会学看来，"关系"强调"个人化"的人情关照和信赖，是一种非系统化的非正式关系。但是拥有关系不等同于拥有关系资本，关系只是关系资本的重要源泉。按照马克思主义政治经济学的观点，资本是能够带来增值的价值。"多数劳动者，在同一生产过程内，或在不同的但相互联系的诸生产过程内，依计划、并存地、协同地进行劳动的劳动形态，称为协作"①，"由协作而发展的劳动的社会生产力，表现为资本的生产力"②，也就是协作可以扩大劳动的空间范围，协作发挥的劳动的社会生产力表现为资本的生产力。换言之，个体之间通过相互之间的关系而相互协作为关系转化为资本提供了可能。我们只有通过梳理和有效经营这些无序堆积起来的关系才能使其带来未来收入流，形成关系资本。

20 世纪 80 年代，美国经济学家布鲁斯·摩根（Bruce Morgan）在《关系经济中的策略和企业价值》中指出关系就是一种资源、一种资产，并首次使用了"关系资本"这一概念，认为关系资本有不同的表现形式，如企业与金融界的关系、企业与企业间的关系、企业或组织内部的横向和纵向关系，等等。迄今为止，理论界对于关系资本的定义和基本内涵还没有达成共识。较具代表性的观点认为：①关系资本是企业与处于同一价值网络的供应商、股东、政府和盟友等所有利益相关者的有利于提高企业价值的互动关系（Nick Bontis，1998）③；②关系资本指在联盟伙伴之间，各层级紧密互动下彼此相互信任、尊重及友谊产生的程度（Kale，2000）④；③关系资产是基于关系过程的价值体现，是一种不确切

① 马克思. 资本论：第 1 卷 [M]. 北京：人民出版社，1953：389.
② 马克思. 资本论：第 1 卷 [M]. 北京：人民出版社，1953：401.
③ BONTIS N. Intellectual Capital：An Exploratory Study that Develops Measures and Models [J]. Management Decision，1998，36（2）：63-76.
④ PRASHANT K. Learning and Protection of Proprietary Assets in Strategic Alliances：Building Relational Capital [J]. Strategic Management Journal，2000，21（3）：217-238.

资产或无形资产（吴淼，2002）①；④关系资本的定义是个人或者企业与利益相关者为实现其目标而建立、维持和发展关系并对此进行投资而形成的资本（彭星闾 等，2004）②；⑤关系资本是指企业与客户、投资者、供应商、政府、社会公众等利益相关者的关系和企业声誉（冯桂中，2006）③；等等。从上述观点可以看出，目前对关系资本的研究各有侧重，但基本都是从个人角度的联系出发，认为关系资本是建立在个人层面上的，体现相互之间的信任、友好、尊敬和相互谅解的关系。企业关系资本的涵盖范围不再局限在个体间的人际关系，还包括了企业与员工、供应商、顾客等利益相关者之间全方位的联结关系。这种特定的联结关系构成了企业所具有的不可交易、不可替代和不可模仿的独特优势。如果一个企业缺乏关系资本，会带来一定的损失。Mohan Sawhney 和 Jeff Zabin 的研究结果显示④，一个年产值 5 亿美元的公司因其恶劣的伙伴关系导致每年 0.62 亿美元的损失，约占年总产值的 12.4%，可以看出关系资本对于企业价值创造是至关重要的。特别是在目前激烈竞争的市场环境下，企业的生存发展更强调企业间的相互依存、相互协作，所以，对其所拥有的关系网络进行投资才能更好地创造和传递企业的价值。

2. 虚拟企业关系资本的形成原因

虚拟企业作为一种企业集合，使得企业的各种核心资源超越单个企业的界限而转向整个企业网络成为可能。美国生产商价值 55% 的资源是由企业外的供应商所提供，在日本甚至高达 69%⑤，这充分表明企业并不是孤立地进行生产经营，而更多地依赖企业之间的相互合作。虚拟企业通过各成员企业之间建立的相互关系，目的就是给这种关系的拥有者带来最大化效益。换言之，企业与企业之间的伙伴关系是以一种特定的方式将各种资源结合起来的，并能产生一种大于单个企业收益之和的超额收益，即关系性租金。企业通过虚拟企业拥有的独特伙伴关系资源，成

① 吴淼. 关系资产与企业收益创造：兼论不同社会形态下的企业收益变化 [J]. 中南财经政法大学学报，2002（2）：103.

② 彭星闾，龙怒. 关系资本：构建企业新的竞争优势 [J]. 财贸研究，2004（5）：49.

③ 冯桂中. 人力资本、结构资本和关系资本关系探析 [J]. 企业活力，2006（8）：57.

④ SAWHNEY M, ZABIN J. Relational Capital: Managing Relationships an Assets [J]. Marketing Science Institute, 2001（12）：7.

⑤ 董俊武，陈震红. 从关系资本理论看战略联盟的伙伴关系管理 [J]. 财经科学，2003（5）：82.

为其所占有的关系资本，并得到从中而来的关系性租金。正是这种关系性租金成为虚拟企业提高生产效率和竞争力的源泉。

基于此，虚拟企业的关系资本更为强调各成员企业之间专有并共享的相互信任、友好、承诺等组织中的独特性关系资源。这种资源主要存在于虚拟企业内部，可带来无法复制和模仿的竞争优势。虚拟企业关系资本的形成不是一蹴而就的，需要各成员企业共同努力，是一个动态复杂、呈阶段性的改进过程。在关系资本形成的初级阶段，由于对各伙伴的信息了解不够，各成员企业间难免存在相互猜疑、窥探情报、试探行动等行为，因而伙伴关系往往具有不稳定性。但是随着时间的推移，合作伙伴根据对方在虚拟企业中的实际表现，就会对虚拟企业的信心做出判断。若合作伙伴不断增加对其他合作伙伴的信赖，则相互的疑虑将逐步减少，开始萌发相互信任。此时，就形成了真正的伙伴关系。只有各成员企业通过伙伴关系的相互协作获得关系性租金、创造新的合作价值，虚拟企业各方才有积极性来促成关系资本的形成；相反，如果各成员企业无法获得关系性租金，虚拟企业则直接面临解体。具体而言，专用性资产、知识共享、互补性资源能够为虚拟企业产生关系性租金，并形成关系资本。

（1）专用性资产。

威廉姆森（Williamson）提出了资产专用性的概念，并将其划分为地点专用性、物质专用性和人力资源专用性。资产专用性显示出企业资源的异质性，并在一定程度上锁定了当事人之间的关系，对此，当事人双方就不可能不耗费成本地转换伙伴，且交易当事人相互之间的关系可以减少讨价还价的可能性，从而推动新的交换价值的创造。地点专用性可以减少存货成本、提高相互之间的协调性；物质专用性不仅能够提高产品质量，还能增加产品的差异化程度，提高产品竞争性；人力资源专用性包括专门的知识和经验，它们有助于伙伴间的沟通和配合，利于培养共同的意识。

专用性投资往往是不可收回的沉淀成本，所以，虚拟企业各成员企业的不可收回的专用性投资就构成参与虚拟企业的"抵押品"，由此构成一种可置信承诺，这样成员企业就形成自我实施的单边协议，形成不断地进行这种交易的自我约束。同时，对于专用性资产的投资也构成持续性参与虚拟企业的显示信号。这样既起到了参与虚拟企业的甄别作用，又能诱致其他成员企业参与可置信承诺。每一个成员企业都形成这种自我实施的单边协议，相互激励、相互诱致。由此，通过不可收回的专用投资形成的可置信承诺构成一个可自我实施的"网络效应"，而"网络效应"的保障即为相互信任。这种信任是各成员企业为了扩展利益机会，通过不可收回的专用性资产作为"抵押品"而形成可置信承诺建立起来的。因此，只有建立起各成员企业的可置信承诺，才能形成虚拟企业的关系性租金。

需要说明的是，虚拟企业专有性资产的投资增强了合作伙伴之间的信任水平，从而降低了交易成本，提高了虚拟企业的经营效益；同时，具有高度资产专有性投资的虚拟企业往往更为稳定，其生命周期更长。

（2）知识共享。

虚拟企业建立关系资本就在于通过整合各成员企业的优势资源以产生协同效应，创造其他企业无法模拟的关系性租金，以提高企业的市场竞争力，实现更多的价值创造。资源的共享和整合是虚拟企业通过相互合作提升各方竞争能力的关键。在知识经济时代，知识成为企业具有战略性的资源，它只有在相互交流中才能得到更大的发展。虚拟企业通过建立知识共享来创造自由、开放的交流氛围，有利于在虚拟企业内部建立相互信任关系，进而建立关系资本；同时，良好的信任关系也有利于进一步促进虚拟企业间知识共享的深度和广度。很多事实表明知识共享能够产生关系性租金，如 Von Hippel 发现在某些产业三分之二的发明创造可以追溯到顾客的需求；波特发现企业的知识溢出所带来的提升效应是区域竞争的重要来源；Powell 发现在生物医药行业绝大多数的专利，都是来自企业的网络而不是单独的企业行为[①]。因此，知识共享投入得越多，产生关系性租金的机会就越大。

需要强调的是，知识共享仅表征各成员企业对"交易各方有关诀窍和特定信息相互感知的一种静态关系"[②]，这种知识共享不能形成战略知识。知识共享并非一般意义上的知识共有，是指在感知交易各方特定信息和诀窍的基础上，经过学习、吸收、融合和创新，以改善原有知识的

---

① 林竞君. 网络、社会资本与集群生命周期研究——一个新经济社会学的视角 [M]. 上海：上海人民出版社，2005：127.

② 常荔，李顺才，邹珊刚. 论基于战略联盟的关系资本的形成 [J]. 外国经济与管理，2002（7）：33.

价值，形成新的战略知识，它强调对知识的学习和能力的获取。

（3）互补性资源。

关系性租金的另一个来源是虚拟企业各成员企业所拥有的互补性资源，这些资源的共同组合可以产生协同效应，使得组合中的任一成员企业比其作为单一运作的企业能够获得更高的赢利能力。一般而言，互补性资源通过配合和副产品两个途径为虚拟企业提供便利，这都意味着各成员企业的关系性租金受益于其资源和能力的特性。如果成员企业的互补性资源越是稀缺的、难以模仿的，那么通过相互配合和副产品途径就会获得更多的关系性租金。

此外，各成员企业需要准确了解互补性资源所能产生的关系性租金的价值，否则就会限制关系性租金的创造。Dryer（1998）认为限制关系性租金创造的因素主要有：第一，参与网络的经验。成员企业如果事先具有参与虚拟企业的经验就能了解关系性租金的价值，当其遇到联盟机会的时候，就会积极加入虚拟企业，以期获得关系性租金。第二，网络管理能力。如果企业投资网络管理能力，那么企业的员工就具有网络管理知识。这样有利于识别潜在的合作伙伴和协调、监管现有的合作伙伴，为创造关系性租金提供可能。第三，获取潜在合作伙伴信息的能力。能否评价和识别潜在的合作伙伴取决于信息获取的能力，如果企业占据有利的网络位置，就可以获取丰富的信息，为了解潜在的合作伙伴、组建虚拟企业提供可能①。因此，虚拟企业获取关系性租金的能力与事前参与网络的经验、网络管理能力的投资、有力的网络位置呈正相关。

5.3.2　伙伴关系下的财务制度安排

各成员企业之间的伙伴关系增强了虚拟企业内部的相互沟通、协调、了解和信任，并促进关系资本的形成与保持。由于虚拟企业在经营环境中的不确定性，各成员企业的冲突在所难免，因此，虚拟企业需要在运作期间不断维护关系资本，否则易导致关系资本价值的弱化。笔者认为，为了维护虚拟企业的关系资本，财务制度安排应从以下方面着手。

1. 构造良好的沟通环境

维护关系资本首先需要一个良好的沟通环境，因为环境的好坏直接

---

① DYER J H, SINGH H. The Relational View: Cooperative Strategy and Sources of Interorganizational Competitive Advantage [J]. Academy of Management Review, 1998 (23): 660-679.

影响到各成员企业之间能否建立密切的、可信赖的伙伴关系。关系伙伴间的相互适应有利于关系效率的提高和合作价值的创造，更有利于关系资本的形成。因此，构造一个能使价值增值、相互制约、共存的沟通环境是降低合作风险、维护关系资本的必要条件。笔者认为构建虚拟企业信息交换平台有利于构造良好的沟通环境。

虚拟企业是由核心层企业和松散层企业共同组成的融纵向与横向结构为一体的网络化组织。核心层企业通常负责整体的发展战略和发展方向，并负责内部重大问题的协调和处理；松散层企业主要是配合虚拟企业的生产经营。虚拟企业的外部环境因素具有很大的不确定性，其内部成员企业都需要根据技术和市场环境的变化来改变自己的策略，这就要求虚拟企业采用柔性化管理。而柔性化管理的最大特点就是各成员企业之间对于信息的交互和共享，它是各成员企业彼此相互信任、互为兼容的基础。因此，在虚拟企业内部建立各成员企业共享的信息交换平台，可以保证各合作伙伴不断地向信息交换平台输送信息，同时也获取信息，为实现虚拟企业良好的沟通环境创造硬件条件。此外，在信息的交互沟通中，还要注重利用各种正式、非正式的渠道和方式进行交流，如网络、电话、信函等，这些是信息交换平台所无法取代的。

2. 注重关系资本的价值衡量

企业为建立和发展关系资本而投入的人力、物力及财力等资源构成了关系资本的成本，相应地企业利用关系资本可以获取收益。只有获取的收益大于投入的成本时，企业的关系资本才具有经济价值，所以对关系资本的价值评估至关重要。虚拟企业的关系资本是基于内部各成员企业建立的伙伴关系而享有的关系资源的，对于关系资本的评估笔者认为主要有以下两种方法：

（1）定性分析——社会人际测量调查法。

虚拟企业通过社会人际测量调查法描绘伙伴关系网络的规模，定性地评估关系资本。协调委员会（或财务委员会或盟主企业）针对虚拟企业的组织模式、行业特点等，对各成员企业进行调查（见表5-2），为评估关系资本提供原始素材。调查数据获取得越充分，关系资本的分析就越准确。

调查内容 \\ 指标	A "密友" 的个数	B "密友" 之间的联系数量	C 可能出现的最大联系数量	D 密度 D=(B÷C) ×100	E 冗余 E=(2×B) ÷A	F 有效规模 F=A−E
问题 1：工作联系						
问题 2：项目支持						
问题 3：非正式交往						

表 5-2 虚拟企业关系资本调查分析表

资料来源：贝克. 社会资本制胜——如何挖掘个人与企业网络中的隐性资源［M］. 上海：上海交通大学出版社，2002：43. 有删改。

人们可以通过对每个成员企业的针对性调查内容，如"和几个企业有工作联系""为几个企业提供项目支持""和几个企业有非正式的交往"等，进行统计密度、冗余、有效规模的定性评估。其中，"密友"是与每个成员企业相关的企业。"密友"的个数反映的是绝对规模；"密友"之间的联系数量是各"密友"两两之间实际发生联系的数量；可能出现的最大联系数量是理论中可能出现各"密友"之间发生联系的最大数量，可以通过 C_n^2 计算得来。计算"密度"这一简单的衡量尺度，有助于表明"各成员企业之间的联系"的程度。"密度"是用"密友"之间的实际联系数量与他们之间可能出现的最大联系数量的百分比来表示的，数值范围从 0 到 100%。如果所有"密友"全都相互联系，那么其密度就是 100%；如果所有"密友"全都不联系，那么其密度就是 0。"密友"之间的"高密度"联系表明关系网中存在着"冗余现象"。比如，如果两个"密友"之间有直接联系，那么第三方再和这两者的联系就是多余的。"冗余"并不意味着这两个人可以相互替代或交换，相反，它表明了关系网的进一步延伸。因为如果存有冗余现象，那么就是同一班人保持联系，关系网络就会趋于一致，从而影响关系网络的延伸。考虑"冗余"问题的方法是把绝对规模和"有效规模"进行对比。根据这种方法，通过绝对规模、密度、重叠度、有效规模的加总分析，可以全面掌握虚拟企业关系资本强弱。若密度越高、有效规模越大，则表示该成员企业的关系资本越密集，那么该企业在虚拟企业中越能发挥联结作用。

（2）定量分析——构建数理模型。

关系资本区别于物质资本的诸多特性使人们很难用数学模型全面反映其实际价值。随着关系资本所创造的企业价值越来越大，我们有必要对其价值进行定量分析。在已查阅的文献中，与关系资本有关的数理模型很少。即使采用数理模型分析关系资本的实际价值也是不完整的，它仅能解释关系资本中较小的显性价值①，而实际价值远远大于其显性价值。虽然数理模型不能全面反映关系资本的价值，但其也能在一定程度上反映关系资本所带来的价值增值，有利于企业的投资决策。

本书在此借鉴现金流量折现法，试图构建虚拟企业关系资本数理模型的框架。现金流折现法是在考虑货币资本时间价值的前提下，对关系资本的价值进行计量，即关系资本价值等于企业在进行关系投资后所获得的额外收入减去企业为建立、维护、发展关系资本而投入的一切成本。虚拟企业内部单一成员企业关系资本的价值衡量（NPV）如下：

$$NPV(k) = \sum_{t=1}^{n} \frac{[R_i(R_0,t,v) - R_0(1+r)^t] + [C_0(1+r)^t - C_i(C_0,t,v)] - RC(R_0,C_0,t,v)}{(1+r)^t}$$

假设企业不实施其他经营战略，其中，t 表示年数，v 表示关系资本的强度，r 指该企业的资本成本。R_0 和 C_0 是企业投资关系资本前的总收益和进行生产交易所花费的总成本；R_i 是企业建立关系后的第 t 年的总收益，它是与 R_0、t、v 相关的函数；$C_i(C_0,t,v)$ 是企业建立关系后第 t 年企业进行生产经营所花费的成本，它是与 C_0、t、v 相关的函数；$RC(R_0，C_0，t，v)$ 是当年企业为了建立、维护关系资本而投入的成本，它是与 R_0、C_0、t、v 相关的函数。依此类推，将所有成员企业的关系资本的价值进行加总，就可得到虚拟企业关系资本的价值，即 $TNPV = \sum_{k=1}^{m} NPV(k)$。其中，$k$ 表示虚拟企业内部第 k 个成员企业。

根据以上模型可以得出以下结论：

当 $TNPV \geq 0$ 时，说明虚拟企业建立、维护和发展关系所实现的收益大于所付出的成本，虚拟企业内部具有良好的伙伴关系。$TNPV$ 的值越大

---

① 显性价值代表的是仅以财务数据所表现出来的显性收入，即企业在经济活动中运用关系资本所获取的额外收益和实际成本的节约都可看作是关系资本经营的收益。

则虚拟企业创造的价值就会越大，越能发挥关系资本优势资源的作用。

当 $TNPV < 0$ 时，说明虚拟企业建立、维护和发展关系所实现的收益小于所付出的成本。$TNPV$ 的值越小则对创造价值的贡献就越小，对虚拟企业的发展越不利。此时，虚拟企业要么重新考虑筛选合作伙伴，放弃那些不利于企业创造价值的合作伙伴；要么虚拟企业需要加强内部沟通，协调内部关系，创造一个良好的沟通环境，使 $TNPV$ 由负值变为正值。总之，虚拟企业应慎重地选择合作伙伴，在满足 $TNPV \geqslant 0$ 的情况下，应尽可能地保证每个成员企业的 $NPV \geqslant 0$，使两者均实现最大化。

3. 增加关系资本的投资

加强虚拟企业的伙伴关系需要各成员企业对关系资本这种专用性资产进行投资，这是提升关系伙伴间信任水平的有效手段。当各成员企业对关系资本做出了专用性投资后，各方就被"锁定"，这种"锁定"效应的实质是任何一方的退出都同时给关系各方造成损失[1]。关系资本这种资产专用性越强，"锁定"效益就越强，所以，关系资本的投资越多，各成员企业之间的关系越稳定，越有利于虚拟企业的价值创造。

虚拟企业应通过以下方式来对关系资本进行投资：第一，建立"人性化场合"。爱德华·哈洛韦尔（Edward Hallowell）提出通过建立"人性化场合"来对关系资本进行投资，"人性化场合"的前提是：一是人要实实在在地存在，二是人要投入注意力。虽然电子媒介已成为有效的通信模式，能够加速常规信息的传播，并提高了准确程度，但电子技术"缺乏社会榜样和经验共享"，所以哈洛韦尔认为没有什么事物能够替代由面对面交流所创造出来的人性化场合。虚拟企业作为一个团队的集合，必须先进行面对面的交流，然后才能通过电子通信进行沟通、协调。每一次面对面的交流就构成人性化场合，就等于对关系资本进行投资。第二，投资所归属的组织。"就像我们投资人际关系一样，我们也能投资我们所属的协会、团体和组织"[2]。在联邦模式下，虚拟企业各成员企业都受协调委员会的管理，各成员企业可以向协调委员会贡献自身的资源，例如在委员会中任职、提供信息、提供技术方案等。这些将各种资源投

---

① 彭星闾，龙怒. 关系资本：构建企业新的竞争优势 [J]. 财贸研究，2004（5）：53.

② 贝克. 社会资本制胜——如何挖掘个人与企业网络中的隐性资源 [M]. 上海：上海交通大学出版社，2002：135.

入所归属的组织中也是一种间接的关系资本投资。第三，弥补结构空洞。Burt 于 1992 年提出结构空洞理论，该理论认为大部分社会网络并不是完全连通的网络，而是存在着结构空洞（Structural Hole）。所谓存在结构空洞的网络是指网络中的某个或某些个体与有些个体发生直接联系，但与其他个体不发生直接联系。如图 5-2 所示，由 A、B、C 三者构成的网络，A 分别与 B、C 之间存在某种联系，而 B 与 C 之间出现了间断现象，这时 A 占据了结构空洞的位置。每一个结构空洞都代表着通过沟通人际关系而创造价值的机会，都为关系资本投资提供了天然的机会。在虚拟企业中弥补结构空洞，即 B 与 C 之间建立联系，就会建立起一种由生产力的合作、信任与"互惠"的环境，不断地创造出新价值。其实，虚拟企业具有"天生"的优势，其内部通过信息网络联结，这为弥补结构空洞提供了有力的手段。此外，还需要协调委员会与各成员企业保持密切联系，使协调委员会了解弥补结构空洞的可能性；同时，虚拟企业多召开一些正规会议，并挑选与会者，以涵盖各企业、各部门的有关人员，也能使正规会议成为弥补结构空洞的有力工具。

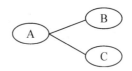

图 5-2　结构空洞示意图

4. 规避关系资本风险

由于关系资本具有资产专用性的特点，因而就可能导致发生机会主义行为，出现"敲竹杠"问题。"敲竹杠"就是交易者在不完整契约下从交易合伙人所进行的专用性投资中寻求准租的一种后契约机会主义行为[1]，它会使关系资本产生风险。为了规避关系资本的风险，笔者认为应从以下两方面加以控制：第一，发挥协调委员会等核心机构的协调作用，以降低信息的不完全性和不对称性，减少虚拟企业出现机会主义行为的可能性。协调委员会应在组建之初就明确自己的责任，充分了解虚拟企业运作的整体链条及各成员企业的核心竞争力，并树立伙伴企业对虚拟企业的信心。第二，严格选择和衡量关系伙伴，以降低关系资本的风险。

---

① 彭星闾，龙怒. 关系资本：构建企业新的竞争优势 [J]. 财贸研究，2004（5）：53.

在实际操作中，合作伙伴的选择和衡量可分为预备阶段、过滤阶段、核心竞争能力评价、综合评价优化四个阶段。在预备阶段，虚拟企业的发起人即核心企业对市场机遇进行系统分析，确定虚拟企业的总体目标，再把总体目标分解为若干子目标。根据项目的特点设计完成子任务的合作伙伴评价指标体系，并从市场中寻找可能成为潜在的合作伙伴。过滤阶段是从潜在合作伙伴中选择出合格的潜在合作伙伴。玛丽·约翰孙（Mary Johnson）等人的研究表明，虚拟企业可以采用持续时间、联系的频率、联系渠道的多样性、能力对称性及合作关系的促进五个纬度进行企业合作伙伴的选择[①]。总之就是，虚拟企业的发起人即核心企业依据考虑的主要因素从潜在的合作伙伴中选择出合格的潜在合作伙伴，精减候选合作伙伴的数目。在核心竞争能力评价阶段，是对初选合格的潜在合作伙伴的核心竞争力进行评价，从每个子任务潜在合作伙伴中选择出核心竞争能力较强的几个候选合作伙伴。可根据具体情况运用定性评价法、定量评价法进行考评。合作伙伴的各自任务并不是完全独立的，需要相互配合和协调，因此，在选择最优的合作伙伴时不仅要考虑个体有效性，还要考虑虚拟企业整体有效性。在综合评价优化阶段要根据区域位置、配合程度、文化背景等因素，选择出一组最佳的合作伙伴。

---

① 陈菊红，汪应洛，孙林岩. 虚拟企业伙伴选择过程及方法研究 [J]. 系统工程理论与实践，2001 (7)：50.

6 虚拟企业的财务治理结构与机制

人们判断一种制度是否有效，除了显性制度和隐性制度是否完善以外，更主要的是考察制度的实施机制是否健全。离开了实施机制，任何制度尤其是显性制度就形同虚设。财务治理（Finance Governance）作为一种规范、完善财务制度的创新组织和契约机制[①]，通过一定的手段合理配置企业剩余索取权和控制权，以形成科学的相互制衡机制，保证财务决策的科学性和效率性。财务治理通过合理配置财权，对财务组织结构进行安排，明确各财务制度主体的权限、职能，保证了显性财务制度的有效运行；同时，财务治理可进一步协调企业内部的财务活动、财务关系，有利于培育财务文化、促进伙伴关系的稳定发展。可见，财务治理是财务制度顺利实施的保障。本章主要针对虚拟企业的财务治理问题进行探讨。

6.1 财务治理的一般框架：基于财权配置的视角

现代企业理论认为，企业是一组契约的组合体。在契约之下，存在着委托方和代理方。由于双方各自利益不一致以及契约体中信息的非对称性，就产生了代理人利用信息优势牟取私利的"机会主义"行为。这样，委托人与代理人之间签订的代理合约就有较多的不确定性，属于不

---

① 林钟高，王锴，章铁生. 财务治理：结构、机制与行为研究［M］. 北京：经济管理出版社，2005：2.

完全契约。而不完全契约必然会提高交易成本，影响企业资源配置的效率。因此，为了降低代理成本、提高资源配置效率，企业就必须建立一系列机制来协调代理关系，即形成各利益相关者的权、责、利的界区，这样就会产生财务治理问题。

6.1.1 财务治理的核心：财权配置

目前，财务学者从不同的研究目的出发，根据对"财务治理"含义的理解，概括出多种财务治理的定义。代表性的观点有：伍中信教授（2001）认为企业财务治理应该是一种企业财权的安排机制，通过这种财权安排机制来实现企业内部财务激励和约束机制[①]；杨淑娥教授（2002）认为所谓公司财务治理是指通过财权在不同利益相关者之间的不同配置，从而调整利益相关者在财务体制中的地位，提高公司治理效率的一系列动态制度安排[②]；衣龙新博士（2002）指出财务治理就是基于财务资本结构等制度安排，对企业财权进行合理配置，在强调以股东为主导的利益相关者的共同治理的前提下，形成有效的财务激励约束等机制，实现公司财务决策科学化等一系列制度、机制、行为的安排、设计和规范[③]；饶晓秋教授（2003）认为财务治理的实质是一种财务权限划分，从而形成相互制衡关系的财务管理体制[④]；林钟高教授（2003）认为财务治理是一组联系各利益相关主体的正式的和非正式的制度安排和结构关系网络，其根本目的在于试图通过这种制度安排，以达到利益相关主体之间的权利、责任和利益均衡，实现效率和公平的合理统一[⑤]。从上面几种代表性的观点可以看出，国内学术界对于财务治理的定义并无很大的分歧，都认为财务治理是以财权为主要逻辑线索，研究如何通过财权的合理配置，形成一系列联系各利益相关主体的制度安排。因此，从本质上说，财务

---

① 伍中信. 建立以财权为基础的财务理论体系和财务运作体系 [M] // 中国会计年鉴. 北京：中国财政杂志社，2001：351-356.

② 杨淑娥，金帆. 关于公司财务治理问题的思考 [J]. 会计研究，2002（12）：51.

③ 衣龙新. 财务治理论初探 [J]. 财会通讯，2002（10）：8.

④ 饶晓秋. 财务治理实质是一种财权划分与制衡的财务管理体制 [J]. 当代财经，2003（5）：109.

⑤ 林钟高，叶德刚. 财务治理结构：框架、核心与实现路径 [J]. 财务与会计，2003（4）：18.

治理是一个关于财权配置的合约安排①，以财权配置为核心构建财务治理，是抓住了财务治理中的"纲"。

可见，财权是企业财务治理的核心概念，反映了财务治理的本质内涵。一般认为，财权是关于企业财务方面的一组权能，根据企业各项财权之间的内在联系，可以将财权分为财务收益权和财务控制权②。只有将财权进行合理的配置，才能促进财务绩效的增长、促进企业长足发展。要分析企业财权的配置，首先要对财务的运作程序进行剖析。企业财务活动涉及筹资、投资、收益分配等多个方面，这些复杂的财务活动在运行中存在的不确定性会导致企业合约的不完全性。即使要签订一个包罗万象的完全合约，也因交易成本过高而不可行，所以，这就使企业财务主体拥有企业的剩余财权成为可能。同时，财务主体从事财务运作总是存在风险，如果企业财务主体只是固定合同收入者而没有剩余财务收益分享权，那么他就没有动力从事风险性财务活动，可能使企业陷入停滞的僵局。为了使企业财务运作发挥应有的效力并保护所有者的权益，财务主体必须取得相应的剩余财务收益分享权，即财务主体也是风险承担者，能够承受因财务运作失败而给企业带来的损失。依据经济学理论，效率最大化要求企业剩余索取权的安排和控制权的安排应该对应（Milgorm and Roberts，1992）。因此，财权有效配置的前提就在于剩余财权与剩余财务收益分享权的对称结合，财权的有效配置问题就等价于如何实现剩余财权与剩余财务收益分享权的对称结合问题，也就是人们常说的责权利相统一③。

实现剩余财权与剩余财务收益分享权的对称结合的途径是财务治理结构及其动态均衡。按照财权配置的状态，笔者认为可分别从财权的静态安排和财权的动态安排来进行考虑。其中，财务治理结构是一种静态的理解，具体表现为财权配置的结构和关系④；财务治理机制是一种动态的理解，具体表现为财权配置中的动态制衡。可见，财权配置问题可以

---

① 伍中信. 现代公司财务治理理论的形成与发展 [J]. 会计研究，2005（10）：13.

② 张兆国，张庆，宋丽梦. 论利益相关者合作逻辑下的企业财权安排 [J]. 会计研究，2004（2）：47.

③ 伍中信. 产权会计与财权流研究 [M]. 成都：西南财经大学出版社，2006：147.

④ 杨淑娥. 产权制度与财权配置：兼议公司财务治理中的难点与热点问题 [J]. 会计研究，2003（1）：52.

细化为财务治理结构和财务治理机制问题①。

6.1.2　财务治理结构：财权的静态安排

财务治理结构是财务治理的基础，是财务治理发挥效力的依据。财务治理结构的核心就是明确划分各利益相关者各自的权、责、利的界限，形成相关利益主体之间的权力制衡关系，确保财务制度的有效运行②。为完善财务治理，财务治理结构更强调的是一种静态财权配置之间的制衡，所以，财务治理结构是财务治理中一种暂时的平衡，是相对静止的状态。一般而言，财务治理结构中，最为重要的组成部分是财务资本结构安排和财务组织结构安排，两者构成了治理结构的核心部分③。

1. 财务资本结构安排

财务资本结构不同于一般意义中的资本结构。从广义的角度，资本理解为全部资金来源，资本结构是全部资本的构成，即权益资本和负债资本的比例关系。而财务资本结构是企业"本金化"投入要素的具体构成与组合④，具有宽泛的外延。按照资本来源与性质角度，可以划分为股权结构、债权结构和资本结构。其中，股权结构为处理公司各类股东之间的关系提供依据；债权结构则为合理确定公司债权人权限并有效促使债权人行使治理权利奠定了基础；资本结构主要为公司股东和债权人之间以及股东与经营者之间的财务治理问题提供了基础。因此，财务资本结构初步确定了公司内外部各利益关系者之间财务权力配置与利益分配关系，初步反映了股东、债权人、经营者三方之间的制衡关系。

2. 财务组织结构安排

企业财务组织结构安排是遵照企业所有权安排的逻辑，在界定公司内部各权利组织财权关系的基础上，合理安排股东之间以及经营者各自的权利范围，具体包括股东大会、董事会、监事会，以及经理层初步的

---

① 财务治理的研究范围比较宽泛，一般来说财务治理的内容分为治理结构、治理机制、治理行为三个部分（衣龙新、林钟高等）。但是笔者认同伍中信、陈共荣的观点，认为财务治理行为的规范已经包含于财务治理结构的安排之中，没有必要单独列出来。本书主要从财权安排的角度来进行研究，因此本书中财务治理的一般框架包括财务治理结构和财务治理机制。

② 林钟高，王锴，章铁生. 财务治理：结构、机制与行为研究［M］. 北京：经济管理出版社，2005：40.

③ 衣龙新. 公司财务治理论［M］. 北京：清华大学出版社，2005：96.

④ 衣龙新. 公司财务治理论［M］. 北京：清华大学出版社，2005：98.

财务组织分工与财权配置的具体组织安排。简言之，股东大会是财务组织结构安排的起点，通过层层授权形成企业财务权力多层次配置的格局。股东大会是公司的最高权力机构，它由全体股东组成，对公司的经营管理具有广泛的决定权。就企业财权而言，股东大会具有财务决策权、财务收益分配权和财务监督权。由于股东大会受自身组织、运作方式的限制，很难直接行使以上财权。为了提高公司的运营效率，股东大会可以将其主要的财务决策权、财务收益分配权等权力授权于代表全体股东利益的董事会。董事会由股东大会选举产生，是公司的常设权力机构，并享有股东大会授权的企业重大财务决策权等，同时直接组织企业的经营管理。监事会是股份公司法定的监督机关，它由股东大会选举产生，与董事会并列设置，行使股东大会赋予的财务监督权，对董事会和经理层的经营行为进行监督。经理层是由董事会直接任命，执行董事会的决策，直接组织企业的生产经营活动，并拥有日常财务决策权。

在财务治理中，涉及的主要财权是财务决策权、财务收益分配权和财务监督权。这三大权力基本与"企业所有权"的内涵基本对应一致。财务决策权对应剩余控制权，财务收益分配权对应剩余索取权，对剩余控制权和剩余索取权监督调节的产物就形成了财务监督权。其中，财务决策权关系到企业生产经营活动，直接关系到企业发展的成败，它处于是财权配置的核心地位。从上述各层组织结构的分析中，可以看出财务决策权形成了"股东大会—董事会—经理层"三层授权、分权的配置格局。财务收益分配权是股东所关注的，股东大会具有最终决定权，其只是将具体提议、制定权授予董事会、经理层。财务监督权则形成了内外监督的局面，内部财务监督权形成了"股东大会—监事会"财权配置格局，外部财务监督权则由企业债权人等利益相关者享有，通过董事会依据有关约定行使。可见，股东大会享有企业财权，董事会、监事会以及经理层通过股东大会的授权、分权，形成财务决策权、监督权和执行权"三权分立"相互制衡的基本权力配置的格局。同时，也奠定了股东大会、董事会、监事会以及经理层在财务组织结构安排中基本的权力关系。

6.1.3　财务治理机制：财权的动态安排

财权的动态配置是从财权要随着利益相关者利益格局的变化进行动态分配来考虑的。具体而言，企业的财务资本结构不可能一成不变，它会根据企业董事会、股东大会、经理层制定企业的财务战略进行调整。这种调整会改变企业、债权人、股东三者之间的财务权力配置与利益分配关系，形成新的相互制衡关系，从而实现财权的重新配置。而财权配置存在于多环节、多层次的委托代理关系之中。由于委托人和代理人之间利益不一致、机会主义、信息不对称等问题的存在，企业必须制定财务治理机制来调节和控制各项财务活动、协调委托代理关系，实现财权配置的均衡；并使财权配置落到实处，不断促进财务治理结构的完善。

"机制"一词，原指机器的构造和运作原理；在经济学中，"机制"被认为是系统各要素之间的相互作用和相互关系。财务治理机制是在财权配置的基本框架下，依据财务治理结构，形成一种自动调节企业财务治理活动的经济活动体系①。财务治理机制就是要保持公司财务治理效率，在治理中施行一系列政策和措施，保证企业财务治理在不断变化、不断整合、不断演进的动态制衡之中实现均衡。财务治理机制具有财务活动调节的宏观性特点，并受到公司治理的直接影响和制约。一般来说，公司治理是直接治理和间接治理的有机结合。直接治理侧重于科学决策，主要是以经营者为核心建立的科学决策机制；间接治理侧重于制约，主要是建立有效的激励与监督机制，通过有效的财务激励、约束手段，协调企业所有者与经营者之间的委托代理关系的一种机制。所以，财务治理机制主要包括财务决策机制、财务激励机制和财务约束机制。

在财务治理框架之下，财务决策机制是对企业重大财务决策行为的引导和规范，其中决策的内容主要是涉及企业重大财务决策，而不涉及日常财务管理中的具体财务决策。财务激励机制是利用财务激励手段，协调各利益相关者之间的权利关系，激发并调动其参与治理和经营的积极性，达到提高企业价值的一种机制。财务激励机制是财务治理的动力所在，是促使各利益相关者行使权利并承担义务的调节手段，对财务治理机制发挥整体效应具有重大影响。财务约束机制主要是对各利益相关者的行为进行有效的约束，防止由于权力失衡而导致财务治理效率的降低。需要说明的是，财务激励机制和财务约束机制是相辅相成的，两者共同形成了激励与约束相容的机制。如果只有一方，没有另一方与之相配合就难以起到财务治理应有的效果。

---

① 衣龙新. 公司财务治理论［M］. 北京：清华大学出版社，2005：185.

6.2　虚拟企业的财务治理

传统企业仅利用企业内部的有限资源，通过市场交易来相互联系。而虚拟企业使各个独立的企业组成了一个动态的企业网络，在这个网络中，企业在利用市场交易实现资源配置的同时，还可以通过各成员企业之间的非正式约定，利用合作企业的资源。这样虚拟企业就跨越了科斯的企业边界理论，将属于其他企业的外部资源纳入自我发展的轨道，扩大了单个企业可利用的资源范围，使其边界越来越模糊。虚拟企业提供了一种无限利用或共享跨边界资源的组织架构，而组织结构直接影响到公司财务治理的有关安排。所以，虚拟企业特殊的组织特性赋予财务治理更多的内涵。

6.2.1　虚拟企业财务治理具有层次性

传统企业仅针对企业自身的财务治理问题进行分析；虚拟企业打破了传统的企业边界，形成一个企业集合，它的财务治理与传统企业相比，更为复杂。根据治理活动的不同，虚拟企业财务治理可以分为成员企业财务治理和虚拟企业整体财务治理两个层次。

成员企业拥有独立的产权，但又是虚拟企业中的一员，其财务治理必然受到其他成员企业的影响，所以其财务治理与传统企业的财务治理略有不同。在虚拟企业中，成员企业之间相互依赖、相互影响，各成员企业只有融入整个虚拟企业的网络中才能谋求更好的发展。如果财务治理中忽视其他成员的意愿和利益，那么企业就可能沦为"孤岛"。所以，成员企业财务治理除了具备传统企业财务治理的特征外，还需要处理与其他成员企业的财务关系，体现共同治理的特点。

虚拟企业整体财务治理主要是处理参与虚拟企业契约的成员企业之间权利与义务、风险与收益的制度安排，这一层次的财务治理是与传统企业相比最为明显的区别。虽然传统企业中也存在一家企业通过投资直接或间接控制其他企业形成企业集团，但这个企业集合中各企业的关系是以产权为基础，如果没有控股权，合作关系就会削弱甚至解体。企业集团对其子公司的控制是通过传统的法人治理结构来实现的，并不需要为了企业之间的合作达成"集体契约"。相反，虚拟企业之间的合作却超越了企业的产权边界约束，是以成员企业之间的"集体契约"为基础的，形成成员企业之间的合作。成员企业间不存在凌驾于以产权为基础组织权力的控制，缔结的"集体契约"是成员企业利益均衡的产物。虚拟企业之所以不同于企业集团，关键不在于它以成员企业间的互利为目的，而在于它找到了成员企业间合作的制度基础。因此，这一层次的财务治理是虚拟企业财务治理体系中最为重要的环节，它格外关注各成员企业之间的财务协调效率。

6.2.2 虚拟企业财务治理具有动态性

虚拟企业是通过一定的契约安排把各成员企业结合在一起的，这些契约安排包括外包（如虚拟生产）、合作协议（如虚拟销售）、联盟（如技术联盟）等多种形式。威廉姆森（Williamson）提出区分不同交易的三个维度，即资产专用性、不确定性和交易频率。对企业而言，它与外包伙伴、合作协议伙伴、联盟伙伴的交易在资产专用性、不确定性和交易频率上存在一定的差别，分属不同的交易类型[①]。对于不同的交易应采用不同的合作方式，才能实现交易成本最小。按照交易成本最小化原则，虚拟企业的合作关系应针对不同的交易采用多元化的治理结构，具体治理结构选择见图6-1。

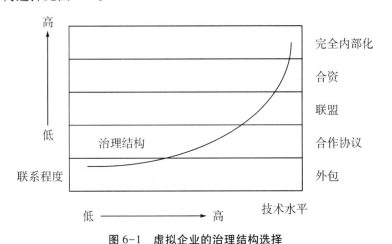

图6-1　虚拟企业的治理结构选择

资料来源：杨伟文，邓向华. 虚拟企业的公司治理研究［J］. 经济管理，2002（4）：29.

---

① WILLIAMSON O E. The Economic Institutions of Capitalism ［M］. New York：Free Press，1985.

由于虚拟企业中的核心企业涉及的合作对象范围最广，所以选用核心企业为例来说明虚拟企业财务治理结构的选择。如图 6-1 所示，核心企业可以根据产品技术水平的高低采取不同的契约安排。对于技术水平较低的产品，核心企业可以充分利用外部资源，将这部分产品外包出去。在这个阶段，核心企业与外包企业之间保持松散的联系，它们之间的联系随着技术水平的提高，增长很慢，该区域的治理结构曲线相对比较平滑。对于技术含量较高的产品，需要根据资产专用性的高低、不确定性的程度和交易频率的大小来安排相应的契约。从合作协议到完全内部化，核心企业与合作伙伴的联系程度逐渐增强，该区域的治理结构曲线相对比较陡峭。由此可见，根据合作联系的程度不同，合作伙伴会以利益相关者的身份在不同程度上参与公司治理，也说明虚拟企业的治理结构选择是一个动态变化的过程。此外，虚拟企业的治理演化过程是通过对合作关系的持续优化而实施的，核心企业对于合作伙伴的选择具有充分的自主权，一旦互利的基础消失，合作关系就可以解除，不存在制度、法律上的约束。对成员企业的剔除是对合作关系和合作方式的淘汰、企业结构的调整；反之，吸收新成员企业也是对合作关系、合作方式、企业结构的改进，这种根据内部条件和外部环境的适时调整需要动态的治理机制作为制度保障。基于以上两点，虚拟企业治理是一个动态的过程，而财务治理可以看作是公司治理的一个表现方面，所以虚拟企业财务治理结构也具有动态变化的特点。

6.2.3 虚拟企业财务治理具有网络化特征

虚拟企业各成员企业之间的合作是以市场交易而不是以产权结合为纽带，成员企业之间的利益协调是通过平等协商解决，不存在形成共同的权力中心。虚拟企业中虽然也存在权力中心，是由各成员企业参与虚拟企业之前的产权状态决定的，但虚拟企业有多少个成员就有多少个权力中心，各个权力中心互不相属。只要虚拟企业进行正常的生产、经营活动，就会涉及财务活动、财务关系的相互配合，这就需要各个权力中心实现财权的协调配置。虚拟企业"天生"的组织特性，赋予了其财务治理的网络化特征。

传统企业通过股东大会、董事会、监事会、企业科层组织来体现对财务治理的有效安排，这些机构构成了企业的内部治理，对企业事务有直接的、决定性的影响。顾客、客户、供应商等利益相关者则被排斥于企业财务治理结构之外，只能间接地施加影响。而虚拟企业消除了传统财务治理模式中内部治理和外部治理的界限，构造了网络化的财务治理模式。从虚拟企业的整体来看，成员企业间的联合并不是以产权为基础组织起来的，这就从根本上否定了以产权作为参与虚拟企业治理的权力基础。顾客、客户、供应商只要能够并愿意参与集成生产能力、培育核心竞争能力，就能够参与虚拟企业的财务治理。他们在虚拟企业财务治理中的作用决定于其在市场竞争中的地位和培育整体核心竞争能力所提供的贡献，以及承担的风险。

此外，虚拟企业中各成员企业通过信息网络相联结，改变了信息传递和沟通的方式，使得远程处理财务数据和控制财务活动成为可能。人们可以通过召开网络会议等形式，保证各利益相关者不受时空限制、实质性地参与财务治理。同时，各成员企业、客户、供应商可以通过网络系统的平台，形成一个利益共享的价值链体系。在这个体系中，各方均构成了整个网络体系中的节点，任何一个节点的财务决策都可能对其他各方造成重大影响。在这种情况下，必定会增加客户、供应商参与虚拟企业财务治理的积极性，由此形成一个网络化的财务治理结构。

6.3　虚拟企业财务组织结构安排

财务治理结构包括财务资本结构安排和财务组织结构安排，但虚拟企业是一个企业集合体，它本身不存在资本结构问题，为此，本书仅研究虚拟企业的财务组织结构。从财务治理角度来看，虚拟企业财务组织结构安排就是按照所有权的安排逻辑，在界定虚拟企业内部财权关系的基础上，合理安排各个财务制度安排主体的权利范围，便于财务制度的有效实施。虚拟企业在设计自身财务组织结构时，除体现虚拟企业财务治理的特点外，更要着重考虑财权配置的框架，以实现权利的相互制衡并发挥最大的作用。

具体而言，财权配置框架可分为两大部分，一是财权的初始配置，即企业财权的内外部配置与制衡；二是财权的二次配置，即财权的内部配置与制衡。虚拟企业财权内外部配置与制衡体现的是核心企业与外围层企业、债权人等之间的权利平衡。核心企业依据在虚拟企业中的主导地位，利用信息优势维护自身的权利，属于优势行权者，财务决策权等往往掌握在其手中。而外围层企业、债权人等相关者对企业财权也有诉求，由于受信息等因素的限制，其权利请求与实现形式是相对被动的，一般主要从制衡方面要求并取得财务监控权，从而实现对虚拟企业财务决策的参与和有效监督。虚拟企业财权内部配置与制衡是财权配置在核心企业内部的延伸，主要包括财务集权与分权和财务分层两方面的问题。目前，西方学者提出了一系列关于组织设计的理论，他们以信息及其比较成本为研究主线，主张通过设计合理的企业组织方式和管理结构来减少内部各部门监督矛盾与冲突，这也为财权配置中的集权和分权问题研究奠定了理论基础。通过不断的研究，Radner（1993）发现当采用将内部组织所需信息整合到一个或多个同一部门同时处理，即信息的平行处理（Parallel Processing），可以减少一定因信息拖延而造成的机会成本，如果减少的拖延机会损失大于信息处理成本，组织适宜采用集权方式；反之，平行处理所减少的拖延机会损失小于信息处理成本，则适宜采用相对分权方式①。从组织理论进一步拓展，我们可以认识到财权配置集权、分权的程度取决于信息成本等方面的权衡，最终是为了寻求一种综合信息成本最低的配置方式。事实上，核心企业是由一个或多个企业构成，它们居于虚拟企业的中心地位，可以凭借便捷的信息网络快速沟通；同时财务作为一种价值运动，集中运作的难度相对较小，这为虚拟企业财务集权运作提供了条件。在财务实际操作中，各虚拟企业由于自身规模的变化、所处生命周期阶段的不同、财务战略的差异等多方面原因，可能会采取不同的财务配置方式，调整集权分权的程度，以适应企业发展的需要。此外，还需考虑财务分层。财务分层主要是从不同财务主体角度纵向对企业财权的划分。虚拟企业不同于传统企业的组织结构，不能简单地划分为几个权力层次。虚拟企业是一种短暂性的组织，不适合使用较为繁杂的财务组织结构，因此，我们应该依据虚拟企业的特点和组织模式设计出有效、合理的财务组织结构。

承前所述，根据组织结构的不同，虚拟企业可以分为三种模式。但

---

① RADNER. The Organization of Decentralized Information Processing [J]. Econometrica, 1993：61.

在实际中很少存在理想化的平行模式，故在下文中主要分析星型模式和联邦模式的财务组织结构。

6.3.1 星型模式的财务组织结构安排

星型模式是有盟主的虚拟企业，它只有一个核心企业，即盟主。盟主企业负责制定虚拟企业的运行规则、经营方向和战略、协调成员之间的关系。盟主企业根据自身对相关的知识、技能、资源的需要，分别与各个伙伴企业签订契约，构建虚拟企业。在虚拟企业中，盟主企业在组织结构中作为规则的制定者，其管理当局扮演着核心角色，而其他合伙企业则组成外围层企业，具有较大的流动性，它们随时可能根据虚拟企业的决策需要发生改变。所以，盟主企业只要与外围层企业保持松散的联系即可，与它们共享有关信息，并使它们在较低程度上参与盟主企业的财务治理。换句话说，外围层企业可以对盟主企业的决策提出建议，但不拥有决策权。为此，星型模式的财务组织结构安排应依托于盟主企业的财务组织结构，在其基础之上进行扩展，从而实现虚拟企业的财务治理。

在我们看来，股权是企业中唯一的权力源，其他内部管理权力都是它的派生物，因此离开股权很难谈得上组织设计和财权划分（王斌，2001）。依据这一原则，虚拟企业的财权配置也是源于股权。虚拟企业是企业的集合体，各企业之间的联结依靠协议来维系，所以虚拟企业并不存在自身的股权。而盟主企业在虚拟企业中居于核心地位，所以星型模式下财权配置的源泉在于盟主企业的股权。星型模式财权配置的基本框架如图 6-2 所示。在此框架内，虚拟企业享有的"企业财权"主要通过盟主企业的股东大会行使，并主要由财务决策权、财务收益分配权、财务监督权构成。其中，财务决策权是财权配置的重中之重，构成了企业财权的主体部分，并形成股东大会—董事会—经理层依次授权的主线；财务收益分配是维系虚拟企业生存的根本，为保障虚拟企业的整体利益，盟主企业的股东大会在行使财务收益分配权时，不仅要考虑盟主企业股东的利益，还要兼顾外围层企业的利益；财务监督权主要体现为财务过程监督和财务结果控制，由盟主企业形成的内部监控和外围层企业参与形成的监督委员会下的外部监控两大体系来行使，以此充分保护虚拟企业各个利益相关者的基本权益。

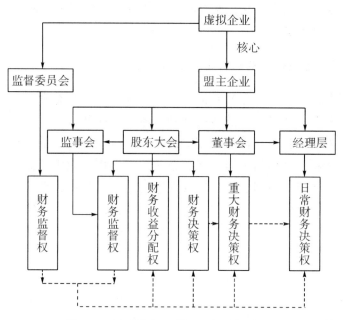

图 6-2　星型模式下财权配置的基本框架

1. 盟主企业股东大会的财务组织安排

在理论上，股东大会是公司最高的权力机构，其组织安排也在财务组织结构安排中处于基础地位。股东大会通过财务组织安排对企业财权进行配置，主要采取对董事会、监事会授权的形式构建企业内部初步的财务权利配置格局，实现对企业的初步治理。而盟主企业一则作为具有独立法人资格的企业，二则作为虚拟企业中的主导企业，这种双重身份使得盟主企业的股东大会除了行使传统企业股东大会所具有的职权外，还要强调盟主企业参与虚拟企业所具有的特殊的财权安排。本书仅对后者进行探讨。

按照《中华人民共和国公司法》，股东大会具有法定的职权和程序。一般来说，股东大会召集、股东大会议事规则、股东大会的表决方式等方面对股东大会治理功能的发挥起着决定性作用，从而影响着企业财权配置效率。从股东大会的召集来看，除了法定要求召开股东大会外，还可以根据具体情况召开临时股东大会。虚拟企业的运行条件极富复杂性，面临的情况随时可能发生变化，为了敏捷地应对，这时股东大会的召集权力就变得非常重要。因为这一权力的归属关系到能否召开股东大会、能否有效保护股东利益、能否保证虚拟企业正常运行等。原则上，股东大会应当由董事会召集，此外，还可以依股东或监事会的申请召集或依据法院决定召集。可以看出，盟主企业的董事会、监事会在召开应对虚拟企业紧急事件的股东大会中起着重要作用。这就要求董事会、监事会要行使要各自的职权，能够通过各种渠道发现虚拟企业运行中出现的异常情况，并及时提出申请召开股东大会。倘若召集权力不能有效行使，股东大会不能及时召开，必将影响股东财务决策权的有效行使，从而降低股东大会的治理效率并影响虚拟企业的有效运行。

股东大会议事时，一般由董事长主持，这符合股东大会基本运作规则，是董事会担任主要召集人资格的一种职责的延伸。会议主持人的位置非常重要，其能够把握会议进程、引导表决事项，可以对股东大会决策结果产生直接的影响，进而影响股东大会财务治理功能的发挥。通常情况下，盟主企业的董事长能够基于市场机遇，为了维系虚拟企业的生存，全面把握虚拟企业运作的基本命脉，全面衡量各方利益并做出利于虚拟企业发展的决策。为保证股东大会议事效率，股东大会提案一般由董事会、大股东等提出，由董事会审议后列入股东大会表决议案，并将其内容予以充分披露。而敏捷性是虚拟企业的主要特征，如果有关重大财务决策不能迅速达成一致，很可能贻误时机，给虚拟企业和盟主企业均造成不必要的损失。因此，可以适当放宽提案程序，针对紧急事项可以增加临时议案，这有利于高效发挥股东大会的治理功能并及时解决财务决策。

议案被提出后就需要股东大会对议决事项做出表决。股东行使表决权是股东决定重要事项的保证。从财务治理的角度来看，股东大会表决权控制着企业财权，并直接决定财务决策权、财务收益分配权和财务监督权。可以认为，股东大会表决权是权力分配的基础，影响着财权的层次配置。具体而言，股东大会的表决权主要包括表决方式、计票原则、计票规则等方面的工作安排。由于投票表决方式通常具有一定规则，并有明确的决议通过标准和精确的计票方法，相对比较科学、公正，因此，大多数公司采用投票表决方式。计票原则上秉承了当今世界各国的通用做法，采用"一股一票"原则，这种计票原则无形中增加了大股东排斥乃至剥夺中小股东表决权的可能。与此相应，就需要对股东大会的表决进行监控，可以允许中小股东对某些表决事项向股东大会提出申诉，由股东大会进行缜密考虑后再予以处理，这样可以保护中小股东的利益，真正发挥股东大会应有的财务治理功能。计票规则起着保持股东大会表决权基本分布于股东利益之间的均衡作用，对于股东大会发挥其治理功能具有深刻影响。股东大会计票规则有多种，如多数通过、最多票通过、累计投票制等。股东大会依据不同的情况选择适宜的计票规则，无论选择何种方法都要反映各类股东的意愿，保护其合法权利，以提高决策效率，实现财权的合理配置。

2. 盟主企业董事会的财务组织安排

董事会进行的财权配置是虚拟企业财务治理中的重中之重，董事会的组织安排也就相应成为财务组织结构安排及财务治理结构的重心所在。盟主企业董事会是虚拟企业的实际权力机关，掌握着企业主要财务权力；在享受权利的同时，也要承担相应的责任，如有效行使权利、提高财务治理效率等。提高董事会治理效率的必要前提是界定董事会的基本职能，并使其发挥有效作用。从财务治理的视角来看，除《中华人民共和国公司法》等相关法律对董事会的基本职能进行明确规定外，董事会基本组织模式的选择、董事会内部结构安排等方面也间接确定了董事会的基本职能（衣龙新，2005），对发挥董事会的财务治理效率具有实质性的影响。本书在此仅对盟主企业董事会的基本组织模式、内部结构安排两方面进行探讨。

（1）董事会基本组织模式的选择。

由于价值取向不同，公司治理模式也存有差异，与此相应，董事会的基本组织模式也有所不同。一般而言，主要分为"单层制"和"双层制"两种。不同的董事会基本组织模式对其财权配置有很大影响，产生的财务治理效果也不尽相同。

单层制董事会主要通过股东大会选举产生，具体由担任公司高层管理人员的执行董事和不担任公司高层管理人员的非执行董事组成。单层制董事会将企业财权主要集中在董事会，通过下属执行委员会、审计委员会等专业委员会行使企业财务决策权、财务监督权、财务收益分配权等。这种设计模式有利于加强董事会财务控制能力，提高企业财务决策效率；但这种模式也有其局限性。由于单层制董事会主要立足于股东，将企业的相关财权集中行使，并未充分考虑债权人、公司员工及利益相关者的财务制衡作用，容易形成"内部人控制"，从而在一定程度上影响财务治理效率。而双层制董事会则分两个层级进行考虑，先是由股东大会选派部分代表与职工代表等组成地位较高的监督董事会，再由监督董事会产生管理（执行）董事会，其中监督董事会全部由非执行董事会组成，执行董事会全部由执行董事组成，两部分人员通常不相互交叉。这种董事会的设计模式强调"共同治理"，它将企业主要的财权集中在地位较高的监事会，在保留财务监督权的基础上，将企业财务决策权授予执行董事会。这一模式虽然强调了财务监督的重要性，有利于减少"内部人控制"，但是不利于提高财务决策效率。

虚拟企业是一个包括多个主体的利益共同体，其财务治理是用来协调各主体的利益关系的，以最终保护各方面的利益，因此，虚拟企业要体现"共同治理"的思想；同时，敏捷性是虚拟企业的精髓所在，它需要从各个方面进行快速反应，财务治理也毫不例外，这就需要强调高效的财务治理。我们可以使盟主企业的董事会、监事会全部由股东大会选举产生，并作为两个并列的机构。在形式上，监事会享有股东大会授予的财务监督权等职权，同时被赋予在某种特定情况下可以提议和召集股东大会的权力，因而，在这个意义上，盟主企业董事会基本组织模式形式上接近于双层制董事会。但是盟主企业监事会成员一般来自股东提名或职代会推举，通常是公司经理层管理下的职员，其监督独立性受到一定程度的影响，公司的财务决策权等重要财权还是集中在董事会和经理层手中。在此意义上，董事会的基本组织模式更接近于单层制董事会。可见，这种董事会组织模式的设计是一种混合模式。它一方面借鉴"双层制"董事会模式，强化监督职能；另一方面借鉴"单层制"董事会模式，提高决策和应变能力。

（2）董事会的内部结构安排。

董事会内部结构是基于董事会基本组织模式并依据公司实际状况而形成的董事会内部具体构成。董事会的含义可以从多角度理解，理论上一般认为，董事会结构主要表现为两方面：执行董事与非执行董事比例构成和董事会内部的职能分工结构（孙永祥，2002），这两方面对提高董事会治理效率非常重要。

执行董事与非执行董事的比例显示出公司董事会中两类董事的基本力量对比，表明公司治理的价值取向，直接关系到财务治理效率的高低。特里克尔（Tricker，1994）根据非执行董事所占的比例将董事会分为四种类型：一是全部由执行董事组成的董事会，每位董事都参与经营管理，企业经营管理权力较为集中；二是主要由执行董事组成的董事会，非执行董事仅占少数，只起到一定监督平衡作用；三是主要由非执行董事组成的董事会，强调非执行董事参与企业经营决策作用，以加强董事会经营管理能力；四是双层委员会结构，公司董事会分为监督董事会和管理董事会，监督董事会对管理董事会的经营管理行为进行有效的监督。这四种类型分别代表了董事会治理的基本导向，会产生不同的治理结构。一般来说，非执行董事主要在董事会中起到财务监控、制衡的作用，以减少"内部人控制"现象、保护各权益主体的利益。盟主企业可以加大非执行董事的比例，从其他核心伙伴中引入相关专家、管理人士等，从而优化董事会结构、提高董事会的质量加强财务决策。但是非执行董事也有其局限性，他们不能投入全部的精力和时间，有时他们作为公司"外部人"，在"信息不对称"的条件下影响其决策的合理性。所以，只有适度比例才能得到理想的财务治理效应，这就要寻求董事会比例构成上的均衡，在加强制衡的同时避免决策的不合理。

职能分工结构主要是基于董事会内部职能分工角度，在董事会内部划分出具体的几个专业委员会而形成的组织结构。从治理角度，专业委员会起到财务决策、制衡与监督作用。星型模式的公司治理结构中，盟主企业的董事会处于领导地位，其战略管理与决策职能被强化，其他伙伴企业的公司治理依据盟主企业董事会的有关决策，形成开放式的决策体系，实现了共同治理模式。特别是伙伴企业，其利益完全由董事会来保障。决策中心是董事会的核心，负责董事会的有效运作并保证其能够科学决策，实现协作创新的目标，保证各方利益。通常，决策中心负责召开董事会，拥有整个虚拟企业的最终决策权，其下可以设置技术委员会、合作伙伴关系协调委员会、提名委员会、执行委员会、审计委员会、薪酬委员会等。其中，技术委员会可由虚拟企业的技术专家组成，对创新中出现的技术难题进行攻关，评价技术创新的价值，参与技术创新活动的决策，并从技术方面向决策中心提供建议与咨询；提名委员会负责推荐董事会成员与高级经理人员；合作伙伴关系协调委员会主要由伙伴企业的相关人员组成，负责调整与划分合作伙伴的层次，与合作伙伴进行不同程度的信息共享。执行委员会、薪酬委员会、审计委员会主要对企业财权进行具体分享与再配置，并专门负责某一治理方面。执行委员会享有主要的财务决策权，审计委员会享有财务监督权，薪酬委员会还享有部分财务收益分配权。执行委员会、审计委员会和薪酬委员会对财务治理非常重要，执行委员会的决策效率直接决定了虚拟企业财务治理效率，审计委员会财务的监督有效性直接决定虚拟企业财务监督权配置效率的发挥。其他专业委员会治理行为也会对公司财务治理产生一定影响，如提名委员会的人事治理，一般在人事调整的同时时常伴随着财务战略转变和财权的重新配置。

3. 虚拟企业监督委员会的财务组织安排

在实践中，盟主企业监事会的内部监督常常流于形式，很难形成对董事会、经理层的有效监督。为了保障虚拟企业各利益相关者的利益，虚拟企业还要设立监督委员会从盟主企业外部加以监督。虚拟企业监督委员会的成员可由虚拟企业各成员企业选派人员参加，立足于虚拟企业的整体利益，对盟主企业做出的决策进行监督。从财务治理的角度来看，这种内外监督可以有效防止盟主企业为了自身利益而制定出有损虚拟企业或成员企业的财务决策、利益分配方案等。

盟主企业监事会的财务组织安排主要侧重于对盟主企业的财务监督，治理目标较为单一明确，内容并不复杂；盟主企业经理层的财务组织安排与传统企业类似，内容和财务管理范畴的部分内容重叠较多，并且比较繁杂，故本书对这两部分内容不做具体讨论。

6.3.2 联邦模式的财务组织结构安排

联邦模式是虚拟企业一般意义上的、通用的组织模式。它是以若干骨干企业构成核心层，根据项目、产品或市场机遇选择合作企业形成外围层企业。由核心层企业为主，并吸收由核心企业提议的其他重要合作伙伴共同建立协调指挥委员会（Alliance Steering Committee，ASC）。协调委员会将各合作伙伴的核心资源或核心能力集成在一起，以职能为中心分解工作任务，进而形成各任务模块，如研发模块、筹供模块、生产模块、营销模块等。各任务模块间平等合作，共同完成虚拟企业整个任务流程。在运作过程中，协调委员会是虚拟企业的最高决策和协调机构，并扮演着行政支持中心、技术支持中心、法律支持中心、合作联络中心等多种角色。因此，联邦模式的虚拟企业应以协调委员会为中心来实现其财务治理。联邦模式财权配置的基本框架如图6-3所示。

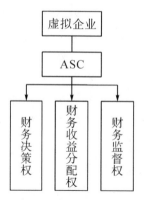

图 6-3 联邦模式下财权配置的基本框架

　　ASC 行使虚拟企业的财务决策权、财务收益分配权和财务监督权，其中，财务决策权是财权配置的重要组成部分。在联邦模式中，ASC 基于其所处的位置，"先天"具备行使财务决策权的权力，并授权核心层企业具有日常财务决策权。凭借良好的网络环境，虚拟企业的财务与业务实现一体化，从而使得 ASC 的财务战略决策权得到进一步的增强。财务与业务一体化建设是一项系统工程，涉及整个虚拟企业的信息系统规划，从战略规划上涵盖了虚拟企业运行各环节的所有信息。在虚拟企业程序系统的控制下，信息系统高效、快捷的运营方式，使信息系统内部各个"点""线""网"实现自动的"触发"式管理，数据自动更新。同时，信息系统可将过于具体、过分详细的信息通过加工过滤形成能够为虚拟企业提供指导整体运作和总体方向发展的有效的并具备洞察力的信息。ASC 通过信息共享和权限控制可以在"财务与业务一体化"系统中提升决策能力。ASC 可以借助现代化的企业管理信息系统，及时、有效地获取有关核心层企业及外围层企业运营的全方位的信息，从而为 ASC 有效履行决策权奠定基础，并为提升决策力度提供强有力的保证。从财权配置的视角看，ASC 通过授权使核心层企业享有财务治理中的日常财务决策权，并需要其对整个虚拟企业的经营管理过程负责。在实际的运营过程中，核心层企业需要将这部分财权做进一步的分解，以满足经营管理的需要。在网络环境下，核心层企业可以借助信息系统实现财权的分解与集中，达到以权利赋予人、以责任要求人、以利益吸引人的激励约束相融合的良性循环。随着计算机和通信技术的不断发展，信息系统对虚拟企业治理的支持作用越来越得到认可，且其内容也越来越丰富。ASC

的财务决策权和核心层企业的日常财务决策权都可以在信息系统的支持下实现分散环境的集中行使。

获取财务收益是各成员企业参与虚拟企业的直接目的之一。在联邦模式中，为了保障各成员的根本利益，ASC 作为协调者，是各成员企业的信任代表。财务收益分配权应由 ASC 直接行使，以免不当授权产生部分成员企业利益受损。ASC 应根据各成员企业的合作类型、紧密程度、贡献大小等因素，制定合理、公允的利益分配模式。

财务监督权主要体现为对财务行为和财务结果的监控，以此充分保护虚拟企业内各成员企业的利益，所以，财务监控是虚拟企业必须高度关注的问题。基于虚拟企业的特性，ASC 行使财务监督权不仅包括事后监督，更强调事中监督和事前监督。虚拟企业借助通畅的信息系统，财务监督权的行使基础得到进一步的落实。ASC 通过网络系统可以实时分析各成员企业的财务状况，并对各成员企业进行财务监控，实现提前预警。一旦成员企业发现财务问题，ASC 必须做出反应，否则将影响到虚拟企业的整体运行或核心层企业所在任务模块工作的完成。ASC 可以通过核心层企业的支持，解决财务困境；如果财务问题严重，难以挽回，ASC 就必须考虑如何最大限度地降低损失；如果通过分析该企业已不再满足加入虚拟企业的条件时，要适时考虑将其清算。此外，ASC 还要整合核心层企业间的资产资源，实现资金的合理利用，提高虚拟企业整体的财务效率。

虚拟企业是一种动态的、临时性的组织结构，在实际中可能存在多种具体形态，需要我们根据具体情况设计其财务组织结构。财务组织结构的安排要体现各权利主体对财务权利的基本要求，实现财权的最佳配置。

6.4 虚拟企业财务治理机制

研究虚拟企业财务治理不能单纯强调财务治理结构的概念和内容，而更应该涉及具体的治理机制问题。当虚拟企业内部发生冲突时，单纯拥有完整的财务治理结构，是不足以协调虚拟企业内部矛盾的，还必须依赖于各种具体的治理机制。所以，有效的财务治理不仅需要一套完备的财务治理结构，更需要若干具体的超越结构的财务治理机制。

按照虚拟企业财务治理的特点，虚拟企业需体现共同治理的思想，从这个角度探讨财务治理机制为虚拟企业财务治理的研究提供了全方位的视角。虚拟企业财务的共同治理机制就是通过有效的制度安排使各财务主体都有平等机会分享财权，并能够自动调节财务活动。具体而言，通过分享虚拟企业财务决策系统实现科学管理，引导并规范财务行为；通过财务激励约束机制对财务权力配置原有格局进行重新调整，以协调各成员企业之间的关系。

6.4.1 共同财务决策机制

在虚拟企业中，衡量一个治理机制的好坏标准应该是如何使其最有效地运行，如何保证各成员企业的利益得到维护和满足。各成员企业的利益都体现在虚拟企业之中，只有理顺各方面的权责关系，才能保证虚拟企业的有效运行，而有效运行的前提是管理科学化、决策正确化。所以，虚拟企业的治理目的不是股东治理状态下的股东与经营者之间的相互制衡，而是保证企业科学管理、正确决策，以维护各成员企业的利益。在财务领域，财务决策机制是财务治理机制的核心，它决定了财务活动的方向，对财务治理的实现具有重大影响。就虚拟企业的治理而言，共同财务决策机制效力的发挥要依据共同财务决策系统，而财务决策的层次也会影响调控效果的发挥。

财务决策机制发挥效力的基础是具备健全的财务决策系统，财务决策系统主要是由决策者、决策对象、信息、决策的理论和方法、决策的结果五大基本因素所构成（宋献中，1999）。虚拟企业财务决策的主体在不同组织模式下具体表现迥然不同。例如，星型模式虚拟企业应由盟主企业的股东大会或董事会体现虚拟企业决策意志，盟主企业的债权人、职工及伙伴企业对个别决策也有一定的发言权；联邦模式中，ASC 体现虚拟企业整体的决策意志，其他外围企业也有一定的发言权。无论是何种模式，虚拟企业是各成员企业的契约体，其财务决策一定是共同参与决策的结果。财务决策对象一般是涉及虚拟企业重大财务决策，如重大投资、筹资及资本重组等，还包括财务战略的制定、财务政策的选择等方面。财务决策所依据的信息可以来自内部和外部信息，来自虚拟企业外部的信息能够帮助决策主体了解市场行情，有利于其依据市场做出重大财务决策;而来自虚拟企业内部的信息是依靠网络获取所有成员企业的信息。只有占有充分的信息才能制定出科学、合理的财务决策。财务决策的理论和方法与财务管理领域的理论、方法基本相同,只是前者更为强调逻辑推理和总体估计。财务决策主体针对财务决策对象、信息、有关的决策理论和方法必定得出财务决策的结果,这一结果应在虚拟企业内部具体贯彻执行,以有效约束财务行为。

虚拟企业的财务决策可以划分为战略性决策、战术性决策和业务性决策三个层次。战略性决策是关系虚拟企业财务运行和管理的整体性、长远性和全局性问题。战术性决策在虚拟企业财务决策中最为关键,它是为贯彻虚拟企业整体战略而做出的战略性安排,需要各成员企业大力协同、共同合作,在虚拟企业决策体系中处于承上启下的作用。虚拟企业的战术性决策往往采用群体决策模式,充分利用内部网络系统、会议软件等现代综合信息技术,建立共同决策支持系统,由成员企业共同解决需要合作协同的策略性决策问题,从而保证决策的科学性。业务性决策一般是在各成员企业内部,它是为了完成其在虚拟企业中承担的职能工作而做出的具体财务决策,这与传统企业的财务决策问题十分相似,这种划分有利于提高虚拟企业决策效率。

6.4.2 财务激励机制

激励机制是在组织系统中,激励主体系统运用多种激励手段并使之规范化、固定化,而与激励客体相互作用、相互制约的方式、关系及演变规律的总和。由此,财务激励机制是激励主体利用有效财务激励手段,协调各权利关系,激发激励客体的参与积极性和工作热情,达到提高企业价值目标的一种机制。虚拟企业是一种两层结构的组织模式,包括核心层与外围层。核心层是虚拟企业的关键,所以虚拟企业以核心层为激励主体,以外围层为激励客体。虚拟企业财务激励机制就是核心层通过理性化的契约来规范外围层企业的行为,调动他们的积极性,以实现虚拟企业有效、有序的财务治理。虚拟企业的财务激励机制一旦形成,就会内在地作用于虚拟企业系统本身,使虚拟企业的机能处于一定的状态,进一步影响着虚拟企业的生存和发展。

虚拟企业财务激励机制设计的出发点是满足外围层企业个体的需要,直接目的是为了调动外围层企业的积极性,最终目的是为了实现虚拟企业的整体目标，谋求虚拟企业整体利益和外围层企业个体利益的一致。虚拟企业财务激励机制的运行模型如图 6-4 所示。

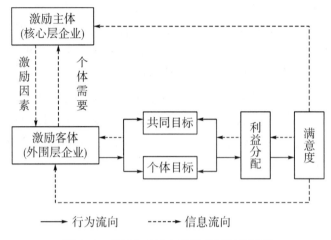

图 6-4　虚拟企业财务激励机制运行模型

资料来源：包国宪. 虚拟企业管理导论［M］. 北京：中国人民大学出版社，2006：222. 本书借鉴了此文献，有删改。

　　从运行模型中可以看出，虚拟企业的运行离不开沟通，沟通是虚拟企业财务激励机制的"血液"，贯穿于虚拟企业运行的始末。激励主体主要是盟主企业或 ASC，它和激励客体必须进行不间断的沟通，使双方达到一定程度的信息透明。激励主体根据激励客体的个体需要、核心能力等信息制定具体的财务激励方法；激励客体通过激励主体的激励产生强大的动机，并引发了个体行为。激励客体行为的努力程度决定着目标的实现情况，目标包括虚拟企业的共同目标和激励客体的个体目标。这两个目标并不存在实质上的矛盾，两者的利益基础是一致的。根据目标的完成情况，激励客体将按照预先的约定获取相应的利益。激励客体会将自己所分派的任务、承担的责任与获取的利益进行对比，两者比较的结果会决定其满意程度。满意程度进而会对激励主体和激励客体的行为进行动态调整，这种财务激励机制体现了虚拟企业的动态性，更能有效促进虚拟企业整体目标的实现。

　　在运行模型中，激励因素具有重要作用，它是企业动力的促进剂，可以迎合外围企业的需要，激发起工作热情。激励因素除利益激励外，目标激励、市场信誉激励、信息激励等内在激励方式也在虚拟企业日常运行中占有很大比例。

1. 目标激励

虚拟企业是以目标为导向的，虚拟企业的目标不是盟主企业或协调委员会自行、主观制定的，它必须充分调动核心层和外围层企业的积极性，它是在充分讨论的基础上将两者联合起来制定出来的。目标不是一成不变的，它会随着虚拟企业各成员的实际情况及虚拟企业运行情况的变化进行调整。同时，契约是虚拟企业合作的基础，虚拟企业各成员对目标达成的共识应该在契约中得以体现。制定目标后就进入目标实施阶段，虚拟企业按照"目标—任务—成果"进行目标实施。其中，目标是动力来源，成果是最终目标，任务则是具体步骤。目标在转化成相对具体的任务后，依据各成员企业的核心能力将每项任务分配给各成员。成果随着各子任务的不断完成而逐渐出现。成果实现后，要与最初设定的目标进行比照，并给予相应的奖惩。

2. 市场信誉激励

在当今信息社会中，各企业越来越注重自身社会形象的打造。市场信誉高的企业更容易得到社会的尊重，在与其他企业的合作中更容易得到对方的信赖，获得投资机会。虚拟企业作为企业集合体，各成员企业更需要良好的市场信誉。为此，虚拟企业一方面可以对各成员企业的市场信誉进行客观评价，并将评价结果加以公布，并作为下次筛选成员企业的依据；另一方面，虚拟企业要适度地打造明星企业，给他们提供广泛的公众认可的形象，提高企业声誉，这种方法对高素质的组织成员尤其有效。市场信誉激励既有利于约束成员企业的短期行为，降低虚拟企业运行的道德风险；又有利于满足成员企业的信誉要求，提高其积极性，以实现虚拟企业的目标。

3. 信息激励

虚拟企业是扁平型的组织结构，网络技术发达、信息传递速度较快。但是，信息传递与共享是一个包含多环节的过程，在信息传递过程中，不同的环节所接受的信息也不同，其相对重要性也存在差异。因而，在信息传递过程中享有的地位也是一种激励组织成员的因素。在信息传递过程中，处于重要地位的组织成员，不仅可以享受较多的信息报酬，而且还有较强的成就感。因此，虚拟企业应该强调各成员企业在信息传递过程中的作用，可以组织不同环节上的组织成员进行交流，形成互动。

这既有利于资源共享，也有利于增强组织成员之间的凝聚力。可以说，信息激励机制在某种程度上缩小了合作伙伴之间的信息不对称，增强了企业之间的合作信任，从而促使虚拟企业目标的实现。

6.4.3 财务约束机制

激励与约束是一个问题的两个方面，有效的内部约束是发挥激励作用的前提条件，倘若没有有效的权力制衡和监督，激励的作用就会大打折扣，甚至完全丧失。财务约束机制主要是对各成员企业的财务行为进行有效约束，防止权力失衡而导致治理效率降低。按照约束财务行为的过程，财务约束机制可以分为事前制衡、事中督导和事后惩罚三个阶段。只有这三个约束都发挥效力并有效衔接、充分结合才能得到应有的约束效应。事前制衡体现着财权分配方面的制衡，防止某一成员企业权力过度膨胀而不受约束，以避免其他成员企业利益受到侵害；事中督导是虚拟企业中的盟主企业或协调委员会对成员企业的财务行为进行直接指导和约束；事后惩罚则是对不接受并恶意摆脱财务约束的成员企业给予惩罚，要结合其行为的越权程度和所造成的不良后果确定惩罚力度。

7 虚拟企业财务制度安排的 案例分析

网络经济时代、计算机技术和网络技术的迅猛发展为虚拟企业提供了良好的技术支持，并使虚拟企业成为许多企业的新选择。本章透过实际案例，分析出虚拟企业财务制度安排的现状，并提出我国虚拟企业财务制度安排应注意的问题。

7.1　成功案例——美特斯·邦威的成功之路

美特斯·邦威始建于 1994 年，主要研发、生产、销售休闲系列品牌服饰，产品有九大系列近千个品种。在中国服装行业，美特斯·邦威最早采用虚拟经营模式。1995—2016 年，销售额从最初的 500 万元增长到 65 亿元[①]，在二十年间把规模爆炸性地做大了 1 300 倍，在国内服装业率先走出了虚拟经营的成功之路。

7.1.1　美特斯·邦威的虚拟经营模式

1994 年，周成建从温州妙果寺服装市场里一个前店后厂式的服装摊起家，创建了美特斯·邦威。当时，周成建资金实力不足，而市场规模却在急剧扩大，企业面临着在资源有限的情况下如何发展的问题。他意识到自己资本有限，不能像传统企业一样采取"大而全""小而全"的

---

① 数据来源于美特斯·邦威官网 http://www.metersbonwe.com。

企业模式。经过考虑，周成建选择了虚拟企业的组织模式，即把有限的资源都集中在研发和品牌两个环节，而生产和销售环节借助外部资源，采用外包和特许的方式运作。美特斯·邦威的虚拟经营模式主要体现在以下几个方面：

1. 专注核心业务

虚拟企业是以优势产品、技术或服务为核心的企业联合。对休闲服饰企业而言，企业的品牌与设计是虚拟企业的关键功能。美特斯·邦威正是看到这一点，自创立开始就集中自己的优势资源不遗余力地投入品牌建设。按照创意制胜的思路，美特斯·邦威成功地进行了许多品牌推广活动。针对目标顾客年龄在18~25岁的特点，美特斯·邦威先后不惜重金签约郭富城、周杰伦、林志玲、潘玮柏、Angelababy、李易峰，将他们作为自己的形象代言人，将其"不走寻常路"的企业经营理念演绎到了极致。此外，还采用媒体广告、办内部报纸、参加各种服装展示会和商品交易会等多种宣传方式扩大品牌知名度。

设计是服饰行业最重要的核心能力，也是服装品牌的灵魂。1998年，美特斯·邦威在上海成立设计中心，培育了一支具有国际水准的设计师队伍，与法国、意大利的知名设计师开展长期合作，把握流行趋势，形成了"设计师+消费者"的设计理念。公司领导和设计人员每年都有1~3个月时间搞市场调查，每年两次召集各地代理商开会，征求对产品开发的意见。在充分掌握市场信息的基础上，每年开发出近千个新款式，其中约一半正式投产上市。

2. 非核心业务外包

美特斯·邦威将服装生产业务进行外包，由全国各地厂家进行定牌生产。其先后与广东、江苏等地的100多家具有一流生产设备、管理规范的服装加工厂建立了长期合作关系，形成了年产2 000万件休闲服的生产能力[①]。如果这些企业都由自己投资，则需花费2亿~3亿元。

在销售网络建设方面，美特斯·邦威采用特许经营的模式，充分利用美特斯·邦威的品牌效应，吸引代理商加盟，拓展连锁专卖网络。它通过契约的方式，将特许权转让给加盟店。加盟店加入连锁系统后，要使用美特斯·邦威统一的商标、服务方式，并根据区域不同分别向美特

---

① 数据来源于 http://www.metersbonwe.com。

斯·邦威交纳 5 万~35 万元的特许费。为了保证虚拟销售网络的平稳发展，美特斯·邦威为各加盟店提供了强有力的支持。

3. 以信息系统为基础平台

2002 年 8 月 23 日，来自国家科技部和清华大学、西南大学、浙江大学的教授组成的专家组来到美特斯·邦威，考察其电子商务的应用情况。令实地考察的专家组大感惊讶的是，在这里已经看不到一台缝纫机，而且竟然自行研究开发了包括 ERP 在内的全部信息系统。经过考察，专家组得出结论：在目前的国内企业中，美特斯·邦威在信息技术运用上已处于领先地位，真正把信息技术成功运用到了生产、管理、流通、销售等各个环节。

7.1.2　美特斯·邦威的财务制度安排分析

美特斯·邦威创立之初，就抛开了传统的投资方式，率先实践虚拟经营管理理念。从取得的成绩看，美特斯·邦威借助虚拟企业的组织模式走出了一条成功之路。在美特斯·邦威的成功运作中，我们不难发现财务制度安排已渗透于经营管理的各个方面。

1. 具有健全的显性财务制度

（1）市场机遇识别与确定制度。

美特斯·邦威在投产运营之前，会进行市场机遇的识别，即根据国外和国内纺织业的需求量确定新的机遇。时尚变化迅速是纺织服装产业的主要特征。季节性服装的销售旺季很短，需要提高预测、备货、生产等各个环节的效率，特别是减少库存量、降低存货成本。因此，首先要对纺织品特定价格下的成本、产品质量、交货时间等进行描述；其次，对获利性和风险性进行评估，以决定是否进行投产；最后，将研发的要求与自己具有的核心能力和关键资源做比较，来决定哪些环节由本企业完成，哪些环节需要外部企业配合完成。市场机遇识别与确定的过程对美特斯·邦威的前期财务行为进行了有效规范，避免投资决策失误导致的损失。

（2）信息基础设施的投资制度。

信息技术的有效运用是美特斯·邦威虚拟经营成功的基础平台和有力保障。美特斯·邦威根据生产管理需求，建设了先进、完善而又适用的管理信息系统，保证了各成员企业之间的沟通，强有力地支持了虚拟企业的运作。美特斯·邦威的信息系统主要由三套系统构成。第一，制造商企业资源管理系统（MBFAC-ERP），这是美特斯·邦威站在合作生产的工厂角度，设计开发的专供工厂进行独立管理的系统；第二，美特斯·邦威资源管理系统（MB-ERP），这是为了帮助企业做好品牌经营和整合社会资源的系统；第三，代理商企业资源管理系统（MBAGT-ERP），这是站在代理商的角度设计开发的，专供代理商进行独立管理的系统。这三套系统相互配合，实现了交易网络化、流程网络化和智能化联网生产。信息化建设是一项长远而耗资的工程，美特斯·邦威为了获取更高效的供应链管理，在建设信息基础设施上协助制造商、代理商推广、建立信息系统。美特斯·邦威在运营过程中，利用信息系统进行业务流程，在一定程度上，势必要求制造商、代理商对信息基础设施进行维护、升级。

（3）合作伙伴的选择与评估制度。

质量是企业的生命。为了确保产品质量，美特斯·邦威制定了严格的厂家选择标准和质量保证体系，对协作厂家实行绩效评估，建立筛选更新机制，并派出技术组对合作生产企业进行指导培训，派驻质检部严把质量关。一般来说，美特斯·邦威的合作伙伴主要分为两类：一类是生产工厂，这些工厂主要分布在纺织业发达的江苏和广东；另一类是特许加盟的专卖店。前者主要保证货源，增加产品的投放能力；后者主要是实现销售收入，降低库存成本。美特斯·邦威将可供选择的伙伴分为两组，针对不同的类别，采取不同的选择方案，确定适合的合作对象。美特斯·邦威选择的合作伙伴基本是具有一流生产设备的大型服装加工厂，他们都通过 ISO9000 认证，并具有严格的质量管理体系、科学的管理方法。合作伙伴确定后，美特斯·邦威利用信息系统实时考核每个专卖店的销售业绩、顾客反馈情况，并针对相应情况做出奖惩。

（4）利益分配制度。

美特斯·邦威在管理上充分考虑到其他伙伴企业，充分保证加盟者的利益。一方面给生产商和销售商各 40% 的利润，自己仅拿 20%；另一方面，采取下订单付 30% 订金、现款提货的方式，得到保质保量和价格最优的商品。通过公平合理的利益分配，美特斯·邦威在经营中得到了各伙伴企业的大力支持。

（5）清算制度。

美特斯·邦威是建立在市场机遇基础上的动态联盟。当专卖店无产品订单时，美特斯·邦威就与该专卖店按照事先约定的合作协议进行库存等未了财务的清算，并明确有关产权的分享和剩余责任的划归。

2. 注重隐性财务制度

（1）提升关系资本的价值。

关系资本价值提升的首要条件是加强相互交流与沟通，培育良好的伙伴关系。通过美特斯·邦威的信息系统，实现内部信息共享和网络化管理。美特斯·邦威将所有合作伙伴都纳入内部计算机网络，可以通过网络及时了解产品的库存情况和新品上市情况，有效地进行货源调配。总部可以及时收到全国各地专卖店的销售业绩，快速全面地掌握进、销、存数据，进行经营分析，做出促销、配货、调货的经营决策。庞大而先进的计算机网络系统大大促进了伙伴间的交流与沟通，增强了虚拟企业整体响应市场的能力，提高了伙伴间的信任合作水平。此外，在生产运营中，美特斯·邦威的有关人员与伙伴企业的协调代表组建了一个协调总部，该协调总部负责对虚拟企业的各项活动进行组织和协商处理，避免出现纠纷。通过各成员企业间的沟通、协调，可以稳固企业关系，有利于整合各种资源，提高市场竞争能力。

（2）培育财务文化。

培育财务文化的前提是文化的融合。美特斯·邦威对所有加盟连锁店实行"复制式"管理：强调管理文化嫁接，经营理念共享；做到"五个统一"，即统一形象、统一价格、统一宣传、统一配送、统一服务标准。同时，总部在专卖店的经营中给予积极扶持，总部为各专卖店编制服务手册，定期或不定期派销售部人员到各专卖店进行培训等，并为专卖店提供包括物流配送、信息咨询、员工培训在内的各种服务与管理，实现良好的文化交融。美特斯·邦威通过各种文化融合活动，避免了文化冲突导致的管理混乱，由此形成了统一的价值观、理财观，以"非正式约束"的形式规范财务活动、协调财务关系。

3. 完善的财务治理机制

美特斯·邦威实行的是星型模式的组织模式，它以美特斯·邦威总部为盟主企业建立了有效的财务激励约束机制。美特斯·邦威派出专门的技术组对其合作生产商进行严格的全面质量控制，如制定标准及流程、制定企业检验标准、根据标准及流程对关键点进行控制等。通过这种事中监督，美特斯·邦威对伙伴企业的财务行为进行了直接指导和约束。如果伙伴企业不接受财务约束，则给予相应的惩罚；如果伙伴企业配合得当，则给予相应的奖励。财务激励约束机制在一定程度上保证了财务制度的有效实施。

7.2　失败案例——IBM公司PC业务的兴衰

IBM公司由托马斯·J.沃森（Thomas J. Watson）于1914年创建于美国，是全球最大的信息技术和业务解决方案公司。在IBM的发展历程中，个人计算机（PC）业务曾是IBM公司的重要标志之一。但20世纪90年代以来，IBM公司的PC业务受到了极大的市场冲击，2004年底IBM将除服务器之外的PC业务以12.5亿美元的价格全部卖给了联想公司，甩掉了PC业务。IBM公司PC业务的兴衰使我们看到财务制度安排的匮乏是影响虚拟企业顺利运行的"瓶颈"。

7.2.1　IBM公司的虚拟经营战略

IBM公司在20世纪80年代以前主要生产大中型计算机，并在计算机行业中处于领先地位。但20世纪70年代末，苹果电脑公司飞速崛起，在PC市场上将IBM公司远远甩在后面。为应对苹果电脑公司的挑战，IBM公司于1981年制定了"银湖计划"，决定在短时间内推出自己的PC，夺回PC市场的领导权。为达到这一目标，IBM公司采用了虚拟经营战略：把PC的核心部件——微处理器委托英特尔公司生产，操作系统使用微软公司的DOS系统，销售方式也由直接销售转为独立的特约商店销售。通过虚拟经营战略，IBM公司仅用15个月就在市场上投入了第一台PC，3年后IBM公司占据了26%的PC市场份额，超过了PC专业厂商苹果电脑公司，成为最大的PC供应商[①]。IBM公司所谓的虚拟经营战略，其核心思想就是将自身某些职能环节虚拟化，利用和整合其他企业的资源为

---

① 邹炼忠，王光庆．从IBM公司的故事看虚拟经营战略［J］．现代管理科学，2003（6）：30.

本企业产品生产和营销服务。IBM 公司在计算机市场上成功地将业务重心从大型机转向 PC 业务，充分显示了虚拟企业模式的竞争优势。

随着时间的推移，IBM 虚拟经营战略的缺点逐渐显现出来。从产品的特点来看，IBM 公司的 PC 生产经营是一种"开放式"系统，即以广泛使用的标准化部件为基础，以强大的市场激励来协调部件生产商和软件商的关系。只要市场上的应用软件和硬件能增加对 PC 的需求，这一开放式系统就可以与之兼容。而 IBM 公司没能预见到它所采取的虚拟的开放式方法不能防止它所建立的个人电脑框架体系被人模仿。开放式的框架以及它的供应商所具有的自主权导致了设计上的一些分歧，同时也有一些可与 IBM 兼容的个人电脑制造商进入了这一市场。最初竞争者力求获得与 IBM 框架的兼容性，但几年后兼容机在这一行业已相当普遍。一旦这种情况发生，其他制造商可以从英特尔公司买到同样的 CPU，从微软买到同样的操作系统，运行同样的应用软件，并且利用同样的销售网络。这样，IBM 几乎没有留下可建立其竞争优势的任何东西。于是，IBM 公司在 PC 市场上风光了近 10 年之后已显露疲态，优势不再，市场地位一落千丈。1994 年，IBM 公司的股票价格下跌到了原来价格的一半，总市值损失了 250 多亿美元。1995 年，IBM 公司的 PC 市场份额已滑落到了7.3%，甚至落后康柏公司的 10.5% 的市场份额①。

为保持技术上的领先优势，IBM 公司决定提升个人电脑框架体系，为达到这一目的，IBM 公司有必要协调那些构成框架的相互联系的各种要素，也就是说要进行系统的技术性协调工作。然而，那些曾帮助 IBM 公司建立起原来的框架体系的软件及硬件供应商们并没有跟着 IBM 公司走。当 IBM 公司推广它的 OS/2 操作系统时，它并不能阻止微软推广其视窗软件，而且视窗软件可以与原来的 DOS 操作系统兼容，这样就极大地削弱 OS/2 操作系统在使用上的优势。而其他软件及硬件供应商们通过投资扩大了最初的个人电脑框架体系的应用范围。如 1986 年英特尔帮助康柏公司领先 IBM 公司一步，当时康柏最先推出基于英特尔的 80386 微处理器的个人电脑，这与应用于 IBM 及其兼容机上的微处理器相比是一大进步。尽管当时 IBM 公司拥有英特尔 12% 的股权，但它不能阻止英特尔

---

① 邹炼忠，王光庆. 从 IBM 公司的故事看虚拟经营战略 [J]. 现代管理科学，2003（6）：30.

与康柏之间进行的对 IBM 公司不利的合作。从这时开始，IBM 就失去了引导个人电脑框架发展的能力。尽管 IBM 公司面对市场压力努力进行调整，采取了各种措施，但仍然不能挽回颓局。

7.2.2　IBM 公司的财务制度安排分析

IBM 公司将英特尔、微软、独立经销商的资源整合到一起为己所用，在短时间内确立了竞争优势，但 IBM 公司 PC 业务最终却宣告失败。从 IBM 公司 PC 业务兴衰的案例中，我们可以看出虚拟企业经营模式在提高应对技术和市场环境变化的灵活性的同时，也在某种程度上失去了一体化企业的制度优势，即对虚拟企业中成员企业的协调和控制能力大大减弱。我们审视 IBM 公司 PC 业务的虚拟经营，不难发现在运营过程中缺乏对有关财务制度安排的考虑。

1. 显性财务制度不健全

IBM 公司 PC 业务失败的直接原因是没有建立全面、科学的显性财务制度。IBM 公司利用和整合其他企业的资源为本企业服务，采用虚拟经营战略实现了自身对环境变化的灵活反应，在特定时期具备了市场竞争力。但经过一段时间，由于没有对伙伴企业进行有效的财务约束，特别是缺乏合作风险的评估和控制，就暴露出经营管理的缺陷。在合作伙伴英特尔帮助康柏公司"偷袭"的情况下，IBM 公司 PC 业务迎来了失败。可见，没有充分关注虚拟经营战略内在的风险并进行有效的防控是其失败的关键因素。虚拟企业的经营活动从依靠内部控制转向依靠与其他企业之间相对短期、动态的合作契约。如果合作伙伴之间难以达成充分的信任，虚拟企业经营中就会存在现实或潜在的合作风险，从而威胁虚拟企业的延续和发展。

2. 缺乏对隐性财务制度的培育

隐性财务制度以无形的方式影响着各成员企业的财务行为，IBM 公司在运行过程中忽略了这种软约束。在合作过程中，虚拟企业内各成员企业要在合作范围内共享彼此的内部信息。建立内部信息共享关系，就给伙伴之间的机会主义行为提供了条件。一方面，虚拟企业是企业间短期、动态的合作联盟，在每个成员企业都从自身利益出发的情况下，极易诱发伙伴关系的破裂；另一方面，虚拟企业的动态性使合作伙伴必须经常面对合作失败的可能，一旦虚拟企业解散，就可能导致企业关键信息和知识的泄漏，使核心企业或成员企业陷入困境。IBM 公司在虚拟经营过程中，忽视了伙伴之间的机会主义行为，缺乏伙伴关系的培养，才会出现英特尔"背信弃义"、联手康柏的行为。

3. 财务治理不完善

虚拟经营战略对成员企业最危险的消极影响是使成员企业对外部资源的依赖性加大，独立性变差。虚拟企业的组织模式是成员企业间一种资源重新整合的经营方式，对资源控制程度的大小决定了合作伙伴在虚拟企业中的地位和它们之间的控制权结构，并且这会随着合作关系的展开而逐渐发生变化。IBM 公司在 PC 业务中，与其他伙伴企业仅是单纯的业务往来，没有建立完善的财务治理结构，这就缺乏对关键资源的控制和对自身核心资源的保护机制。一旦成员企业发生机会主义行为，IBM 公司即便采取各种补救措施，都显得毫无意义。此外，IBM 公司的财务治理机制不健全，没有对成员企业进行有效的激励、约束，这也降低了 IBM 的协调控制能力。

7.3   对我国虚拟企业财务制度安排的启示

从美特斯·邦威和 IBM 公司 PC 业务的案例中，我们可以看出组建虚拟企业是一把双刃剑，既可以给企业带来发展的机遇，又可能存在相当程度的风险和负面效应。虚拟企业的竞争优势使之成为企业发展的有效组织模式，美特斯·邦威和 IBM 公司 PC 业务同样是采用了虚拟企业这一组织模式，结果却截然相反，这种相背离的结果来源于是否进行虚拟企业的财务制度安排。从硬约束来看，美特斯·邦威具有健全的显性财务制度，能够规范财务活动、理顺财务关系，保证各环节的有效运行；IBM 公司的 PC 业务只将各个环节的业务外包，没有掌握核心资源，没有对各财务活动进行规范、约束，以至造成合作破裂，经营失败。从软约束来看，美特斯·邦威通过加强相互沟通、增加各成员企业之间的信任关系，不断提升关系资本的价值、培育财务文化，以无形的规范减少内部财务冲突，保证财务活动、财务关系的顺畅；IBM 公司的 PC 业务则忽略了这种无形规范，导致伙伴关系的突然终结，给 IBM 公司造成了难以挽回的损失。从实施机制来看，美特斯·邦威实施了有效的财务组织结构安排和激励约束机制，保证了财务制度的有效运行；IBM公司的PC业务则忽视了财务治理的作用，降低了IBM公司的协调控制能力。由此可见，美特斯·邦威通过完善、合理、健全的财务制度安排，发挥出虚拟企业组织模式的优势，实现了改善企业的竞争状况、快速提高市场适应能力和竞争力的预期效果；而IBM公司的PC业务由于财务制度安排不完善、不健全，特别是缺乏合作风险的评估和控制，使企业陷入机会主义风险中，并丧失资源控制能力和自主协调能力，最终导致企业运营失败。

虚拟企业作为建立在多个组织实体基础上的暂时性联盟，其协调和控制具有很大的不确定性，在合作中难免发生管理方式乃至价值观的碰撞；同时，各成员企业的目标和利益往往不完全一致，它们在对待技术转移、收益分配等问题时会产生矛盾，所有这些必然会直接威胁虚拟企业的顺利运行。而财务制度安排能对财务活动、财务关系进行有效的约束，可以在一定程度上规避虚拟企业的负面效应。通过以上虚拟企业成败的案例，也验证了这一分析的正确性。因此，虚拟企业要注重财务制度安排在企业管理中的作用，因为财务制度安排可以有效保障虚拟企业的顺利运行、降低其失败的概率，并有利于促进虚拟企业自身的长足发展。

在我国，虚拟企业会成为许多企业的新选择。因为它不仅为大企业开创了一种全新的经营观念及经营方式，可以提高市场竞争力、不断与国际大企业相抗衡，更为我国中小企业的快速发展筑就了一个全新平台。特别是我国中小企业已呈现出蓬勃发展的态势。2017—2022年中国企业经营项目行业市场深度调研及投资战略研究分析报告表明，目前我国中小企业有4 000万家，占企业总数的99%，贡献了中国60%的国内生产总值（GDP）、50%的税收和80%的城镇就业①。结合我国的具体情况，虚拟企业在制定财务制度安排时，应注意以下几个问题：

1. 构建完善的财务制度安排体系

过去，我国基于国家政策导向等原因，一直重视显性财务制度的约束，忽视了隐性财务制度和财务治理的作用。虚拟企业在我国毕竟是一个新鲜事物，为了保证虚拟企业的有效运作并降低其失败的可能性，需要建立一套健全、完善的财务制度安排体系。虚拟企业财务制度安排主

---

① 数据来源于 http://www.chinabgao.com。

要从显性财务制度、隐性财务制度、财务治理三个不同的角度规范财务活动、协调财务关系。显性财务制度、隐性财务制度从制度层面加以规范，财务治理从实施机制的角度加以保证，它们的约束方式、规范范围各不相同。只有三者相互配合，才能发挥财务制度安排的作用，实现虚拟企业顺利运营。

2. 建立面向全生命周期的显性财务制度

虚拟企业因市场机遇的发现而产生、因市场机遇的实现而结束，具有明显的生命周期规律。在生命周期的不同阶段，虚拟企业具有不同的财务活动。在制定具有较强财务约束力的显性财务制度时，我们需要考虑不同阶段的财务特征，进行有目的的重点规范。

第一，酝酿期的财务制度安排决定虚拟企业的整体运作。在酝酿期，核心企业首先要通过完善的市场信息系统和经常性的市场调研，识别出各种市场机遇。但识别的市场机遇不一定具有现实的价值，如果盲目地实施，往往会给自身和其他企业带来巨大的损失，所以，核心企业必须要对市场机遇的价值进行评估，然后再确定是否进一步实施。市场机遇价值评估制度是核心企业组建虚拟企业的前期财务行为规范，它决定着组建的虚拟企业是否进行后期运作。我国自改革开放以来，面对的市场范围逐渐拓宽、市场情况也日趋复杂，因此，我国虚拟企业在市场机遇价值评估制度中，除了要考虑选择恰当的价值评估方法外，还需要考虑市场机遇的可行性和风险性。对市场机遇进行可行性分析时，要从自身的条件出发，考虑自身是否控制核心资源、是否有能力驾驭并组织虚拟企业，实现市场机遇的行为是否符合我国经济发展的方针政策。此外，还要尽可能地预估组建虚拟企业将会面临的风险，从技术、经济、社会、政治等方面评估风险，并保证实现过程中的风险是可控的。

第二，组建期的财务制度安排辅助虚拟企业的顺利运作。虚拟企业是信息时代的产物，通过信息网络进行沟通是虚拟企业运作的基础。虚拟企业进行财务活动必须建立在强有力的现代化信息网络基础之上，建立一个完善的信息技术系统是虚拟企业顺利运行的前提条件，所以在组建期要注重对信息基础设施建设的投资。除了投资制度中明确规定对信息基础设施进行维护、升级外，核心企业还要分阶段、分目标、有层次地推进企业信息化建设，为虚拟企业的构建及运作提供一个高效的信息平台。这个信息平台必须是可重构的、可重用的和可扩充的；具有信息集成和辅助能力；方便企业资源共享与优化合作；可提供即插兼容的接口，即可解决合作伙伴的信息系统异构现象。

第三，运作期的财务制度安排是虚拟企业财务制度安排的重点。虚拟企业进入运作期，就开始了正常的生产经营活动，进入了虚拟企业运行的关键阶段。运作期的财务制度主要包括风险管理制度、利益分配制度、成本控制制度、绩效评价制度等，这些制度分别对不同财务活动进行规范。每个制度虽然具有针对性，但这些财务制度是联为一体的。我们在实施财务制度的过程中，不能孤立地看待某一制度，需要看到彼此之间的相互配合关系。

由于虚拟企业的各成员之间是一种松散的协议关系，关系不牢靠，所以，在运作期需要特别控制和防范潜在的合作风险。除了对合作风险进行事前可靠估计、事中控制、事后补救外，要特别注意合作伙伴的选择。合作伙伴的选择直接影响虚拟企业各环节的顺利配合，为此，核心企业在确定众多符合基本要求的候选企业后，要进行多层次筛选，确定最佳搭配；还要加强对合作伙伴的考评，及时、动态地选择"最满意"的合作者。此外，虚拟企业需要对各企业核心能力进行整合，各企业需要在提供核心能力的同时，切实保护好自身的核心能力。由于虚拟企业具有边界模糊性和渗透性，这就为各成员企业提供了了解对方的窗口。借助这扇窗口，各成员企业可以彼此学习对方的知识和技能。随着合作的发展，成员企业投入资源的重要性会出现变化或流失的风险，因此，企业要加强对本企业关键资源的保护。成员企业往往会有不想向对方转让或无意向对方转让的资源，这便构成企业核心竞争力的关键因素。成员企业应明确界定哪些信息、技术或诀窍可以分享，哪些需要保护，尽可能将关键技术控制在自己手中。但这又常常使参与程度和技术水平较高的成员企业失去合作兴趣。为此，成员企业须在技术保护与技术转移之间寻找恰当的平衡，并采取措施防止技术扩散。

第四，解体期的财务制度安排保证虚拟企业顺利解体。对于以响应市场机遇或完成某项目为动因组建的虚拟企业来说，一旦市场机遇实现或项目完成，成员企业合作的基础就已经丧失，虚拟企业就面临着解体。但解体并不意味着结束，有可能是下一次参与或者组建另一个新虚拟企业的开始。因此，各成员企业要在和谐的气氛下进行解体工作，通过财务制度安排对所遗留的问题进行规范，并落实好后续工作，具体包括剩余产品的销售和已售出产品的售后服务、各成员企业今后如何加强联系等内容。这不仅是对消费者的负责，也是为各成员企业将来更好地合作提供可能。

在解体期，最为重要的财务制度是利益清算制度。所有成员企业加入虚拟企业均是受利益驱动的，所以虚拟企业最终的成果必须在各成员企业间公平合理地分配。核心企业应根据事先制定的利益分配方法及成员企业的绩效情况，公平合理地将虚拟企业在运行中取得的收益分配给成员企业。收益分配包括实际利润的分配和合作过程中创造的品牌、技术等无形资产的分享和分配。其中，无形资产价值是一个模糊的数值，可以通过专业的估价公司或者成员企业自己经过竞标获得最终估价权。

3. 强调隐性财务制度安排的内在约束

一套详尽的显性财务制度可以有效地规范虚拟企业的财务行为、协调内部财务关系。除了这种硬性约束外，在虚拟企业的运营过程中还要考虑运用"软控制"的方式，增进合作伙伴间的相互理解和信任，使得伙伴企业能够自觉规范自身的财务行为。隐性财务制度具有很大的弹性，因此，我国虚拟企业在制度安排中要结合实际，提升"非正式约束"的约束力。

第一，注重培养伙伴关系。虚拟企业的精髓在于将自己的资源优势集中在附加值较高的功能上，而将附加值较低的功能虚拟化，借助外力来完善或弥补自身的缺憾。因此，合作伙伴之间的关系是影响虚拟企业成败的关键，也是影响财务制度安排的重要因素。虚拟企业的顺利运行势必要求各成员企业之间具有良好的伙伴关系。我国企业长期受"各自为大"思想的影响，一般不易与其他企业建立良好的沟通关系。为此，要创造条件，加强企业之间的沟通与尊重，消除习惯性行为，增加彼此间的相互依赖，这样才能减少彼此之间的矛盾、实现各成员企业的双赢或多赢。需要强调的是，可以通过显性财务制度安排和财务治理的配合实现"软控制"，例如虚拟企业通过建立持续的信息系统、制定有效的激励约束机制、制定合理公平的利益分配机制可以加强伙伴企业间的信任关系，减少伙伴企业的行为冲突。

第二，实行跨文化管理。随着新经济时代的到来，我国逐渐融入世界这个大家庭之中。我国组建的虚拟企业有可能吸纳国外的组织或企业，这样就可能出现虚拟企业各成员具有各自不同的计划、目标和要求，以及不同的管理风格与企业文化氛围。我国自古以来受儒家思想的影响，与西方文化截然不同。当多种不同文化交汇在一起，便常常会产生各种摩擦和冲突。因此，要保证虚拟企业的成功运作必须实施正确的跨文化管理，促进培育隐性财务制度。第一，要强调形成目标一致的团队文化。团队文化是通过共同的规范、信仰、价值观将团队成员联系在一起。这种文化不是以牺牲合作伙伴利益来服从整体利益的关系，而是在项目实施过程中通过随时协调、沟通，达到局部目标与整体目标的一致。第二，要建立信任文化。信任关系本质上是一种心理契约关系，带有一定的情感倾向和价值取向，这就对虚拟企业的内部环境提出了较高的要求。协调虚拟企业内员工心理契约取向就是要通过各成员企业的组织性行为，调动员工彼此信任的能动性，以正面的情感和共同的愿景矫正偏离彼此信任关系的潜在行为，逐步培育虚拟企业的信任环境，以保证心理契约的自动实施。其中，信任文化和伦理道德规范的形成最为重要。因此，虚拟企业要尽可能通过正常渠道的相互沟通以及非正式的联系与交流，促使各成员企业之间求同存异，消除习惯性防卫心理和行为，建立诚实互信的关系，加强各方的合作与协调。

4. 强化虚拟企业的财务治理

在实践中，我国虚拟企业常常重视生产运行过程管理，忽略了财务治理。而财务治理不仅能提高财务决策的科学有效性，还可以保证财务制度的顺利实施，因此，我国虚拟企业需要加强财务治理结构、财务治理机制的建设。首先，要选择恰当的组织模式。虚拟企业主要有星型模式、联邦模式、平行模式三种组织模式。企业应该根据自身的条件与需要，确定战略环节的重点；同时还要兼顾其他合作伙伴的需要，选择一种各成员企业相互认同的模式。其次，在组织模式确定后，还要对财务治理结构特别是财务组织结构做出合理的设置。科学的财务治理结构可以在一定程度上促进显性财务制度的制定，建立完善的隐性财务制度。同时，还要建立与其他企业合作对接的运作部门，配备专门的人才，专门负责合作协调事宜。最后，根据企业特点、组织模式等，制定科学、合理、有效的激励约束机制，调节和控制各项财务活动。

参考文献

［1］奥肯. 平等与效率［M］. 王奔洲，等译. 北京：华夏出版社，1999.

［2］安瑛辉，张维. 期权博弈理论的方法模型分析与发展［J］. 管理科学学报，2001（4）.

［3］威廉姆森. 治理机制［M］. 北京：中国社会科学出版社，2001.

［4］包国宪，贾旭东. 虚拟企业研究基础——实践背景与概念辨析［J］. 兰州大学学报，2004（11）.

［5］包国宪. 虚拟企业管理导论［M］. 北京：中国人民大学出版社，2006.

［6］圣吉. 第五项修炼［M］. 北京：生活·读书·新知三联书店，1994.

［7］博特赖特. 金融伦理学［M］. 静也，译. 北京：北京大学出版社，2002.

［8］陈放鸣. 新制度经济学的合约企业理论［J］. 上海经济研究，1999（7）.

［9］陈继红. 20世纪90年代以来分配伦理研究的路径、论题与反思［J］. 伦理学研究，2007（9）.

［10］陈剑，冯蔚东. 虚拟企业构建与管理［M］. 北京：清华大学出版社，2002.

［11］陈菊红，汪应洛，孙林岩. 虚拟企业收益分配问题博弈研究［J］. 运筹与管理，2002（1）.

［12］陈权宝，杨政军. 巴纳德的社会系统理论与虚拟企业［J］. 工业技术经济，1999（5）.

［13］陈荣耀. 企业伦理——一种价值理念的创新［M］. 北京：科学出版社，2006.

［14］陈晓萍. 跨文化管理［M］. 北京：清华大学出版社，2005.

［15］陈郁. 所有权、控制权与激励［M］. 上海：上海三联书店，2003.

［16］陈泽聪，温君奕. 虚拟企业协调的任务、障碍与策略［J］. 企业管理，1999（4）.

［17］程宏伟. 虚拟企业财务问题探讨［J］. 财会月刊，2003（6）.

［18］戴军. 从虚拟公司的兴起谈会计主体假设［J］. 会计研究，1999（11）.

［19］思罗斯比. 什么是文化资本？［J］. 马克思主义与现实，2004（1）.

［20］诺斯. 制度、制度变迁与经济绩效［M］. 上海：上海三联书店，1994.

［21］段文斌. 制度经济学——制度主义与经济分析［M］. 天津：南开大学出版社，2003.

［22］凡勃伦. 有闲阶级论［M］. 北京：商务印书馆，1964.

［23］冯建，伍中信，徐加爱. 企业内部财务制度设计与选择［M］. 北京：中国商业出版社，1998.

［24］冯建. 财务理论结构研究［M］. 上海：立信会计出版社，1999.

［25］冯建. 企业财务制度论［M］. 北京：清华大学出版社，2005.

［26］冯静，曾凤. 对财务制度的再认识［J］. 财会通讯，1999（4）.

［27］冯蔚东，陈剑. 虚拟企业中伙伴收益分配比例的确定［J］. 系统工程理论与实践，2002（4）.

［28］冯蔚东，陈剑，赵纯均. 虚拟企业中的风险管理与控制研究［J］. 管理科学学报，2001（6）.

［29］弗兰西斯. 历史的总结［M］. 北京：北京大学出版社，1996.

［30］戈泰，克萨代尔. 跨文化管理［M］. 陈淑仁，周晓幸，译. 北京：北京：商务印书馆，2005.

［31］干胜道. 所有者财务：一个全新的领域［J］. 会计研究，1995（6）.

［32］高强. 虚拟企业形成机理研究及其应用 ［D］. 杭州：浙江工业大学，2004.

［33］郭复初. 论初级阶段财务管理体制的性质与特征 ［J］. 四川会计，1989（11）.

［34］郭复初. 社会主义初级阶段财务管理体制 ［M］. 成都：西南财经大学出版社，1991.

［35］郭复初. 财务通论 ［M］. 上海：立信会计出版社，1997.

［36］SMIT H T J, TRIGEORGIS L. 战略投资学——实物期权和博弈论 ［M］. 北京：高等教育出版社，2006.

［37］西蒙. 管理行为 ［M］. 北京：北京经济学院出版社，1988.

［38］黄慧琴. 对虚拟企业财务管理的理论探讨 ［J］. 财会月刊，2006（3）.

［39］黄敏，杨红梅，王兴伟. 基于模糊综合评判的虚拟企业风险评价 ［J］. 教学的实践与认识，2004（6）.

［40］解树江. 虚拟企业——理论分析、运行机制与发展战略 ［M］. 北京：经济管理出版社，2001.

［41］靳涛. 从交易成本的争议到契约理论的深化：新制度经济学企业理论发展述评 ［J］. 财经理论与实践，2003（9）.

［42］康芒斯. 制度经济学 ［M］. 北京：商务印书馆，1962.

［43］柯武刚，史漫飞. 制度经济学 ［M］. 北京：商务印书馆，2000.

［44］科尔贝格. 道德发展心理学——道德阶段的本质与确证 ［M］. 郭本禹，等译. 上海：华东师范大学出版社，2004.

［45］戴维斯，诺斯. 制度变迁的理论：概念与原因 ［M］// 财产权利与制度变迁. 上海：上海三联书店，1996.

［46］劳秦汉. 会计伦理学概论 ［M］. 成都：西南财经大学出版社，2005.

［47］李凯，李世杰. 产业集群的组织分析 ［M］. 北京：经济管理出版社，2007.

［48］李连华. 财权配置中心论：完善公司治理结构的新思路 ［J］. 会计研究，2002（10）.

［49］李敏，李嘉毅. 企业财务通则应用指南 ［M］. 上海：上海财经

大学出版社，2007.

[50] 李沛新. 文化资本运营理论与实务 [M]. 北京：中国经济出版社，2007.

[51] 李心合. 财务理论范式革命与财务学的制度主义思考 [J]. 会计研究，2002（7）.

[52] 李心合. 利益相关者财务论 [J]. 会计研究，2003（10）.

[53] 李心合. 论制度财务学构建 [J]. 会计研究，2005（7）.

[54] 李心合，朱立教. 利益相关者产权与利益相关者财务 [J]. 财会通讯，1999（12）.

[55] 李亦亮. 企业集群发展的框架分析 [M]. 北京：中国经济出版社，2006.

[56] 李煜. 文化资本、文化多样性与社会网络资本 [J]. 社会学研究，2001（4）.

[57] 李志斌. 会计行为的伦理约束 [J]. 当代财经，2006（1）.

[58] 厉以宁. 经济学的伦理问题 [M]. 北京：生活·读书·新知三联书店，1995.

[59] 廖理. 王毅惠. 实物期权理论与企业价值评估 [J]. 数量经济技术经济研究，2001（3）.

[60] 林竞君. 网络、社会资本与集群生命周期研究——一个新经济社会学的视角 [M]. 上海：上海人民出版社，2005.

[61] 林钟高，王锴，章铁生. 财务治理——结构、机制与行为研究 [M]. 北京：经济管理出版社，2005.

[62] 刘东. 企业网络论 [M]. 北京：中国人民大学出版社，2003.

[63] 刘凤义. 论企业理论中关于人的行为分析的三种范式——新制度经济学、演化经济学与马克思主义经济学的比较 [J]. 经济学家，2006（9）.

[64] 刘俊彦. 财务管理机制论 [M]. 北京：中国财政经济出版社，2002.

[65] 刘松，高长元. 高技术虚拟企业运营模式及其成本管理研究 [J]. 工业技术经济，2006（4）.

[66] 刘铜松. 会计伦理若干理论与现实问题研究 [M]. 长沙：湖南大学，2003.

［67］柳标.改革企业财务管理体制问题［J］.财政问题讲座，1980（6）.

［68］卢纪华，潘德惠.基于技术开发项目的虚拟企业利益分配机制研究［J］.中国管理科学，2003（5）.

［69］卢现祥.西方新制度经济学［M］.武汉：武汉大学出版社，2004.

［70］卢现祥.西方新制度经济学［M］.2版.北京：中国发展出版社，2006.

［71］小弗赖尔.文化资本［J］.经济资料译丛，2004（1）.

［72］罗珉.管理学［M］.北京：机械工业出版社，2006.

［73］杜斯卡 L，杜斯卡 B.会计伦理学［M］.范宁，李朝霞，译.北京：北京大学出版社，2005.

［74］罗仲伟.适应性企业：急剧变动时代的战略思维［M］.广州：广东经济出版社，2001.

［75］骆品亮.虚拟研发组织的治理结构［M］.上海：上海财经大学出版社，2006.

［76］马春光.国际企业跨文化管理［M］.北京：对外经济贸易大学出版社，2004.

［77］沃纳，乔恩特.跨文化管理［M］.郝继涛，译.北京：机械工业出版社，2004.

［78］马克思.资本论：第1卷［M］.北京：人民出版社，1953.

［79］诺斯.经济史中的结构与变迁［M］.上海：上海三联书店，1994.

［80］彭岚.资本财务管理——面向企业新价值目标［M］.北京：科学出版社，2004.

［81］彭星闾，龙怒.关系资本——构建企业新的竞争优势［J］.财贸研究，2004（5）.

［82］青木昌彦.比较制度分析［M］.上海：上海远东出版社，2006.

［83］邱妘.虚拟企业供应链管理中作业成本控制系统的构建［J］.财贸研究，2003（6）.

［84］饶晓秋.财务治理实质是一种财权划分与制衡的财务管理体制

［J］. 当代财经，2003（5）.

［85］科斯. 论生产的制度结构（企业的性质）［M］. 上海：上海三联书店，1994.

［86］芮明杰. 新经济、新企业、新管理［M］. 上海：上海人民出版社，2002.

［87］尚洪涛. 财务契约论［M］. 大连：东北财经大学出版社，2006.

［88］宋光兴，杨肖鸳，张玉青. 虚拟企业的合作风险研究［J］. 软科学，2004（3）.

［89］宋献中. 合约理论与财务行为分析［D］. 成都：西南财经大学，1999.

［90］舒尔茨. 制度与人的经济价值的不断提高［M］∥财产权利与制度变迁——产权学派与新制度学派译文集. 上海：上海三联书店，1991.

［91］汤谷良. 现代企业财务的产权思考［J］. 会计研究，1994（5）.

［92］汤谷良. 经营者财务论——兼论现代企业财务分层管理架构［J］. 会计研究，1997（5）.

［93］汤业国. 从财务主体的归属看我国财务管理体制的改革［J］. 四川会计，1995（10）.

［94］科恩，普鲁萨克. 社会资本——造就优秀公司的重要元素［M］. 孙健敏，黄小勇，姜嫌，译. 北京：商务印书馆，2006.

［95］泰普斯科特，卡斯顿. 范式的转变——信息技术的前景［M］. 大连：东北财经大学出版社，1999.

［96］达文波特，贝克. 注意力经济［M］. 北京：中信出版社，2004.

［97］王斌，高晨. 组织设计、管理控制系统与财权制度安排［J］. 会计研究，2003（3）.

［98］王棣化. 企业财务管理学的伦理倾向［J］. 四川会计，2001（7）.

［99］王擎. 我国资本市场的财务伦理缺失分析［J］. 财经科学，2006（8）.

［100］王硕. 虚拟企业理论与实务［M］. 合肥：合肥工业大学出版

社，2005.

[101] 王素莲，柯大钢. 关于财务伦理范式的探讨 [J]. 财政研究，2006（5）.

[102] 王信东. 企业虚拟化经营理论与实践 [M]. 北京：经济科学出版社，2006.

[103] 麦金森. 公司财务理论 [M]. 刘明辉，译. 大连：东北财经大学出版社，2002.

[104] 韦德洪. 财务控制理论与实务 [M]. 上海：立信会计出版社，2006.

[105] 贝克. 社会资本制胜——如何挖掘个人与企业网络中的隐性资源 [M]. 上海：上海交通大学出版社，2002.

[106] 吴光宗. 现代科学技术革命与当代社会 [M]. 北京：北京航空航天大学出版社，1991.

[107] 伍中信. 现代公司财务治理理论的形成与发展 [J]. 会计研究，2005（10）.

[108] 伍中信. 产权会计与财权流研究 [M]. 北京：经济管理出版社，2001.

[109] 伍中信. 现代财务经济导论——产权、信息与社会资本分析 [M]. 上海：立信会计出版社，1999.

[110] 肖道举，闻立鹏，陈晓苏. 基于工作流管理的虚拟组织模型 [J]. 华中理工大学学报，2000（9）.

[111] 谢良安. 刍探虚拟企业的财务管理 [J]. 财会月刊，2003（7）.

[112] 修国义. 虚拟企业组织模式及运行机制研究 [D]. 哈尔滨：哈尔滨工程大学，2006.

[113] 薛晓源，曹荣湘. 全球化与文化资本 [M]. 北京：社会科学文献出版社，2005.

[114] 闫琨，黎涓. 虚拟企业风险管理中模糊综合评判法的应用 [J]. 工业工程，2004（5）.

[115] 杨建文. 分配伦理 [M]. 郑州：河南人民出版社，2002.

[116] 杨敏. 多虚拟企业间收益分配优化研究 [M]. 西安：西北工业大学，2006.

[117] 杨淑娥. 试论财务体制演进的动因与规律 [J]. 当代经济科学, 1997 (2).

[118] 杨淑娥. 产权制度与财权配置——兼议公司财务治理中的难点与热点问题 [J]. 会计研究, 2003 (1).

[119] 杨淑娥, 金帆. 关于公司财务治理问题的思考 [J]. 会计研究, 2002 (12).

[120] 杨伟文, 邓向华. 虚拟企业的公司治理研究 [J]. 经济管理, 2002 (4).

[121] 叶飞, 孙东川. 面向全生命周期的虚拟企业组建与运作 [M]. 北京: 机械工业出版社, 2005.

[122] 叶飞, 徐学军. 基于虚拟企业的绩效协同模糊监控系统设计研究 [J]. 当代财经, 2001 (5).

[123] 爱迪思. 企业生命周期 [M]. 北京: 华夏出版社, 2004.

[124] 衣龙新. 公司财务治理论 [M]. 北京: 清华大学出版社, 2005.

[125] 郁洪良. 金融期权与实物期权——比较和应用 [M]. 上海: 上海财经大学出版社, 2003.

[126] 马歇尔, 班塞尔. 金融工程 [M]. 宋逢明, 朱宝宪, 张陶伟, 译. 北京: 清华大学出版社, 1998.

[127] 科特, 赫斯科特. 企业文化与经营业绩 [M]. 曾中, 李晓涛, 译. 北京: 华夏出版社, 1997.

[128] 曾志斌, 李言, 李淑娟. 基于模糊层次分析的虚拟企业风险评价 [J]. 模糊系统与教学, 2006 (8).

[129] 昌佩, 诺里亚. 管理的变革 [M]. 北京: 经济日报出版社, 1998.

[130] 张爱民. 财务制度设计 [M]. 北京: 高等教育出版社, 2000.

[131] 张维迎. 博弈论与信息经济学 [M]. 上海: 上海三联书店, 1996.

[132] 张喜征. 虚拟企业信任机制研究 [D]. 长沙: 中南大学, 2003.

[133] 张旭蕾, 冯建. 企业财务核心能力的形成与发展——基于财务可持续发展的视角 [J]. 工业技术经济, 2008 (2).

［134］张旭蕾，宋茹. 财务制度安排理论框架之探究——基于新制度经济学的理性思考［J］. 财政研究，2008（3）.

［135］张兆国，张庆，何威风. 企业财权安排的几个基本理论问题：基于利益相关者理论研究［J］. 会计研究，2007（11）.

［136］张兆国，张庆，宋丽梦. 论利益相关者合作逻辑下的企业财权安排［J］. 会计研究，2004（2）.

［137］张志强. 期权理论与公司理财［M］. 北京：华夏出版社，2000.

［138］赵昌文，杨记军，杜江. 基于实物期权理论和风险投资项目价值评估模型［J］. 数量经济技术经济研究，2002（12）.

［139］赵春明. 虚拟企业［M］. 杭州：浙江人民出版社，1999.

［140］郑文军. 虚拟企业的组织特性与管理机制研究［D］. 重庆：重庆大学，2002.

［141］周和荣. 敏捷虚拟企业——实现及运行机理研究［M］. 武汉：华中科技大学出版社，2007.

［142］周宏. 中国新技术企业的跨文化管理［J］. 经济问题，2003（6）.

［143］周小虎. 企业社会资本与战略管理——基于网络机构观点的研究［M］. 北京：人民出版社，2006.

［144］朱东辰，余津津. 论风险投资中的风险企业价值评估：一种基于多阶段复合实物期权的分析［J］. 科研管理，2003（4）.

［145］朱开悉. 财务管理目标与企业财务核心能力［J］. 财经论丛，2001（9）.

［146］朱元午. 财务控制［M］. 上海：复旦大学出版社，2007.

［147］邹炼忠，王光庆. 从 IBM 公司的故事看虚拟经营战略［J］. 现代管理科学，2003（6）.

［148］邹亚明. 集权与分权——企业权威的经济学分析［M］. 上海：上海财经大学出版社，2006.

［149］邹艳. 虚拟企业的财务管理研究［D］. 成都：西南财经大学，2007.

［150］张焕. 试论虚拟企业的特点及其发展趋势［J］. 人力资源开发，2012（10）.

［151］高长元，王晓明，李红霞. 高技术虚拟企业风险衡量模型 ［J］. 科技进步与对策，2012 (3).

［152］张丽. 虚拟企业财务管理框架体系与流程研究 ［J］. 财会通讯，2013 (2).

［153］PIERRE B. The forms of capital ［M］// HALSEY A H, LAUDER H, BROWN P, et al. Education: Culture, Economy and Society. New York: Oxford University Press, 1989: 46-58.

［154］BREALEY F, MYERS S. Principles of Corporate Finance ［M］. Mc Graw-Hill, 1996.

［155］DIXIT K V, PINDYCK R S. The Option Approach to Capital Investment ［J］. Harvard Business Review, 1995, 73.

［156］CUMMING D J, JEFFREY G. Macintosh: Venture Capital Investment duration in Canada and the United States ［J］. Journal of Multinational Financial Management, 2001, 11.

［157］DYER. Effective Interfirm Collaboration: How Firms Minimize Transaction Costs and Maximize Transaction Value ［J］. Strategic Management Journal, 1997, 18: 553-556.

［158］DYER J H, SINGH H. The Relational View: Cooperative Strategy and Sources of Interorganizational Competitive Advantage ［J］. Academy of Management Review, 1998, 23: 660-679.

［159］MARK G. The Strength of Weak Ties ［J］. American Journal of Sociology, 1973, 78.

［160］MARK G. The Strength of Weak Ties: A Network Theory Revisited ［M］// MARSDEN P V, LIN N. Social Structure and Network Analysis. Beverly Hills: Sage Publications, 1982.

［161］HODGE B J, ANTHONY W P, GALES L. Organization Theory: A Strategic Approach ［M］. Prentice Hall, 1996.

［162］JEHUEN. The Virtual Corporation ［EB/OL］. Heep://www.tvshoe.com.tw/vr.htm.

［163］BYRNE J A. The Virtual Corporation ［J］. Business Week, 1993 (8).

［164］PRASHANT K. Learning and Protection of Proprietary Assets in

Strategic Alliances: Building Relational Capital [J]. Strategic Management Journal, 2000, 21 (3): 217-238.

[165] KATZY B R. Design and Implementation of Virtual Organization [C]. Proc. 31st Annual Hawaii International Conference on System Science, 1998.

[166] LESLIE K J, MAX P. Michaels: The Realpower of Real Options [J]. The Mckinsey Quarterly, 1997, 3.

[167] PRESS K, GOLDMAN S L, ROGER N. Nagel: 21st Century Manufacturing Enterprises Strategy: An Industry-Led View [R]. Iacocca Institute, Lehigh University, 1991.

[168] PRESS K. Handbook for Virtual Organization: Tools for Management of Quality, Intellectual Property and Risk, Revenue Sharing [M]. Knowledge Solutions Inc., Bethlehem Pa, 1996.

[169] KOVACH C. Based on observation of 800 second-year MBAs in field study teams at UCLA, 1977-1980. Original model based on Kovach's paper, some notes for observing group process in small task-oriented groups [D]. Graduate School of Management, University of California at Los Angeles, 1976.

[170] LACITY M C, WILLCOCKS L R, FEENY F. IT outsouring: maximize flexibility and control [J]. Harvard Business Review, 1996, 5-6.

[171] BERNSTEIN L. Opting Out of the Legal System: Extra Legal Contractual Relations in the Diamond Industry [J]. Journal of Legal Studies, 1992 (21): 115.

[172] MALONE M S, DAVIDOW W. Virtual Corporation [J]. Forbes, 1992, 12 (7).

[173] MEYERSON D, KREMER R M. Swift trust and temporary groups [M]. Sage Publications, 1996: 166-195.

[174] MEZGAR, KOVACS G L. Co-ordination of SEM Production through a Co-operative Network [J]. Journal of Intelligent Manufacturing, 1998, 9.

[175] SAWHNEY M, ZABIN J. Relational Capital: Managing Relationships an Assets [R]. Marketing Science Institute, Florida, 2001: 7.

[176] BONTIS N. Intellectual Capital: An Exploratory Study that Develops Measures and Models [J]. Management Decision, 1998, 36 (2): 63 - 76.

[177] SENGE P M. The Fifth Discipline: The Art and Practice of Learning Organizations [M]. New York: Doubleday/ Currency, 1990.

[178] Senge P M. Transforming the Practice of Management [J]. Human Resource Development Quarterly, 1993, 4.

[179] MCDONALD R, SIEGEL D. The Value of Waiting to Invest [J]. Quarterly Journal of Economics, 1986, 101.

[180] RADNER. The Organization of Decentralized Information Processing [J]. Econometrica, 1993 (1): 61.

[181] GOLDMAN S L, NAGEL R N, PRESS K. Agile Competitors and Virtual Organizations: Strategic for Enriching the Customer [M]. Van Nostrand Reinhold: A Division of International Thomson Publishing Inc, 1995.

[182] THROSBY D. Cultural Capital [J]. Journal of Cultural Economics, 1999, 23.

[183] WALTON J, WHICKER L. Virtual Enterprise: Myth and Reality [J]. Journal of Control, 1996, 27.

[184] DAVIDOW W H, MALONE M S. The Virtual Corporation: Structuring and Revitalizing the Corporation for the 21st Century [J]. Harper Business, 1992.

[185] WILLIAMSON O E. The Economic Institutions of Capitalism [M]. New York: Free Press, 1985.

后记

　　市场需求的变化对商业模式变革提出了新的要求，而科学技术的发展，特别是网络信息技术的发展和应用，又为这种变革提供了条件和可能。虚拟企业相关概念正是在这种背景下被提出来的。虚拟企业是一个通过信息技术连接的一些相互独立的企业（如供应商、客户甚至竞争者）的动态联合体。它突破企业有形的边界，通过跨地域、跨企业的资源优化组合达到借用外力的最优效果。对于保持虚拟企业的相对稳定，财务制度安排将是一个有效工具。因此，本书以《虚拟企业财务制度安排研究》为题进行了探索，以期为互联网时代下商业模式创新、规范虚拟企业运作提供一定的借鉴和思路。

　　由于虚拟企业是一种新型组织模式，虽然理论界和实务界对此进行了较多的探讨，但仍有许多基础性问题未能形成共识；同时，虚拟企业是因市场机遇出现而组建、因市场机遇消失而解体的组织，极具不稳定性，如何把握并制定其财务制度为一大难题。在写作过程中，笔者试图把国内外有关虚拟企业的新理论、新方法和新成果结合进去，把自身经历的多个财务管理岗位上的实践经历和体会融入进去，但书中的一些理论和思想仍存在一定的局限性，有待在企业实践中进一步检验、修正和完善。

　　值此书出版之际，回想起这些年学习、工作的经历，不禁让我感慨万千。由天府之国到燕赵大地，由高校教师到企业财务工作者，由基层企业、上市公司、类金融企业到企业集团，虽然经历了诸多工作地点和工作岗位的变化，但唯一不变的是对财务工作的热爱。虽然，目前大数据、云计算、人工智能的发展，推进了商业模式的创新。但是无论商业模式如何变革，财务改变的是存在方式，财务精神将永存！

我的成长离不开多年来老师、领导、朋友、家人们的支持和帮助，在此，我向他们表示最诚挚的谢意。感谢河北建投集团给予我一个广阔的发展平台，使我有机会将理论与实践相结合，在漫漫求索之路上，不断突破、不断成长。

今后的道路是曲折、漫长的，我将继续努力，不辜负所有关爱我的人！

张旭蕾

2018 年 2 月于石家庄